劉君祖易經世界

身處變動的時代，易經教你掌握知機應變，隨時創新的能力。

易斷全書

理解《易經》斷卦的實用寶典

Volume 4

劉君祖 著

The Comprehensive Book of I Ching Readings

目錄

49. 澤火革（䷰）

革卦為《易經》第四十九卦，前接井卦，後為鼎卦。〈序卦傳〉稱：「井道不可不革，故受之以革。革物者莫若鼎，故受之以鼎。」鑿井須下功夫改善現況，汲出質量俱佳的地下水，以供應民眾需要；鼎中烹肉，將生冷食材變化成熟以供食用，都是變革之象。井為平民生活所需，鼎則是掌權貴族的身分象徵，井由革而鼎，代表改朝換代，平民翻身成為貴族。《荀子・臣道篇》：「奪然後義，殺然後仁，上下易位然後貞，功參天地，澤被生民，夫是之謂權險之平，湯、武是也。」「革」就是上下易位，各種社會組織或發展形態產生了天翻地覆的大變化。「革」為人革天命，人的創造力激揚到巔峰狀態，可另造新天地。井、鼎為人所創造的具體器物，中間夾著革卦，益發突顯革的特質。「革物者莫若鼎」，也明示政權有力量在短期內改變一切，古今中外這樣的例證，不勝枚舉。

〈雜卦傳〉稱：「革，去故也；鼎，取新也。」「革」為徹底打破現狀，過去的東西都不要了；「鼎」是在廢墟中重建新秩序，務期恢復穩定，往前發展。〈雜卦傳〉有三卦稱「故」：「隨无故」、「革去故」、「豐多故」。

䷰

革卦卦辭：

己日乃孚。元亨利貞，悔亡。

革卦卦辭有「元亨利貞」，為下經三十四卦中唯一四德俱全之卦，可見其重要性。上經三十卦中有六個：乾、坤、屯、隨、臨、无妄。乾卦為純乎自然的天道，僅「元亨利貞」四字；其他各卦皆有但書，須滿足所列條件，才會「元亨利貞」。革卦發揮人道的創意，再造乾、坤，但須時機成熟、眾人信服，才能變革成功，將破壞性降到最低，稱為「悔亡」。

「己」為第六天干，用以記日，其後為「庚、辛」，意指更新。復卦稱「七日來復」，第七天起一元復始，萬象更新，其理已於復卦中說明。「己日乃孚」，表示事情已發展到窮極之時，不變不行，這時推動變革，容易為群眾信服，消極接受甚或積極支持。

〈彖〉曰：革，水火相息，二女同居，其志不相得，曰革。己日乃孚，革而信之。文明以悅，大亨以正，革而當，其悔乃亡。天地革而四時成，湯武革命，順乎天而應乎人。革之時大矣哉！

革上卦兌，澤中有水下流，下卦離火上燃，有水火相滅之勢，雙方拼個你死我活。上卦兌為少女，下卦離為中女，三房反居二房之上，要鬧家庭革命了！這和家人、睽二卦還不同。家人長女巽在上，中女離在下，各盡其責，相安無事。睽卦長女鬥敗出局，換中女離在上，少女兌在下，家人反目，也是勢同水火，其〈彖傳〉稱：「二女同居，其志不同行。」二房雖防範三房奪權，火動而上，澤動而下，雙方可避不見面，各行其是。革卦「水火相息，二女同居，其志不相得」，只有衝突一決勝負。

「已日乃孚」，革命必須取得群眾的信服。革卦內離文明，外兌歡悅，依據正道，創造盛大的亨通。變革正當，可減少破壞過程中的遺憾。天地間四季更迭，寒來暑往，適時變化根本就很正常。商湯伐夏桀、武王伐殷紂，這種改朝換代的革命，都是順乎天時而回應民心。變革之時代影響深遠，可太重要了！

「革之時大矣哉！」頤、大過、解三卦，〈彖傳〉亦稱「時大矣哉」！生死交關、禍業解脫、改朝換代，都是人間重大事故。

〈象〉曰：澤中有火，革。君子以治曆明時。

革卦上兌為澤，下離為火，為「澤中有火」之象。沼澤中多有甲烷等易燃的沼氣，一旦觸燃，可長明不滅，象徵革命如火燎原，不易鎮壓止息。一旦改朝換代成功，就得重新紀元。夏朝以寅月為歲首，商朝改為丑月，周朝定成子月，到漢武帝後，再回復以寅月為歲初。夏曆並非指夏朝的曆法，堯舜時中國就稱「夏」，《尚書・舜典》稱：「蠻夷猾夏。」夏曆於堯時命羲和訂立，事見《尚書・堯典》：「乃命羲和，欽若昊天，曆象日月星辰，敬授民時。」「治曆」即訂定曆法，「明時」，讓民眾都知道依時令行事。

三代之後，歷朝歷代革命成功，仍有改元之事，稱為「改正朔」。辛亥革命成功，民國政府改用陽曆；中共革命成功，廢民國紀元，改用西方紀元，與國際世界接軌。

大衍之數的占法，即依曆法制訂，見〈繫辭上傳〉第九章：「大衍之數五十，其用四十有九……揲之以四，以象四時，歸奇於扐，以象閏。五歲再閏，故再扐而後掛。」革卦在易卦中排序第四十九，鼎卦為五十，實寓此意，並非巧合。

占例

●二〇〇三年三月中旬，美國入侵伊拉克，我們問將持續多久決勝負？為不變的革卦。老美必勝，將推翻海珊政權，而造成伊拉克的巨大改變。革卦節氣在陰曆三月中，果然陽曆四月中，戰事已算結束，美軍進入巴格達。

●二〇〇九年九月中，我隨兵法學會赴山東濱州參加研討會，順道又去曲阜一遊，這已是我第四度參拜孔子聖地，占問：迄今為止，為往聖繼絕學，自己做到了多少？為不變的革卦。不但繼往，還有開來，「革之時大矣哉！」當下甚受鼓舞。

●二〇一一年元月十日上午，我應召赴毓老師家拜晤，行前問，為不變的革卦。「己日乃孚。元亨利貞，悔亡。」北京清華國學院提供極好的條件合辦書院，老師多年心願可能得償，他還感慨佈局六十年，真能講經授業的不到十人。「革之時大矣哉！」我們當有所作為了。回來再占往後呢？為恒卦九二爻動，「悔亡，能久中也。」長期的志業本當如是，雷風動盪，「君子以立不易方」。老師於三月二十日仙逝，對我來說，卦占啟示永遠不變。

●一九九七年六月上旬，我問：《周官》一經真為孔學撥亂反正的「擬制」之書嗎？得出不變的革卦。革故鼎新，還真是落實《春秋》「新王革命」思想，設計典章制度之書。

䷰

初九：鞏用黃牛之革。

〈小象傳〉曰：鞏用黃牛，不可以有為也。

初九為革之初，當基層民眾之位，時機未成熟，不宜輕舉妄動。為了制止群眾躁動，鞏固基層力量，可用黃牛皮製成的革繩綁住。遯卦六二爻辭：「執之用黃牛之革，莫之勝脫。」〈小象傳〉解釋：「固志也。」陰勢漸長，陽勢浸消，也是上下易位的變革之象。執之或鞏固，其意相通，都是套牢該套牢的，不要沉不住氣躁動。本爻變，為咸卦（䷞），已經動念動情，進入慷慨激昂的革命風潮中矣！

「革」字的本義為皮革，製革工業自古有之，將獸皮去毛，鞣製成人類可禦寒的衣物，獸肉則入鼎烹調，供位高權重的貴族食用，卦序由革而鼎，反映了漁獵時代的生活方式。革卦初九為平民，只能穿黃牛皮做的衣服，坤為牛，也有吃苦耐勞的寓意。九五「大人虎變」、上六「君子豹變」，高層領導才可以穿虎皮、豹皮更講究的衣服，當然在環境保育意識高漲的今日，必遭撻伐。

●一九九四年二月中，那家出版公司的大股東休憩一年多後，又有意發動攻勢入主經營，我問吉凶如何？為革卦初九爻動，有咸卦之象。「鞏用黃牛之革」，「不可以有為也」。雖想改朝換代，應該不能得逞。往下兩三個月的折衝，大事底定，市場派果然失敗。

●一九九七年八月初，我受高雄一位學生之託，問他的財務危局能否轉安？為革卦初九爻動，有咸卦之象。「鞏用黃牛之革」，「不可以有為也」。套牢太深，一年半載絕難解套。事實上迄今他仍有巨債未償，但仍活躍南部商場，意態從容，待人爽氣有節，確也不易。命理中有「富屋貧人」一格，他足以當之。

●二〇一一年六月下旬，我在上錯卦班的《易經》課時，問學生一個思考題：〈象傳〉在坎、睽、蹇三卦，皆稱「時用大矣哉」，而困、明夷等也是極險難之卦，為何不也來個反面運用，稱「時用大矣哉」？同時自占其緣由。不稱「明夷之時用」，為革卦初九爻動，有咸卦之象；不稱「困之時用」，為訟卦（䷅）二、四、上爻動，貞悔相爭成比卦（䷇）。明夷的黑暗時代，以韜光養晦、甚至裝瘋賣傻為尚，跟坎、睽、蹇的明用險阻不同，不能公開對決，所以「鞏用黃牛之革，不可以有為也」。睽外卦離明，家人反目不是秘密；明夷跟革卦，則內卦離明，心知肚明，外面坤順或兌悅，還得順從或裝笑臉呢？困卦內坎險、外兌悅，「有言不信」，也是有苦難言之象，所以無法「時用」。若與人明爭較勁必輸，如訟卦二、四爻「不克訟」；就算險勝亦輸，如訟卦上九「終朝三褫之」。「遇訟之比」，只能比附合作，不能搞對抗。

六二：己日乃革之。征吉，无咎。
〈小象傳〉曰：己日革之，行有嘉也。

六二中正，居下卦離明中心，上和九五之君相應與，革命時機已然成熟，可以正面宣揚理念，揭竿起義了！「己日乃革之」，即卦辭所稱「己日乃孚」，當然「征吉，无咎」。「行有嘉」的「嘉」，為善，為雙喜。六二宣揚理念，九五行動成功，故稱「行有嘉也」。六二爻變，為夬卦（䷪），公開決裂，開始革命。

占例

●二〇一三年五月中，同門小師弟顏銓潁北大博士班畢業，可能就留在北京專職推廣奉元志業，我占得革卦六二爻動，有夬卦之象。「己日革之，行有嘉也」，儲訓待用，應是好的安排。毓老師生前他是近侍，頗為老師看重。

九三：征凶，貞厲。革言三就，有孚。
〈小象傳〉曰：革言三就，又何之矣？

九三過剛不中，進取受挫，固守也危厲不安，這時應重新檢討，省視其理念主張，多方請益就教，以爭取更多的人認同參與，不要到處亂跑。本爻變，為隨卦（䷐），「隨无故」，為「革去故」的先發步驟。

占例

●二〇〇六年七月上旬，我給學生講三十六計與易象的關係，占問「金蟬脫殼」為革卦九三爻動，有隨卦之象。革為「去故」，隨則「无故」，「遇革之隨」，與時遷化。「征凶」，不能進取，「貞厲」，固守困難；「革言三就」，終於想出脫身之策。脫殼後，巧妙轉形走脫。

九四：悔亡。有孚，改命吉。

〈小象傳〉曰：改命之吉，信志也。

九四陽居陰不正，是革卦中唯一位不當之爻，爻動恰值宜變，成既濟卦（䷾），表示革命成功。九四為中央執政高層，一旦幡然改圖，贊成革命，天下即恢復安定。朝臣易幟，減少了許多破壞跟遺憾，卦辭最末所稱的「悔亡」，於此實現。革命即人革天命，「信志」即伸志，人的志向信其必成，終獲得伸，天命隨之更改矣！

占例

●二〇〇三年八月上旬，時值七夕，我問：授《易》十二年，所有學生資源之評估如何？為革卦九四爻動，恰值宜變成既濟卦。「悔亡。有孚，改命吉」，「信志也」。革故鼎新有一定成就，功不唐捐。

●二〇〇〇年五月上旬，我在寫〈繫辭傳〉的專書，占問下傳次章的主旨，為革卦九四爻變，成既濟卦。「悔亡。有孚，改命吉。」該章講伏羲仰觀俯察作八卦，並舉了十三個卦，以明「制器尚象」之理。隨著時代不斷的變化，古聖先賢創造發明了許多器物與制度，以解決問題，造福民生。「遇革之既濟」，正為此義。「舟楫之利，以濟不通……臼杵之利，萬民以濟。」發明舟船、發明糧食加工技術，都是為了幫助民眾，合乎上傳第四章所稱：「知周乎萬物，而道濟天下。」

●二〇一〇年九月上旬，我憶起幾年前與自號「東北先生」的修行者晤談，他自稱是張三豐第七代的法脈，且說歷代祖師都還活著。我問這是真的嗎？為革卦九四爻動，恰值宜變成既濟卦。「悔亡。有孚，改命吉」，「信志也」。人的修練可改變天命，水火既濟，心腎相交，而至九轉丹成，長生不死？卦象耐人尋味，只是難以置信。

二〇一一年十二月初，我對這問題又占一次，為乾卦（䷀）上卦三爻全動，上九值宜變為夬卦（䷪），貞悔相爭成泰卦（䷊）。乾以自然法則修煉不息，泰則「小往大來」，天地通泰，「遇乾之泰」，還真有點那麼回事呢！

九五：大人虎變，未占有孚。

〈小象傳〉曰：大人虎變，其文炳也。

九五中正，居全卦君位，下和六二相應與，為革命領袖之位，也是天下大定之時。老虎強悍凶猛，威風凜凜，為百獸之王，故作為打天下梟雄的象徵。掃平群雄，推翻中央舊勢力，而成為新的天下共主，自信滿滿，不用占卜即勇敢行動，且孚眾望。本爻變，為豐卦（䷶），豐功偉業，如日中天。〈雜卦傳〉稱：「豐，多故也。」「革去故」之後，建立自己的江山，又擁有了許多資源，革命者成了既得利益者，激進轉為保守，故稱「多故」。馬上得天下，不可以馬上治天下，武功之後得重視文治，故稱「其文炳也」。「炳」為丙火，燃燒熾烈，光照天下。革命領袖功業彪炳，為天下所信服。

革卦卦辭強調成功的條件在「已日乃孚」，六二「已日乃革」之後，九三「革言三就，有孚」、九四「有孚，改命吉」、九五「未占有孚」，連著三爻皆稱「有孚」，信用確立後，順利成功。

乾卦〈文言傳〉：「同聲相應，同氣相求，水流濕，火就燥，雲從龍，風從虎，聖人作而萬物睹。」這是解釋九五「飛龍在天，利見大人」。乾卦為領導統御的常道，「雲從龍」；革卦九五為變革時期的領導，「大人虎變」，「風從虎」。這種大人物所激盪的龍虎風雲，往往左右世局，影響深重。

〈文言傳〉又稱：「夫大人者，與天地合其德，與日月合其明，與四時合其序，與鬼神合其吉凶。先天而天弗違，後天而奉天時，天且弗違，而況于人乎？況于鬼神乎？」大人所為所行，既然天地人鬼神都不能違逆，還需要占卜幹甚麼呢？恒卦九三「不恒其德，或承之羞」，「不卜而已矣」！益卦九五「有孚惠心，勿問元吉」；革卦九五「大人虎變，未占有孚」。這三爻精神意態相通，都突顯了「善易者不占」的理境。

恒卦九三屬常人之位，應守常道行事；益卦九五居君位，以利他心為民謀福；革卦九五魅力領導，自信自肯，不拘常規。武王伐紂時，有許多不祥之兆，龜卜蓍筮皆不吉，眾議勸武王退兵。軍師姜子牙震怒，焚龜折蓍，力倡機不可失，並留下名言：「枯草朽骨，焉足以決大事？」武王從其議，繼續進兵，取得勝利。這是革卦九五「大人虎變、未占有孚」，最好的例證。

占例

● 一九九三年四月上旬，出版公司老闆在外的財務問題愈趨嚴重，有同業電告示警，說他已窮途末路，我占問確然否？為不變的益卦（䷩），「利有攸往，利涉大川」。冒險犯難，還可獲益。再慎重確認，為革卦九五爻動，有豐卦之象。「大人虎變，未占有孚。」一年後，他不僅沒倒，還在窮絕之際，造成天翻地覆的變化。是非且不論，這種強悍的拚搏力道，令人生畏。革卦節氣約陰曆三月中，連時間都吻合，真是「革之時大矣哉！」

● 二〇〇九年十一月下旬，我問：六經中《樂經》早亡之說確實否？真的有《樂經》嗎？占得革卦九五爻動，有豐卦之象。「大人虎變，未占有孚」，「其文炳也」。古代治定制禮，功成作樂，革卦九五文治武功兼備，《樂經》應該確有其典。

當時我接著再問：《樂經》何以亡失？為「遇豫之剝」，已於前文豫卦二爻變占例中說明。最後問：《樂》與《詩》的關係如何？為不變的渙卦（䷺）。「渙」為化散之意，詩可合樂，《樂》可入詩，樂雖亡其書，樂教的精神賴《詩》以存。

䷰

上六：君子豹變，小人革面。征凶，居貞吉。

〈小象傳〉曰：君子豹變，其文蔚也；小人革面，順以從君也。

上六為革之終，「大人虎變」、大局底定之後，由政權核心往外擴散，精英及群眾紛紛輸誠效忠。豹體型較虎為小，豹皮的圓點花紋，也與虎的斑斕花紋不同，在獸群中的地位有差異，象徵領袖與輔政高幹的職分不同。領袖揭櫫新政大綱，號召天下人心，高幹規劃施政細節，並予執行。「文蔚」之「蔚」，為草木繁茂、文采可觀，繼「文炳」之後，皆重文治，刀兵入庫，與民休養生息。「小人革面」未必革心，只是表面順服，但新執政者不必強求，一切以穩定為要，故稱「征凶，居貞吉」。上六爻變，為同人卦（䷌），儘量做好親善的人際關係。

若以困、井二卦討論過的「價值鏈」理論，看革卦六爻，也相當切合。革為新產品開發問世，初九為生產原料，先鞏固其供應來源；六二「己日革之」，掌握了獨門的技術知識；九三「革言三就」，量產前多方徵詢意見，以改善設計；九三與上六相應與，「君子豹變，小人革面」，代表未來客戶服務的對象，事先將其看法導入產品規劃中，更易增進其認同感。九四「改命、信志」，爭取通路靠攏；九五「未占有孚」，打響創新品牌，獲大成功；上六「豹變、革面」，無論君子小人，都做好最貼心到位的服務，以強化消費者對新品牌的忠誠。

占例

●二〇一一年十二月中旬，富邦的一位學生問友人罹患食道癌的預後如何？現占得革卦上六爻動，有同人之象。革代表病情變化，「君子豹變，小人革面」，緊接著「大人虎變」之後，明顯有由中心往外迅速擴散之象。同人又為離宮歸魂卦，更加不妙。革卦上六應該也是食道患部所在，病變似已失控矣！患者沒撐過多久，即過世往生。

多爻變占例之探討

以上為革卦卦、彖、象與六爻單變之理論及占例解析，往下繼續探討更複雜的多爻變情況。

二爻變占例

占事遇卦中任意二爻動，若其中一爻值宜變，以該爻辭為主，若皆不值宜變，以本卦卦辭卦象為主，亦參考二爻齊變所成之卦的卦辭卦象論斷。

● 二〇一〇年元旦，我作一年之計，問中國大陸的經濟情勢，為革卦初、四爻動，齊變有蹇卦之象。「遇革之蹇」，深化改革不易，觀爻動向卻會成功，取得一定績效。初九不可急於有為，九四「悔亡。有孚，改命吉」，「信志也」。

早在二〇〇八年十一月，我往後推五年，即已算出二〇一〇年的大陸經濟為「遇蠱之師」，調整結構為先，見前文蠱二卦爻變占例說明。「幹蠱」或革新，實為一事，前後兩占意境相似。

● 二〇一六年六月初，我們奉元學會十幾人去東北，參加瀋陽奉元書院開幕典禮，又去新賓「滿學研究院」祭拜毓師。在赫圖阿拉城參觀時，正當努爾哈赤一六一六年登基之後四百年，我問其歷史定位，為革卦初、四爻動，有蹇卦之象。清太祖創業改朝換代，初九敬慎不妄動，九四「改命、信志」，「革之時大矣哉！」

再問皇太極的歷史定位，為革卦三、五爻動，齊變有震卦之象。「父作之，子述之」，革故鼎新之後，就是震卦的大位繼承，繼往開來之意明確。

● 二〇〇八年七月初，我問釣魚台未來多久可能回歸中國？為革卦二、四爻動，六二值宜變為夬卦，齊變則有需卦之象，「革之時大矣哉！」六二「己日乃革之。征吉，无咎」；九四「悔亡。有孚，改命吉」，「信志也」。看來假以時日必將收回，需卦耐心慢慢過河，卦辭稱：「有孚，光亨貞吉，利涉大川。」

● 二〇一一年元月中旬，我問當年大陸講經之行可有新的突破？為革卦四、上爻動，齊變有家人卦（䷤）之象。革就是改變創新，九四「改命、信志」成功，上六順勢推廣無礙。當年七、八月神州首屆精英班圓滿舉辦，占象成真。

● 二〇一〇年十月中旬時，我就提前占問二〇一一年自己氣運：「謀道」為革卦初、五爻動，齊變有小過卦（䷽）之象；「謀食」為小畜卦初、四、五爻動，貞悔相爭成鼎卦（䷱）。革卦初九鞏固基礎，九五「大人虎變，未占有孚」，聲名廣被，有突破性的大成就。小畜卦初九「復自道，吉」，六四「有孚，上合志」，九五「有孚攣如，富以其鄰」，變鼎「元亨」，吃喝不愁。謀食之「鼎」，還由謀道之「革」而來，這是教書講經的志業特性啊！

● 二〇一二年六月上旬，我幾位師兄建議周易學會成立書院，掛牌於絃歌不輟的道場。我問如何？為革卦初、五爻動，有小過卦之象。「大人虎變，未占有孚」，「其文炳也」。創新傳承，大有可為。再問取何名稱？為咸卦（䷞）初、四爻動，有既濟卦（䷾）之象。有感有行，「天下同歸而殊途，一致而百慮」，「精義入神，以致用也；利用安身，以崇德也」。體會斯意，決定用「咸臨書院」，以通「群龍无首，見天則」。中旬赴美前，問院名好嗎？為漸卦（䷴）上九爻動，「漸」為雁行團隊，循序漸進，終成立功立德之業。爻辭稱：「鴻漸于陸，其羽可用為儀，吉。」

中旬在紐約遊覽，問書院掛牌後，對學會與自己志業可有促進功效？為不變的升卦。卦辭稱：「元亨，用見大人。勿恤，南征吉。」顯然相得益彰，有推波助瀾之效。

七月中旬，返台上課，勘查道場現址，跟多年老友羅財榮求字，拓於木牌上以宣心志，占問可有實效？為臨卦（䷒）初、二爻動，有坤卦（䷁）之象。居然就是動了兩個「咸臨」的爻！初九「咸臨，貞吉」，「志行正」，九二「咸臨，吉无不利」，「未順命也」。恰如其願，好到不能再好。

其實在二〇〇九年五月下旬時，同門老師兄魏元珪就建議過成立書院，當時占得臨卦二、三爻動，有明夷卦（䷣）之象，請參照前文。當時已有「咸臨」之象，只是怕「甘臨，无攸利」，故未採納。三年後時移勢轉，變成可行矣！

●二〇一〇年七月中旬，我們學會人事再起紛爭，我占得「遇噬嗑之艮」，已於前文噬嗑卦三爻變占例中說明。既決定整頓，問理事長是否該換人了？為革卦二、三爻動，六二值宜變為夬卦，齊變則有兌卦（䷹）之象。「己日乃革之。征吉，无咎」，換人時機已到；九三「革言三就」，下面就是其他組織人事的沙盤推演。「夬」為決斷，「兌」為商議討論，結論相當明確。沒多久，原理事長主動提辭，在他的協助下，成功改組了整個理監事會。

●二〇一四年十一月下旬，我去廈門演講開會後，至武夷山等地遊覽，還去了有「閩剎之冠」美稱的湧泉寺參觀。我的太老師虛雲法師十九歲時於此出家，我占廟宇氣象，為革卦初、上爻動，有遯卦之象。「革之時大矣哉！」「遯之時義大矣哉！」「革」有創新氣象，「遯」則「天下有山」，適合歸隱修練。

三爻變占例

占事遇卦中任意三爻動，以本卦為貞，以三爻齊變所成之卦為悔，稱貞悔相爭，合參兩卦的卦辭卦象論斷。若其中一爻值宜變，為主變數，加重考量其爻辭。

●二〇一〇年七月上旬，我問十一月底五都大選的勝負，台北市長郝龍斌為革卦初、四、五爻動，九五值宜變為豐卦，貞悔相爭成謙卦。「大人虎變，未占有孚」，「謙亨，君子有終」，應為必勝之局。選舉結果，郝擊敗蘇貞昌而獲連任。

●二〇一七年六月底，台灣政局擾嚷不安，我問宋楚瑜闖蕩一生，最後下場如何？為革卦下三爻全動，貞悔相爭成困卦。「革」總欲破舊立新打江山，「困」卻運去英雄不自由。革卦三爻皆低處下卦在野，當朝居官之志難成，就是這樣了！

●二〇一〇年七月中旬，我們學會人事問題嚴重，我決心徹底整頓，想換一位女學生，由執行長升任理事長，占問何宜否？為革卦初、四、五爻動，九五值宜變為豐卦，貞悔相爭成謙卦。革故鼎新，「君子有終」，「大人虎變，未占有孚」。換屆後，果然氣象一新。

●二〇一二年二月上旬，我在學會開的「錯綜高級易研班」，四十堂課將終，學生在酒店辦謝師宴一大圓桌，我占問成效，為革卦初、四、上爻動，九四值宜變為既濟卦，貞悔相爭成漸卦（䷴）。「漸」為山上植林，循序漸進，十年樹木，百年樹人，革故鼎新，當有一定成效。

●二〇一〇年五月中旬，大陸的蕭宏慈來台演講，宣揚其「拉筋拍打治百病」的理念，我受學生之邀去聽講，會後一起在左近的鼎泰豐用餐，順便占問這家聲名遠播的餐館，未來三至五年的發展如何？為革卦三、四、五爻動，九五值宜變為豐卦，貞悔相爭成復卦。「遇革之復」，未來還會創新更上層樓。九三「革言三就，有孚」，九四「改命之吉，信志」，九五「大人虎變，未占有孚」，商譽卓著，如日中天。革卦後為鼎卦，九五爻變成豐卦，又緊扣著「鼎泰豐」的品牌，三字皆為《易》卦名，意境完全吻合講究美食的生活情調，真是不發都不行。

●二〇一一年三月中，我占問後半生與世界文明的緣分，為革卦三、四、五爻動，九五值宜變為豐卦，貞悔相爭成復卦。看來大有可為，革、豐內卦皆為離明，文明底蘊勃發，「大人以繼明照于四方」，一元復始，萬象更新！

當時也問後半生與中國大陸的緣分如何？為觀卦（䷓）九五爻動，有剝卦（䷖）之象。與台灣的緣分呢？為小畜卦（䷈）四、上爻動，齊變有夬卦（䷪）之象。「觀我生，君子无咎」，風行於神州大地之上，「省方觀民設教」。台灣以小博大，小畜卦六四「有孚惕出，上合志」，進至上九「既雨既處，德積載」，也有奮力突破。

●二〇一一年八月下旬，我在北京分八天講《易》的首屆精英班結業，一位台灣去的知名女設計家是虔誠的基督徒，她提問教徒適合占卜嗎？我現算出革卦三、四、五爻動，九五值宜變為豐卦，貞悔相爭成復卦。「大人虎變，未占有孚」，其實占也無不可，不占也可，只要透達本心，一切皆可。革卦「治曆明時」，卦序第四十九，還真跟大衍之占有關。

●二〇〇一年十一月底，台灣立委改選前夕，我問新成立的台聯黨戰績，可否超過百分之五的門檻？為革卦初、三、五爻動，九五值宜變為豐卦，貞悔相爭成豫卦（䷏）。「革」為重大的創新變革，「豫」為熱情選戰得利，應該一定超過。果然一舉選上十三席，邁過了門檻。

●二〇一〇年九月中旬，我赴慕尼黑授《易》，課畢在其地遊覽，問德國堅持留在歐元區盡責如何？為革卦初、三、五爻動，九五值宜變為豐卦，貞悔相爭成豫卦。「大人虎變，未占有孚」，當然應如此，善盡歐洲大國責任，功業彪炳，利己利人，何樂而不為？

●二〇一一年六月上旬，我問物理學上所謂「反物質」究竟為何？得出革卦初、三、五爻動，九五值宜變為豐卦，貞悔相爭成豫卦。「革」有逆反之意，時機成熟時，爆發極大的能量，「革之時大矣哉！」「豫之時義大矣哉！」反物質由反粒子構成，據說與物質碰撞時，會湮滅無蹤，革卦〈彖傳〉稱「水火相息」，意象亦合。

那為何宇宙中只剩下物質呢？為不變的明夷卦。「明在地中」，一片漆黑沉晦，難怪都看不到。

●二〇〇〇年元月下旬，我問金龍年中國大陸的經濟情勢，為革卦二、三、四爻動，九四值宜變為既濟卦，貞悔相爭成節卦。「遇革之節」，二十年的改革開放已制度化，進入規範，革卦九四「有孚，改命吉」，既濟卦改革成功。當年大陸經濟高成長，達百分之八，傲視全球。

●一九九九年三月中旬，我給學生上《韓非子》，首先講〈亡徵〉一篇，以提醒大家當時台局的險惡。占問該篇主旨，為革卦初、三、上爻動，貞悔相爭成否卦（䷋）。「遇革之否」，小心上下易位，國政傾覆，「大往小來，不利君子貞」。

●一九九八年五月底，我給學生上《人物志》，問全書的價值定位，為革卦二、五、上爻動，貞悔相爭成大有卦（䷍）。革卦「元亨利貞」，該書有極大的創造性；大有卦「元亨」，如天日明鑒四方人才，「遏惡揚善，順天休命」。

●二〇一四年十月初，我的學生創辦文創公司，列了一大堆品牌名稱，希望我看看哪個最合適，最後選定「大雲」，為革卦初、三、四爻動，貞悔相爭成比卦。「革」為創新，九四「有孚，改命吉」，比卦「建萬國，親諸侯」。「雲」自然與網路雲端有關。

四爻變占例

占事遇卦中任意四爻動，以四爻齊變所成之卦的卦辭卦象論斷，若其中一爻值宜變，稍加重考量其爻辭。

●二〇〇四年十月中，藍營針對三一九槍擊事件所提當選無效之訴，將於十一月上旬宣判，我問綠營勝算如何？為革卦初、三、四、五爻動，九三值宜變為隨卦，四爻齊變成坤卦。革卦由初、三而四至五，顯然勝利成功；坤卦為陰曆十月的消息卦，節氣剛好為宣判時。果然綠營勝訴，一切如占象所示。

●二〇〇五年七月上旬，連戰交棒，馬英九與王金平競爭國民黨主席，我問馬的勝算，為革卦二、三、四、上爻動，六二值宜變為夬卦，四爻齊變成中孚卦。馬代表改革派，想革新黨務，革卦「己日乃孚」，六二「己日乃革之」，正逢其時，「征吉，无咎」；九三「革言三就，有孚」，九四「悔亡。有孚，改命吉」，「信志也」，必能成功勝選。上六「君子豹變，小人革面」，西瓜靠大邊，完全不用擔心。革卦最須「有孚」，四爻齊變成中孚卦，條件具足，還有麼問題？當時問王金平的勝算，為明夷初卦、三爻動，有坤卦之象，已於前文明夷卦二爻變占例中說明。兩下一比較，優劣立判，果然選舉結果，馬大勝王，接任國民黨主席。

●二〇一一年六月上旬，我前月赴武漢大學國學院演講，當時認識的研究生李連超發電郵給我，請教明代來知德易學的讀法。我告知後，以占總結為革卦初、二、三、五爻動，四爻齊變成解卦（䷧）。「遇革之解」，依循革初至五的修習歷程，可解通來氏易的宗旨與特色。「革之時大矣哉！」「解之時大矣哉！」

六爻變占例

占事遇卦中六爻全動，以全變所成之卦的卦辭卦象論斷。

●二〇〇五年元旦，我作一年之計，問自己全年「謀食」之運，為革卦六爻全動，齊變成蒙卦（䷃）。革卦初至上，顯示綿密的創變過程，蒙卦則自身困蒙，及授《易》啟他人之蒙兼而有之，真是如人飲水，冷暖自知。

當年「謀道」之運為小畜卦（䷈）初九爻動，有巽卦（䷸）之象。「復自道，何其咎？吉」。已見前文小畜卦單爻變占例說明，謀食與謀道間，關係隱隱可見。

50.火風鼎（䷱）

鼎卦為《易經》第五十卦，前為革卦，後接震卦。〈序卦傳〉稱：「革物者莫若鼎，故受之以鼎。主器者莫若長子，故受之以震。」掌握政權，可在短時間內改變一切，打下江山後，還有坐江山的問題。「鼎」為象徵政權的國家重器，古代王位由嫡長子繼承，希望政統綿延，香火不斷。〈說卦傳〉：「帝出乎震……震為龍……為長子。」故革故鼎新之後，接著是震卦。

鼎、井為人所創造發明的器物，一烹肉一取水，解決貴族跟平民日常飲食的問題。六十四卦的卦名，多表現某種情勢或狀態，如蒙、需、小畜、泰、否之類，只有井、鼎為具體的器物。井卦在革卦前，鼎卦居革卦後，意義深遠，革卦即人文的創造發明。三國鼎立、鐘鳴鼎食、調和鼎鼐，鼎在中國文化的象徵意涵非常重要，殷周出土的青銅大鼎，都是精美絕倫的藝術傑作。

䷱

鼎卦卦辭：

元吉亨。

鼎卦卦辭有疑義，「吉」字可能為衍文，由〈彖傳〉解釋卦辭，只講「元亨」可知。鼎卦與大有卦結構類似，只差初爻不同，大有卦辭只有「元亨」二字，鼎「元亨」合情合理，「吉」字沒有必要。革故鼎新，「革」為對現狀的非常破壞，「鼎」為重新開始的非常建設，革卦「元亨利貞」，鼎卦「元亨」。

革、鼎中皆有非常大過之象：革卦二至上爻、鼎卦初至五爻，皆可互成大過卦（䷛）。依卦序看，萃、升、困、井、革、鼎接連六卦，都有大過卦的卦中卦，表示這段情勢的變化，大起大落，高度動盪，常規常法不好應付。

再連前面的夬、姤二卦一起考量：澤天夬、天風姤、澤地萃、地風升、澤水困、水風井、澤火革、火風鼎。這八卦其實依上澤下風，也就是澤風大過的材質，在更迭變化，變化的順序則為天、地、水、火。而乾、坤、坎、離正是上經首尾起迄之卦。簡單來說，由夬至鼎，是在大過的非常動盪之中，體現了天道自然演變的過程。

〈象〉曰：鼎，象也，以木巽火，烹飪也。聖人亨以享上帝，而大亨以養聖賢。巽而耳目聰明，柔進而上行，得中而應乎剛，是以元亨。

鼎字及其卦象就像座鼎，初爻似鼎足、二至四爻為鼎腹、五爻為鼎耳、上爻為鼎鉉，唯妙唯肖，故稱「鼎，象也」。〈繫辭下傳〉第三章：「是故易者，象也。象也者，像也。」以「是故」二字開頭，明顯是接著前面第二章立論，前章從伏羲畫卦到後世聖人發明文字，舉了十三個卦，描述中國文明的演變，許多創造發明都暗合易象。〈繫辭上傳〉第十章稱：「以制器者尚其象。」鼎為中國文明重要創制的國之重器，制器尚象，端凝穩重，雍容大氣。

鼎下卦巽為風為木，上卦離為火，有搧風燃木的烹飪之象。聖人用鼎烹肉，以祭祀上帝，表示政權上承天命，祭拜後，將鼎中之胙肉賞賜予輔政大臣分享，稱「大亨以養聖賢」。亨、烹、享三字意義相通，烹肉以祭祀，期望天人感應亨通，再將天命福祐的政權與大臣分享。王船山釋這三字為：「氣徹而成熟，情達而交合。」

聖人應該養賢，為何鼎〈彖傳〉稱「養聖賢」？頤卦〈彖傳〉即稱：「聖人養賢以及萬民。」革故鼎新之後，為接班的震卦，承續大位須及早培育，以聖養聖，意義在此。前任領導挑選稱職的接班人，最好讓一群賢才一起任事，誰表現好，就拔擢誰接班。由於彼此有共事的經驗，新王出線以後，就是現成的班底。前聖培養聖賢團隊，後聖即由此團隊歷練而出，故稱「聖人大亨以養聖賢」。

鼎下卦巽，深入低調無形，上卦離，有耳目聰明之象。政權要維持穩定，廣佈耳目眼線以蒐集情報，便於治理，非常重要。「柔進而上行」，是指君位六五，得居上卦之中，下與九二陽剛之臣相應與，配合甚佳，「是以元亨」。以前古代帝王微服出巡，暗訪民情，免被地方官僚蒙蔽，就是「巽而耳目聰明」。屯卦（䷂）與鼎卦相錯，「利建侯」；比卦「建萬國親諸侯」，豫卦「利建侯行師」，都是掌權施政必要的部署。

〈象〉曰：木上有火，鼎。君子以正位凝命。

鼎卦下巽為風也為木，上離為火，故為「木上有火」之象。革命成功之後，新君即位施行新政，務求氣象一新，以不愧於天命所歸。「凝命」之「凝」，為具體實現之意。乾為天道天命，坤將之奉行落實，初六「履霜堅冰」，即稱「陰始凝也」。《中庸》：「苟不至德，至道不凝焉。」沒有至高的德行，就不能實踐彰顯至高的大道。「正位」見〈文言傳〉論坤卦六五「黃裳元吉」：「君子黃中通理，正位居體，美在其中，而暢于四支，發于事業，美之至也。」鼎卦君位也是六五，得通達合理授權的柔性領導之道。

革、鼎分別為第四十九、五十卦，和大衍之數的占法有關。〈繫辭上傳〉第九章：「大衍之數五十，其用四十有九。」革卦〈大象傳〉稱「治曆明時」，鼎卦〈大象傳〉稱「正位凝命」，占筮以明時正位，了解大形勢的變動，從而決定自己該怎麼辦。

占例

● 二〇〇六年丙戌元旦，我作一年之計，占問自己全年氣運為「遇觀之比」，「謀食」為「遇噬嗑之復」，皆已詳載於前文。「謀道」為不變的鼎卦，「元亨」，「君子以正位凝命」，革故鼎新已臻成熟之境矣！其實，這三卦息息相關：謀道使鼎中有實，謀食即可從中取食，噬嗑食肉，而獲「七日來復」之亨。觀卦上九「觀其生」，正是由觀至噬嗑之位，「觀民設教」，噬嗑而亨。二〇〇〇年十月中，我占問自己「十年乃字」的志業可有成效？為不變的鼎卦。「元亨」，革故鼎新，「正位凝命」，成效斐然可觀。

䷱

初六：鼎顛趾，利出否。得妾以其子，无咎。

〈小象傳〉曰：鼎顛趾，未悖也；利出否，以從貴也。

初六居鼎之初，為基層民眾之位，象徵鼎足。「顛趾」是將鼎傾斜，以便倒出沉積於底部的渣滓，稱其為「否」，因為陳舊過氣。舊的不去，新的不來，清洗鍋子才能裝進新的食材以烹調。革命必須徹底，革上六「居貞吉」，「小人革面」亦適可而止，是因為天下未定。鼎卦初六政權基礎漸穩固，施行新政，得進一步革除舊習了！「顛趾」有不慎則傾覆的風險，但行權而未悖離正道，將舊習餘孽清除，才可接納新貴。何謂新貴？就是孟子說的「民為貴」，鼎卦初六爻變成大有卦（䷱），二卦義理相通，主張共存共榮，國政上則有全民共和之意。屯、鼎相錯，由草莽至廟堂，皆以民為貴，屯卦初九〈小象傳〉：「以貴下賤，大得民也。」

革命要徹底除舊，毛澤東說「革命不是請客吃飯」，所以鼎中烹肉不給跟不上時代腳步的人吃。〈彖傳〉說「大烹以養聖賢」，鼎中香肉賞賜給幫忙推行新政的英傑，酬庸打天下的革命幹部，必須出手大方，與萃卦「用大牲」同義。

革故鼎新，長遠看還得培養接班人，爻辭後半的「得妾以其子」即為此而發。嫡長子繼承為常態，若不成材呢？君王納妾，為了多生幾個兒子，誰成材就由他接王位，不論嫡庶出身，唯才德是論。本爻變大有卦，大家都有機會，可人人沒把握，公平競爭，不相嫉害。革故鼎新，新王剛推行新政之始，就即早培育接班人，真有遠見。

康熙為千古一帝，「顛趾、出否」做到了，除鰲拜，平三藩，收復台灣，膽略過人。然而「得妾以其子」，在安排接班人上並不圓滿，立太子，又廢而復立，立而復廢，最後造成八王奪位、喋血宮廷。

占例

●二〇一五年元旦，我作一年之計。年運為謙卦初、五爻動，初六值宜變為明夷卦，齊變有既濟之象。從「卑以自牧」到君位「利用侵伐，无不利」，經歷艱辛而定局。首季運勢為同人卦三、五爻動，九五值宜變為離卦，齊變有噬嗑之象。同人「先號咷而後笑，大師克相遇」，人際難免明裡暗裡的辛苦鬥爭。最後問元月氣運，為鼎卦初六爻變成大有卦。革故鼎新，年初就得謀篇佈局。當年整體氣運確實如此，非關意願，只能知機順勢而行，其中堪稱主軸的，應是末季接任了中華奉元學會的理事長一職。

䷱

九二：鼎有實。我仇有疾，不我能即，吉。

〈小象傳〉曰：鼎有實，慎所之也；我仇有疾，終无尤也。

九二下乘初六、上和六五應與，為從政良材，卻因九四貪瀆亂政，六五與之疏遠而不重用。雖然如此，坐冷板凳時勿心生怨望，謹慎所接觸的人與事，無怨無尤。等到九四事敗，九二還有可能重獲任用，一展長才。本爻變，為旅卦（䷷），失時、失勢、失位，失意人得自我調護，少發牢騷。

《左傳・桓公二年》：「嘉耦曰妃，怨耦曰仇。」「耦」即「偶」，「妃」即「配」。九二與六五本當配合不錯，卻因九四奪權專擅而失寵，變成怨偶。六五乘於九四之上，陰乘陽、柔乘剛，欲望蒙蔽理智，關係不正常，遂染患「寡人之疾」，親小人遠賢臣，使朝政失綱。對九二來說，即「我仇有疾，不我能即」。鼎卦九二「慎所之」，革卦九三「又何之」，人在變動劇烈的時代受挫失意，當謹言慎行，不要到處亂跑。

占例

● 二〇〇三年九月上旬，時當白露節氣，我問自己當時易學參證的成績，為鼎卦九二爻動，有旅卦之象。「鼎有實。我仇有疾，不我能即，吉。」革故鼎新，已有厚實底蘊，仍受形勢所困，一時難以通達。

● 二〇一〇年七月中，我問佛經中所提「授記」的確切意涵，為鼎卦九二爻動，有旅卦之象。「鼎有實。我仇有疾，不我能即，吉。」「授記」是現在佛對未來佛的肯定及認證，恰似鼎卦六五對九二的關係，〈彖傳〉所稱：「柔進而上行，得中而應乎剛，是以元亨。」鼎卦後為震卦，也是培植接班人之義。「授記」雖定，卻還需等待很久才接任，九二得「慎所之」，「終无尤」而獲吉。禪宗傳衣缽亦然，五祖弘忍授法與六祖惠能後，要他趕快逃亡，免招同門之嫉，正是「我仇有疾，不我能即」。六祖脱險後，還隱匿於獵人隊中十幾年，才出山弘法，正是「慎所之、終无尤也」。

當年十二月中，我問：一般輪迴觀念認為，子女投胎降生父母之家，是為了報恩或還債，真是這樣嗎？為鼎卦九二爻動，有旅卦之象。「我仇有疾」，「怨耦曰仇」，二、五相應與，鼎後為震卦傳香火，還真是前世的冤家來投胎呢！

鼎卦六爻全變的錯卦為屯卦，上下交換所成之卦為家人卦（䷤），屯卦為新生兒呱呱墜地，從此成為親密的一家人，從各種卦際變化的角度來看，鼎卦九二之占都有後代子女之象。

●二〇一一年六月下旬，我一位女學生想請我為某基金會開《易經》班，由於她在前一年的人事紛爭中淡出學會，我先問其心態，為鼎卦九二爻動，有旅卦之象。「鼎有實。我仇有疾，不我能即，吉。」主要還是未蒙青睞的失落心情，希望有所彌補。

當時風聞有些離去的學生又有結集的現象，我問確然否？為不變的漸卦。漸卦以鴻雁結群飛行為象，期望循序漸進，達到目的。

有鑑於此，我問當如何應對為宜？為噬嗑卦初、上爻動，上九值宜變為震卦，齊變則有豫卦（䷏）之象。噬嗑為人事鬥爭，初九若不審慎，將貽上九「何校滅耳」之凶，故而仍須思患豫防。再三考量之後，我婉拒了開課之請。

九三：鼎耳革，其行塞。雉膏不食，方雨虧悔，終吉。

〈小象傳〉曰：鼎耳革，失其義也。

九三過剛不中，居內卦離火之極，烹飪的火力過旺，造成鼎耳受熱變形，插不進扛鼎的鉉，以致無法移動。由於鼎中太燙，烹好的野雞肉也無法消受，真是暴殄天物。欲改善狀況，只有將爐火冷卻降溫，才能減少遺憾而獲終吉。本爻變，為未濟卦（䷿），火候控制失宜，不能成功。革故鼎新，鼎中又出現革的破壞之象，等於走回頭路，前功盡棄，非常可惜。井卦九三「井渫不食」，鼎卦九三「雉膏不食」，在野在朝都可能懷才不遇。屯卦草莽開創，九五「屯其膏」，在野資源不足；鼎卦九三「雉膏不食」，在朝執政失宜，浪費國家資源。

占例

- 二〇一〇年十月下旬，我問佛教四聖諦「苦集滅道」之意涵，「苦諦」為鼎卦九三爻動，有未濟卦之象。人生皆苦，行進不通，謀事難成，不如意處十之八九。
  當年九月上旬，我預測來年家中四老，父母及岳父母的身體健康狀況，為鼎卦九三爻動，有未濟之象。「鼎耳革，其行塞。雉膏不食」。老境堪憐，耳不聰目不明，走路困難，再好的肉食也難下嚥矣！實際就是如此。
- 二〇一二年三月下旬，我在聯合報授《易》，講到賁卦九三「賁其須」時，我說古人官場蓄鬚很平常，現代男人為何蓄不起來？是不是體質已有改變？一位聽講的舊生當下占出原因，就是鼎卦九三爻動，有未濟卦之象。鼎就像人身穩重，九三剛柔不調、內氣不順，故而長不出男性性徵的美鬚。「賁」為官樣文章，「鼎」為肉食者鄙，「鼎耳革」、「賁其須」，皆為三爻人位之動，以鼎三解釋賁三，相當耐人尋味。
- 二〇一一年九月下旬，我赴高雄授《易》，主辦單位跟我討論六十四卦講完後的接續課程。先問接講《老子》如何？為鼎卦九三爻動，有未濟卦之象。「其行塞。雉膏不食」，顯然時機不成熟，行不通。再問講兩年《春秋經》呢？為革卦（䷰）三、四、上爻動，九四值宜變為既濟卦（䷾），貞悔相爭成益卦（䷩）。《春秋》思想倡導新王革命，好生宣揚應可利益眾生，九三「革言三就」、九四「改命、信志」、上六「君子豹變，小人革面」，循序漸進當能收效。二〇一二年七月起，開講《春秋經》。

九四：鼎折足，覆公餗，其形渥，凶。

〈小象傳〉曰：覆公餗，信如何也？

九四陽居陰不正，上承六五之君，陰乘陽，柔乘剛，欲望蒙蔽理智，施政無能甚至貪腐，讓初六的基層民眾非常失望。鼎足斷裂，鼎內的肉湯倒了一地，沾黏齷齪，象徵國家覆亡，當然大凶。六五疏遠賢臣九二，親信小人九四，自取其敗，又能怪誰？鼎卦九四爻動，恰值宜變成蠱卦（䷑），貪腐敗壞，國政將傾。

〈繫辭下傳〉第五章記子曰：「德薄而位尊，知小而謀大，力小而任重，鮮不及矣！《易》曰：『鼎折足，覆公餗，其形渥，凶。』言不勝其任也。」革故鼎新，推翻別人後自己執政，卻腐化無能得那麼快！革命者本身變成了被革命的對象，這種人情人欲的弱點，太值得警惕了！孔子選此爻發揮，大有道理，居高位者德行最先，知識智慧其次，力量又其次，全部條件都不足，鮮少不及於覆滅之禍的。

占例

● 二〇〇四年十二月十一日，立委選舉當天下午四點，投票已結束，我問泛綠陣營能過半否？為不變的歸妹卦。「征凶，无攸利。」再確認，為鼎卦九四爻動，恰值宜變成蠱卦。「鼎折足，覆公餗，其形渥，凶。」兩象皆凶，顯然不可能過半。當晚結果揭曉，泛藍陣營過半，泛綠遭受敗績。

● 二〇〇二年八月底，我問二〇〇四年大選，泛藍陣營若推出宋連配的勝算如何？為鼎卦九四爻動，恰值宜變成蠱卦。再問綠營仍以扁呂配迎戰如何？為革卦三、四爻動，齊變有屯卦之象。鼎、革正是政權大位爭奪，宋連配名不正，言不順，「遇鼎之蠱」，必敗無疑；扁呂配「遇革之屯」，有機會險中求勝，衛冕成功。革卦九三「革言三就，有孚」，九四「悔亡。有孚，改命吉」，「信志也」，多方計議，得遂所願。一年半後，藍營為連宋配仍輸，三一九槍擊案保送陳水扁在爭議中連任。

● 二〇〇八年四月初，朋友的女兒交上西班牙男友，難捨難分，她問往後兩年內能順利成婚否？為鼎卦九四爻動，恰值宜變成蠱卦。「鼎折足，覆公餗，其形渥，凶。」異國婚姻難諧，可能敗壞成空。她很不願意接受這結果，仍想竭力挽回，但父母消極反對，兩地工作也擺不平。另外，當年美國九一五金融風暴爆發，西班牙災情慘重，也讓小倆口各方窘困。拖了幾年，終告仳離。

● 二〇〇六年十一月上旬，我在工商建研會的一位女學生替先生問投資案，與某全球視訊往後三年的合作如何？為鼎卦九四爻動，恰值宜變成蠱卦。「鼎折足，覆公餗，其形渥，凶。」看來得破局，這鍋肉吃不到，其後果然。

●二〇〇四年十二月上旬，有台中學生熱心介紹某項補氣藥品給我，我問對身心真有效否？為鼎卦九四爻動，恰值宜變成蠱卦。不僅無益，反而有害，當下立刻推辭。

六五：鼎黃耳，金鉉，利貞。

〈小象傳〉曰：鼎黃耳，中以為實也。

六五居鼎卦君位，下和九二應與，上承上九所示的天命理念，應該如〈彖傳〉所稱：「聖人亨以享上帝，而大亨以養聖賢。」奉天承運，重用賢能，以治理國政。「黃」為中道，坤卦六五「黃裳，元吉」、離卦六二「黃離，元吉」，已宣明其意。「黃耳」，即虛心聽取善言、任賢輔政；「金鉉」，即指九二有實學實力的社會賢達。「黃耳」虛中以待，「金鉉」即可穿入扛鼎，選賢舉能，承擔國政。六五爻辭最後的「利貞」，也是期望君位領導固守正道，徹底落實〈大象傳〉所稱的「正位凝命」。六五爻變，為姤卦（䷫），危機已現，世間掌鼎大權的領導者，真的會依正道而行嗎？九四無能或貪瀆誤國，六五真的不知？還是上下勾串，是所謂共犯結構的一部分？

噬嗑卦六五、九四為激烈鬥爭下的共犯聯盟，「得黃金」、「得金矢」一語雙關；蠱卦六五、六四合作營私，還打著改革的旗號騙人，皆已於前文揭發說明。同樣，鼎卦六五、九四的關係絕不單純，《易》卦居君位的爻辭，無直接抨擊之語，是「為尊者諱」的傳統。避諱並非全隱，而是拐彎罵人：鼎卦六五的「黃耳、金鉉」，不就是噬嗑卦六五的「得黃金」嗎？權與錢的勾兌交易，自古有之，也是人情人欲的極深痼習，寡人有疾，很難避免。鼎卦九二好端端地，為何要說「我仇有疾」？不就是六五的隱疾發作了嗎？

占例

●二〇一五年二月上旬，咸臨書院莊子班師生尾牙宴，在北平上園樓歡聚，氛圍甚佳。宴後我問占得鼎卦六五爻動，有姤卦之象。「鼎黃耳，金鉉，利貞」，「中以為實也。」好一番鼎中熱食歡樂之象，人生隨緣隨喜啊！

上九：鼎玉鉉，大吉，无不利。

〈小象傳〉曰：玉鉉在上，剛柔節也。

上九居鼎最上，以「玉鉉」為象，與「金鉉」有別。黃金有價玉無價，相較於六五「金鉉」的世俗權力，上九「玉鉉」為崇高的政治理念。六五上承上九，「金鉉」應為「玉鉉」服務，為政宜替天行道，為民眾謀福。國家建設除了科技及經濟建設外，還得重視文化，彰顯立國精神。如此則富而好禮，剛柔兼備，全面獲吉而無不利。爻變為恒卦（䷟），國魂永在，國祚緜長。下接震卦，這樣的國家政權，才值得代代相傳，永續經營啊！

家人卦六四、萃卦九四、升卦初六及鼎卦上九，爻辭皆稱「大吉」，都是一點通則全局通，為該卦特須注重之時位。鼎卦的二至上爻，互成大有卦（䷍），鼎卦上九實即大有卦上九，爻辭皆稱

「吉无不利」。

鼎卦九三「其行塞」，過剛失宜；上九「无不利，剛柔節也」，調和鼎鼐的功夫大有增進。

占例

● 二〇〇九年九月初，我問西藏問題最後能有善解否？為鼎卦上九爻動，有恒卦之象。「鼎玉鉉，大吉，无不利」，「剛柔節也」。應有善解，「遇鼎之恒」，西藏永屬中國，但處理宜以「玉鉉」，而非僅「金鉉」，尊重文化比經濟建設更重要。

● 二〇一〇年二月中旬，由於新北市捷運施工，就在我家樓下不遠以潛盾施工，開挖三十多米深，我問安全否？為鼎卦上九爻動，有恒卦之象。「鼎玉鉉，大吉，无不利。」恒為長久穩定，「遇鼎之恒」，絕無問題。

● 一九九八年九月中旬，我給學生講《人物志》，問〈材能篇〉主旨，為鼎卦上九爻動，有恒卦之象。「鼎玉鉉，大吉，无不利」，「剛柔節也」。人的才能有大有小，堪任之事亦隨之而異，國政授任時，必須量力而行，才會有稱職的表現，調和鼎鼐非常重要。該篇中真正以鼎為喻，談授任之理：「故鼎亦宜有大小，若以烹犢，則豈不能烹雞乎？……夫一官之任，以一味協五味；一國之政，以無味和五味。」

● 二〇〇〇年十一月下旬，我問：授《易》近十年，所有學生資源當如何運用？為鼎卦上九爻動，有恒卦之象。「鼎玉鉉，大吉，无不利」，「剛柔節也」。秉長期觀點，調和鼎鼐，量才適用。

多爻變占例之探討

以上為鼎卦卦、彖、象與六爻單變之理論及占例說明，往下繼續探討多爻變的情形。

占事遇卦中任意二爻動，若其中一爻值宜變，以該爻爻辭為主，若皆不值宜變，以本卦卦辭卦象為主，亦參考二爻齊變所成之卦的卦辭卦象論斷。

二爻變占例

● 二〇〇四年十二月上旬，我問四天後的立委選舉結果，泛綠為鼎卦二、三爻動，齊變有晉卦之象。泛藍為井卦初、二、三、五爻動，四爻齊變成復卦。復恰為陰曆十一月卦，正當選期。井卦市井在野，轉型研發成功，九五「井冽，寒泉食」，贏得國會的主導權，剝極而復，萬象更新。綠營在朝執政為鼎，九二不得其位，九三剛柔失調，難以主導大局。結果泛藍掌握過半席次，卦象實現。

● 二〇一一年二月二十日，毓老師說兩天後要到我們學會看看，我占問得出鼎卦二、三爻動，有晉卦（䷢）之象。九二「我仇有疾，不我能即」；九三「其行塞。雉膏不食」。好像有病不能成行，我們無緣獲得教益。晉卦〈大象傳〉稱「自昭明德」，我們還得靠自己努力，奮發圖強。二月二十二日當天早上，我們開車去接老師途中，接到他義媳的電話，身體不適取消約會，卦象成真。「遇鼎之晉」，鼎為「正位凝命」，有歸天之意，晉為乾宮遊魂卦，卦氣在陰曆二月中。老師於三月二十日溘然仙逝，時間亦合，當時誠心一占，多少天機洩漏？

●二〇一一年四月中旬，日本福島震災已逾月，我問未來三、五年內，日本國力能否復振？為鼎卦二、三爻動，有晉卦之象。鼎為掌握公權力推動國家建設，九二雖有實力，難遂其志，九三「其行塞」，「失其義也」，似乎政府的管理機制出了問題，績效不彰。九三「鼎耳革」，「方雨虧悔」，很像核反應爐灑水降溫的救治措施，總之，日本損失慘重，振興困難。

●二〇〇〇年十一月上旬，我提前占問二〇〇一年中國大陸的經濟情事，為鼎卦四、五爻動，齊變有巽卦之象。鼎盛紅火，四、五爻為政府高層全力推動，巽卦〈大象傳〉稱：「隨風巽，君子以申命行事。」當年全世界平均都是負成長，而大陸一枝獨秀，仍維持百分之八．三的高成長。台灣當年為負一．七，年初占測為「遇蒙之旅」，資源嚴重外流，已於蒙卦三爻變占例中解明。由兩岸之占象看來，台灣許多資源即是流入到大陸，一定程度幫助了對岸的發展。

●一九九八年十一月下旬，我問高雄市長選情，吳敦義為鼎卦二、四爻動，齊變有艮卦之象。謝長廷為升卦六二爻動，有謙卦之象。「遇鼎之艮」，連任掌權之路阻礙重重。九二「鼎有實」，「不我能即」，雖有實力，難即大位；九四「鼎折足，覆公餗」，「凶」，民意支持不足，打翻肉鍋，失去權位。「遇升之謙」，「孚乃利用禴，无咎，有喜也」，升進而獲善終。兩相比較，應是謝勝吳敗。選舉揭曉，吳以不到五千票的微小差距飲恨，選舉期間謝以錄音帶的緋聞事件重創吳，用極小成本獲得大利，也應驗了升卦九二之象。

●二〇一〇年十一月中，我赴常州授《易》，課末有人提問中國民營企業的前途，占得三至五年內，為鼎卦二、四爻動，齊變有艮卦之象。九二「鼎有實。我仇有疾，不我能即」，民間企業雖有實力，難獲政府青睞。九四「覆公餗，其形渥，凶」，官僚階層及公營企業壟斷資源，限制了民企的壯大發展。

隨著時代社會的變遷，未來可不可能改善呢？五到二十年內為萃卦四、五爻動，九五值宜變為豫卦，齊變則有坤卦之象。民企有機會出人頭地，精英拔萃，與公營企業共存而不相害。

- 二〇〇八年四月下旬，我的一位女學生家中有靈異事件，似乎有個小女孩的魂靈一直纏擾她的兒子，我占究竟是何因緣？為鼎卦二、四爻動，有艮卦之象。鼎為王朝或富貴人家，二與四同功而異位，同爭六五君王之寵，或初六基層的擁戴支持。九二失意怨望，九四獨佔鼎食、待遇優渥，又隱隱有「得妾以其子」、二女爭風吃醋之意。艮卦內外皆阻，「敵應而不相與」，應是夙世情冤，不易化解。最後是靠念《楞嚴咒》化解，事見小畜卦四爻變之復、明夷卦六四爻變占例。「遇鼎之艮」，以及以上二占，卦象中所示，與學生她們去找異能人士，對方所講的前世冤孽之說相同。

- 一九九二年八月中旬，我二姊的獨子脊椎側彎，醫師建議動手術矯正，我占手術順利否？為鼎卦二、上爻動，上九值宜變為恒，齊變則有小過卦（䷽）之象。革故鼎新為開刀，九二「我仇有疾」，應指六五應與之位，剛好當人身脊柱之處，「慎所之」可「終无尤」。上九「玉鉉」扛鼎，「大吉，无不利」，可調整適宜。其後，手術順利成功。

年輕人體氣旺，占到鼎卦，矯正成功。老人開刀急救遇鼎，則可能指歸天。我台中一位學生的老父親，十幾年前清晨出去散步被車子撞倒，送醫急救，他占安危得出不變的鼎卦，當天即不幸往生。

- 二〇一〇年九月下旬，我剛完成南德慕尼黑授《易》之行，成果不錯，占問次年後續如何？先電占為坤卦（䷁）初六動，有復卦（䷗）之象，「履霜堅冰至，陰始凝也」。竟然頗有預警徵兆，怎麼回事？再確認，為鼎卦二、上爻動，上九值宜變為恒，齊變有小過卦之象。九二「鼎有實，我仇有疾，不我能即，吉」。上九又「玉鉉，剛柔節」，是主辦方面有問題，造成不順嗎？二〇一一年再去一次，果然問題浮現，返台後協商大致解決。最後問未來的發展性究竟如何？為不變的大畜卦。「利貞，不家食吉，利涉大川。」對方問題沒解決前，只能止健，以待時機再求突破。

●二〇一二年二月中旬，奉元學會開理監事會，籌議在台大成立學生社團奉元社，便於申請場地辦推廣活動，也延續毓老師當年教大學生的傳統。我占問此案，為鼎卦二、上爻動，上九值宜變為恒卦，齊變有小過卦之象。鼎卦九二所遭遇的窒礙，有機會於上九的時位解決。小過卦為小鳥練飛之象，一代代傳承研習中華經典，永續不息。

●二〇〇七年八月中，我率學生赴河南、山西旅遊，並參加安陽主辦的周易研討會，住宿中原賓館時，想起學生徐崇智心疾猝逝週年，占其安息否？為鼎卦三、五爻動，齊變有訟卦（䷅）之象。再確認，為明夷卦九三爻動，有復卦之象。訟卦為離宮遊魂卦，明夷卦為坎宮遊魂卦，兩卦相錯旁通，不是安息之象。鼎卦「正位凝命」，九三「鼎耳革，其行塞。雉膏不食」，肯定心有未暢。

●二〇一〇年十月上旬，我問伏羲與《易》的關係，為鼎卦四、五爻動，齊變有巽卦（䷸）之象。伏羲為帝王，「正位凝命」，一畫開天為鼎；巽卦「申命行事」，體察天道天命，藉卦畫教人依理行事。「遇鼎之巽」，羲皇地位屹立不搖。

●一九九九年八月初，我問次年跨世紀大選，連戰能登大位否？為鼎卦四、上爻動，上九值宜變為恒卦，齊變則有升卦之象。鼎為掌權施政，九四「鼎折足，覆公餗」則敗矣！上九「玉鉉在上」，未得君位，成大老了！次年三月下旬選舉結果，連戰敬陪末座大敗。

●二〇〇四年十月底，我問藍營所提陳水扁當選無效之訴的勝算，為鼎卦四、上爻動，上九值宜變為恒卦，齊變則有升卦之象。顯然不成，必敗無疑，後果然。

當時占測綠營勝算，為「遇豫之復」，已於豫卦二爻變占例中說明，兩相比較，當然綠贏藍敗。

●二〇一〇年底，我坐車行經台北市第二殯儀館門前，心念一動，以手機占問當處氣場，為鼎卦四、上爻動，上九值宜變為恒卦，齊變有升卦（䷭）之象。鼎卦九四「鼎折足，覆公餗」，色身已然敗壞；上九「鼎玉鉉」，魂魄升天。

●二〇一一年元月上旬，我問一位舊識其人心性，為鼎卦三、四爻動，齊變有蒙卦（䷃）之象。鼎為重器，九三「雉膏不食」，懷才不遇，九四「鼎折足，覆公餗」，若真得遇卻也難說？人生多蒙昧，難得真解脫啊！

三爻變占例

占事遇卦中任意三爻動，以本卦為貞，三爻齊變所成之卦為悔，稱貞悔相爭，合參兩卦卦辭卦象以論斷。若其中一爻值宜變，為主變數，加重考量其爻辭。

●二〇〇三年六月中旬，我們正在進行《易經》與企業經營管理的研究，我問西方企管的特色，為「遇損之剝」，已於前文損卦二爻變占例中說明。問中國式經營管理的特色，則為鼎卦下三爻全動，貞悔相爭成噬嗑卦（䷔）。噬嗑為政治鬥爭，所搶奪者就是鼎中所烹之肉，「遇鼎之噬嗑」，顯然中國商場更重視傳統政治的智慧，希望調和鼎鼐，以創造亨通。

●二〇〇一年九月中旬，年底立委改選，我問國民黨還可維持第一大黨的優勢嗎？為不變的訟卦。民進黨呢？為鼎卦二、三、上爻動，貞悔相爭成豫卦。鼎為掌權施政，豫「利建侯行師」，「遇鼎之豫」，熱情選戰看好。訟卦「天與水違行」，「不利涉大川」，肯定選輸。選舉揭曉，國民黨席次大幅滑落，民進黨成為第一大黨。

●二〇一二年元月初，我作一年之計，先回顧二〇一一年作總結，為鼎卦二、三、上爻動，貞悔相爭成豫卦。鼎「元亨」，豫卦「利建侯行師」，當年走南闖北，確實忙碌紅火。五月去武漢大學、長沙嶽麓書院交流，七、八月在北京首屆精英班授《易》，九月再赴慕尼黑教德國人《易經》，還去希臘、西藏旅遊，讀萬卷書，行萬里路。三月二十日毓老師過世是大事，繼往開來、延續香火亦為鼎卦份內之責。豫卦〈大象傳〉稱：「雷出地奮，先王以作樂崇德，殷薦之上帝，以配祖考。」小子後學，當知勉之。

●一九九八年中，我學生邱雲斌同事之父突然癱瘓，診斷為心血管剝離，已昏迷三天，占問病情如何？為鼎卦二、三、上爻動，貞悔相爭成豫卦。九二「我仇有疾，不我能即」，和上卦離明中心的六五斷了聯繫，正是心血管剝離之象；九三「其行塞」，阻滯不能行；上九「鼎玉鉉」，恐怕為魂魄歸天之象。一週後，老人家往生。

●一九九二年六月下旬，我在出版公司負責經營，面對難解的股爭，實在困擾不堪。當時市場派的大股東咄咄進逼，老闆又陷於如山債務，我占問對大股東一派勢力，如何應對為宜？得出鼎卦二、四、上爻動，貞悔相爭成謙卦（䷎）「鼎」為掌權主政，「謙」為低調不爭，「遇鼎之謙」，還是以和為貴。九二「鼎有實，我仇有疾，不我能即」，說中了我的處境；九四「鼎折足，覆公餗，其形渥」，小心強爭打翻鼎，大家沒得肉吃；上九「玉鉉在上，剛柔節也」，盡力調和鼎鼐為是。

●二〇〇六年八月中旬，我學生為兒子就學煩惱，如繼續留台灣讀高中，為不變的艮卦，顯然不宜，阻礙重重。若去夏威夷就學呢？為鼎卦二、四、上爻動，貞悔相爭成謙卦。革故鼎新，謙亨有終，可能是條明路。鐘鳴鼎食，我學生為豪富大家，兒子由二而四而上，終至「玉鉉，大吉，无不利」，下接震卦，長子成材繼承家業。後來，她決定讓兒子出去就學，夏威夷讀書豁然改觀，一切順利。

●二〇〇七年十二月上旬，我計畫寫《四書的第一堂課》，想兩岸同時出版，先知會北京友人如何？為鼎卦二、四、上爻動，貞悔相爭成謙卦。鼎「元亨」，謙「亨，君子有終」，相當正面。三年後，簡體版在大陸出書，再半年才在台灣出繁體版。

二〇一一年八月下旬，首屆神州大易菁英班結業，我再算未來一至三年內與友人的合作前景，又得「遇鼎之謙」。革故鼎新，謙亨有終，仍在彼此信任的基礎下，穩定進行。

當天還順口談成立周易學會的北京分會，由友人主持，占得鼎卦二、五、上爻動，貞悔相爭成咸卦（䷞）。鼎「元亨」，咸「亨利貞，取女吉」，大家精誠合作，分享鼎實。鼎卦六五上承上九，下和九二相應與，「金鉉、玉鉉」，「中以為實」，是配合絕好的格局。

●二〇一〇年十一月中，我赴常州授《易》畢，有學生問面對世界金融風暴，若國際回歸金本位制如何？為鼎卦二、五、上爻動，貞悔相爭成咸卦。革故鼎新，咸能獲吉，應該不錯。「鼎有實」，支撐六五「黃耳、金鉉」，當可「大吉无不利」。六五為鼎卦君位，黃耳金鉉，「中以為實」，不正是金本位制嗎？

● 二〇一〇年十一月中旬，我問張之洞其人其業，為鼎卦二、三、四爻動，貞悔相爭成剝卦（䷖）。鼎為掌權推動國家建設，九二「鼎有實，我仇有疾」，不得發揮；九三「其行塞，雉膏不食」，暴殄天物；九四「鼎折足，覆公餗，其形渥，凶」。鼎腹三陽的厚實資源流失殆盡，「不利有攸往」。張任湖廣總督及中央輔政期間，竭力推動富國強兵的洋務政策，終究未能挽救危亡，前功盡棄，甚為可惜。

● 二〇〇九年七月下旬，學會人事紛爭漸多，我默默觀察並作占測紀錄。其中一個學生為紛爭中心，專擅跋扈，其特質為「遇鼎之剝」；另占為遯卦九三爻動，有否卦之象。另一位為鼎卦九二爻動，有旅卦之象。「鼎有實」，懷才不遇，常遭人妒忌打壓，無端受抑，確實如此。專擅者攬權為鼎，人心不服成剝；遯卦九三「係遯，有疾」，不可大事，戀棧過甚，自尋煩惱，爻變成「否之匪人，不利君子貞」。一年以後，學會整頓人事，該生怏怏以退，又自己聚眾搞了一套東西，企圖分庭抗禮，也是個性使然。

● 一九九五年八月中旬，我與內人赴陽明山中國大飯店休宿，針對兩岸風雲日緊，試占台灣對策，為「遇鼎之剝」。「鼎」為掌權行政，「剝」為資源流失、岌岌可危，相當不妙。

● 二〇一一年十一月中，我在赴烏來洗溫泉的夜車途中，已將未來十年的大勢算完，其中台灣政局為「遇鼎之剝」，日本未來十年國勢發展亦復如是。日本長期不振，頻頻更換首相亦無濟於事，當年三月還發生福島驚人核災，損失慘重，加以國債如山，情勢看衰不奇怪。台灣政局混亂，施政績效不彰，未來十年不看好，令人擔心。

●二〇一一年七月上旬，我富邦課堂一位學生的姪女住入加護病房，她染患紅斑性狼瘡多年，一生坎坷不順，我問尚有生機否？為「遇鼎之剝」。人身就是座鼎，陰陽調和，便端凝穩重。二、三、四為鼎腹的三陽，流失殆盡成剝，「我仇有疾」，「其行塞」，「折足、覆餗、形渥」，生命垂危矣！鼎卦節氣剛好約當陰曆六月初，剝卦為陰曆九月，可能沒有多久了！果然，患者不久即往生。

●二〇〇〇年十二月中旬，我一位學生的長女在美國大學畢業，做母親的代問其何處就業為宜？若赴香港，為鼎卦九四爻動，恰值宜變成蠱卦，「鼎折足，覆公餗，其形渥，凶」，顯然不好。若在紐約就業，則為鼎卦三、四、上爻動，貞悔相爭成師卦。九三「鼎耳革」、九四「鼎折足」，都不妙，上九「剛柔節」方安，此為何意？

九天後，因香港方面力邀，她又問女兒改赴香港如何？為夬卦（䷪）初、二、五、上爻動，九五值宜變為大壯卦，四爻齊變成旅卦（䷷）。「遇夬之旅」，遲疑難決，過境不留，亦非佳象。那維持原議仍在紐約就業呢？為革卦（䷰）初、二、三、五爻動，四爻齊變成解卦（䷧）。「革之時大矣哉！」「解之時大矣哉！」遇重大變故而得解脫？革故鼎新，兩卦一體相綜，前後二占應有關係。結果她女兒留在紐約，翌年九一一恐怖攻擊事件時，剛好適逢其會，雖然無恙，斷訊那幾天可把她急死了！原來「遇鼎之師」、「遇革之解」，是預示了這樁驚天動地的大事？時代重大變故會透過個人的際遇呈現？果真如此，我們又當如何早識機微，趨吉避凶？

●二〇〇六年七月上旬，我給學生講三十六計，問「以逸待勞」為何象？得出「遇鼎之師」。鼎卦為「正位凝命」，沉穩持重，師卦為勞師動眾，二卦貞悔相爭，正是「以逸待勞」之象。另外，以義理來推，需卦九五爻動，爻變為泰卦，「需于酒食，貞吉」，也是典型的「以逸待勞」。

●二〇〇〇年十月中，我下工夫精研董仲舒《春秋繁露》一書，針對一些重要篇章有占，其中〈保位權第二十〉的主旨為鼎卦二、四、五爻動，九四值宜變為蠱卦，貞悔相爭成漸卦（䷴）。此篇論高層政術，鼎卦六五之君，須嚴防九四近臣貪腐弄權、敗壞朝綱，又須深識九二「鼎有實」之才，起用為國服務，簡單來說，就是明君當親賢臣，遠小人。漸卦為分工合作的雁行團隊，二、四、五爻間的互動，就決定了施政的良窳。

「聲有順逆，必有清濁；形有善惡，必有曲直。故聖人聞其聲則別其清濁，見其形則異其曲直；於濁之中必知其清，於清之中必知其濁，於曲之中必見其直，於直之中必見其曲。於聲無細而不取，於形無小而不舉，不以著蔽微，不以眾掩寡，各應其事以致其報……是以人臣分職而治，各敬而事，爭進其功，顯廣其名，而人君得載其中，此自然致力之術也。」董子此篇講人君無為而治之理，多麼明白深透！鼎卦〈彖傳〉稱：「巽而耳目聰明，柔進而上行，得中而應乎剛，是以元亨。」〈大象傳〉稱：「君子以正位凝命。」說的就是這個道理。

四爻變占例

占事遇卦中任意四爻動，以四爻齊變所成之卦的卦辭卦象為主論斷，若其中一爻值宜變，稍加重考量其爻辭。

●二〇一〇年四月下旬，我針對佛教「轉識成智」的說法占問：「轉第六意識」為「妙觀察智」，為鼎卦二、三、四、上爻動，九三值宜變為未濟卦，四爻齊變為坤卦（䷁）。革故鼎新，「正位凝命」，鼎卦二、三、四爻皆未調和，至上九「玉鉉，大吉，无不利」，功德圓滿，九轉丹成。坤卦順勢用柔，「厚德載物」，「含弘光大，品物咸亨」矣！

「轉前五識」為「成所作智」，為蹇卦（䷦）九五爻動，有謙卦（䷎）之象。「大蹇朋來」，「謙亨有終」。人的眼耳鼻舌身識帶來多少煩惱，讓人蹇困難行，轉智後獲大解脫，心平氣和，「謙尊而光」。

「轉第七末那識」為「平等性智」，為睽卦（䷥）二、四爻動，有頤卦（䷚）之象。再確認，為同人卦初、五、上爻動，上九值宜變為革卦，貞悔相爭成小過卦（䷽）。睽卦對萬事萬象妄生分別，二與四「同功而異位」，合睽為一家人，所謂破鏡重圓。同人卦認定人同此心、心同此理，「先號咷而後笑，大師克相遇」，「以通天下之志」。

「轉第八阿賴耶識」為「大圓鏡智」，為解卦（䷧）九二爻動，有豫卦（䷏）之象。「田獲三狐，得黃矢，貞吉。」「阿賴耶識」深藏於內，徹底辨明各種前塵影事，獲大解脫。「解之時大矣哉！」「豫之時義大矣哉！」

●一九九八年十二月初，我受邀參加邵崇齡的「易經學會」演講，談義理與術數的問題。占問：台灣當代命理活動的理念為何？得出鼎卦二、三、四、上爻動，九三值宜變為未濟卦，四爻齊變成坤卦（䷁）。推廣策略為「遇謙之升」，兩占皆已於謙卦六二占例中說明。鼎須「正位凝命」，坤為廣土眾民、順勢用柔，教人識得自家性命，落實修行。

51. 震為雷(䷲)

震卦為八卦之一，卦序居第五十一，前為鼎卦，後接艮卦。〈序卦傳〉稱：「主器者莫若長子，故受之以震。震者，動也。物不可以終動，止之，故受之以艮。艮者，止也。」「鼎」為代表國家政權的法器，古代以嫡長子繼承王位，「震」為長男，故承鼎之後。「震」為足，為行動之意，萬物不可能一直動，累了得休息，故接著是代表止息的艮卦。

〈雜卦傳〉稱：「震，起也；艮，止也。」「震」為生命起始，「艮」則代表一個階段的結束。後天八卦方位中，「震」居東方，順時鐘繞一圈後，到「艮」的東北方，季節上由春至冬，象徵一個生命循環的週期。

〈說卦傳〉第五章：「帝出乎震……萬物出乎震。震，東方也。」「震」字以「雨之辰」取義，「雨」為陰陽和合，「辰」為日月之交，生命的主宰由此誕生。「帝」為主宰、「震」為行動，人生一切主宰從行動中來，萬事萬物也由震所代表的生機中演化而出。東方為日出之地，古代太子居於東宮，由震取義。帝為領袖出乎震，萬物似庶民亦出乎震，即寓眾生平等之意。乾卦〈彖傳〉末稱：「首出庶物，萬國咸寧。」以震卦意涵推之，「首出庶物」就是「帝出乎震，萬物出乎震」。宇宙為一大天地，人身為一小天地，物物一太極，即體成用，即用證體。

震為雷、震為地震，發作時都釋放極大的能量，造成相當震撼的效應。

雷卦卦辭：

亨。震來虩虩，笑言啞啞。震驚百里，不喪匕鬯。

震卦卦辭描述一場大地震的情景。震「亨」、蒙「亨」、困「亨」、坎「維心亨」，人生多受些艱困歷練，不是壞事，正所謂不經一事，不長一智，飽歷憂患，使人成長堅強，才能承擔大任。

「虩虩」為戒慎恐懼的樣子，由觀察蜥蜴應變的生態習性而來。我們幼時住屋的天花板或牆壁上，常有壁虎遊動，突然開燈或有任何聲響，就迅速逃竄，緊迫之際，還會斷尾求生，犧牲局部以保全整體。二〇〇二年三月三十一日午後，台北市發生大地震，尚未興建完成的一〇一大樓頂的吊車墜落，還傷及人車，災情不輕。當日我們一家四口出外聚餐畢，正沿著河堤散步回家，一陣天搖地動，相當駭人，地震後我就在堤旁斜坡的矮樹叢上，看到兩隻藍色蜥蜴簌簌發抖，尾巴都是截斷的。震卦繼鼎卦，象徵政權保衛戰，難以兩全時，捨小救大、棄車保帥之事，在所多有。《易經》之「易」，就有源於蜥蜴的說法，這種小動物善於變換體色或斷尾，以應付外界緊急的變故，人為萬物之靈，豈不更應機敏？

大地震發生時，大家都很害怕，紛紛設法避難，若能僥倖逃過一劫，驚魂甫定，破涕為笑，常常話都講不出聲。地震由震央往外擴散，波及的範圍極廣，方圓百里之內都受震撼。「鬯」音「暢」，為祭祀用的美酒容器，「匕」為調酒用的匙，都是主祭者執持的法器，亦即掌握政權的合法信物。「不喪匕鬯」，就是未喪失主權，捍衛政權成功。現代上市公司負責人持有的大小公章，就是「匕鬯」，每年須召開的股東大會，由負責人代表董事會出席主持，報告經營績效，提出來年展望，即「不喪匕鬯」。經大動盪的考驗，仍能穩穩掌舵前行。

〈象〉曰：震亨。震來虩虩，恐致福也；笑言啞啞，後有則也。震驚百里，驚遠而懼邇也；不喪匕鬯，出可以守宗廟社稷，以為祭主也。

〈彖傳〉依序解釋卦辭，相當工整。大變動來時，戒慎恐懼以對，會消災解厄，帶來福報。浩劫餘生，慶幸討論時太過激動，說不出話來，卻學會了應變的法則，也算因禍得福。震動的範圍實在太大，方圓百里之內都受影響，遠近皆驚懼不已。通過考驗，未喪失主權，出來扛責任，延續香火於不墜，江山底定矣！

革卦打天下、鼎卦坐天下、震卦守天下，皆非易事，正所謂創業維艱，永續不易。「驚遠而懼邇」，「而」為「能」，讓遠處震驚，就能讓近處之人害怕，這是常用的政術。統治者遭遇內部不服者挑戰，不方便直接鎮壓，往往在國際發動外交或軍事的重大行動，既轉移注意力，並刺激內部團結，提高本身威望，這是典型的「出口轉內銷」。震央選在遠處引爆，等震波動盪傳回來，一樣達成威懾的效果，聲東擊西、敲山震虎，都是「驚遠而懼邇」的戰略思維。

〈象〉曰：洊雷，震。君子以恐懼修省。

〈大象傳〉以雷擊為象，霹靂之聲不斷，地震發生後，必有餘震不絕，一波一波衝擊。「洊」為水相永存，已於坎卦〈大象傳〉說明。人生面對連續的震撼打擊，當戒慎恐懼以對，不斷反省修德，確立生命內在的主體，淬鍊外在強悍的行動力。「水洊至，習坎」，先稱「水」後言「洊」，由體起用；「洊雷，震」，「洊」在「雷」前，因用見體。「坎」為中男，「震」為長男，男人得多接受磨練，才會成熟，才可承擔大任。

占例

● 二〇〇一年四月下旬，社會大學基金會邀我開授《易經》，這次是給所謂「未來領袖班」的成員上課，只二十四堂，我問教學宗旨為何？為不變的震卦。「帝出乎震」，鼎卦後為震卦，真的就是未來領袖。我且培養他們中心有主，積極行動以歷憂患。

● 二〇一二年七月中旬，行政院祕書長林益世爆發貪瀆案後，案情有向上延燒之勢。電視名嘴胡某大肆宣稱吳敦義涉重嫌，幾天後待他進一步爆料，國民黨政權將遭日本長崎原爆般的震撼云云。台灣電視媒體的政論節目，胡亂吹噓的習氣已深，遭人民厭惡，而不自知反省，成為一大亂象。我占問吳敦義的仕途是否會受影響？為不變的震卦。「震來虩虩，笑言啞啞。震驚百里，不喪匕鬯。」應該是有驚無險，度過考驗。胡某若信口雌黃，如何收場？為遯卦（䷠）九四爻動，恰值宜變成漸卦（䷴）。「好遯，君子吉，小人否。」結果查無實據，長崎原爆成了長崎蛋糕！胡的道歉誠意明顯不足，遁詞知其所窮，遁的不漂亮啊！

● 一九九七年十月底，我問程頤易學的價值定位，為不變的震卦。前幾天問尚秉和的易學定位，同樣也是不變的震卦。震為中心有主，繼往開來，程頤義理純正，尚秉和象數精湛，皆成一家之言。

●二〇一〇年二月上旬，我問西哲解釋學（Hermeneutics，亦稱詮釋學）的成就為何？為不變的震卦。解釋學為詮釋古代經典所衍生出的方法論，析理入微，繼往開來，成一家之言。

●二〇一〇年十月中旬，我看佛書，淨空法師說：古今許多聖哲皆是佛菩薩的應化現身。我問此說真確否？為不變的震卦。震卦繼鼎卦而生，「乾道變化，各正性命」，「帝出乎震，萬物出乎震」，道理說得通。

●二〇一二年二月上旬，我問未來四年內的兩岸關係，為不變的震卦。內震外震，兩岸都有對主權的堅持，政治談判不易有大突破。再問會進行漸進的政治談判嗎？為睽卦初、二爻動，齊變有晉卦之象。兩岸分立為睽，初九「見惡人，无咎」，九二「遇主于巷，无咎」，還是會嘗試接觸溝通，不會全無進度。

●二〇一一年八月中旬，我在高雄授《易》，週六整天講一鼎卦。學員金某將收藏的春秋時代的小鼎拿來作教具，還搭配一個戰國時的簋置於講台，我以摺扇敲擊各個部位，指點江山。為慎重計，問這兩件骨董是真品嗎？鼎為不變的震卦，簋為大有卦上九爻動，有大壯卦之象。震卦前即鼎卦，世世代代往下流傳，當然為真。大有卦「元亨」，上九「自天祐之，吉无不利」，亦非贗品。

䷲

初九：震來虩虩，後笑言啞啞，吉。

〈小象傳〉曰：震來虩虩，恐致福也；笑言啞啞，後有則也。

初九為震卦主爻，爻辭幾乎與卦辭全同，一爻即表現出全卦的精神。「笑言啞啞」前加一「後」字，更說明因果，加一「吉」字，歷練使人成長，對人有益。〈彖傳〉解釋卦辭，全用〈小象傳〉解釋爻辭之語。本爻變，為豫卦（䷏），「雷出地奮」，後繼有人矣！

占例

● 二〇〇七年五月上旬，我的老學生林獻仁想離開英業達電子公司，幫已故企業家溫世仁的長子溫泰鈞做總籌劃，多少有點心靈導師的味道，問我合宜否？得出震卦初九爻動，有豫卦之象。為名門之後效力，作育英才，當然合適。溫世仁有「科技遊俠」美譽，在甘肅黃羊村的義舉甚受肯定，他也是毓老師的弟子，算是我的同門。溫泰鈞夫婦後來從我習《易》及兵法，成了學生。

● 一九九一年十二月初，我在出版公司承擔經營重責，由董事會決議後，與創業的老闆有了實務上的分工。我問與他的緣份如何？為震卦初九爻動，有豫卦之象。「震」為接班人之意，受命於危難之際，守宗廟社稷以為祭主。

一九九二年九月十五日，由於老闆大筆公司股票抵押在市場派大股東那兒，十月中旬以前若不贖回，即將主權易手。我一邊忙碌公事，一邊占問老闆屆時能贖回否？得出震卦初九爻動，有豫卦之象。「震來虩虩，後笑言啞啞，吉。」當日真的有驚無險，最後一刻調錢進來贖回。晚上我們幾名熱心的高幹一起聚餐笑談，情景猶如昨日。

既然已在千驚萬險下過關，股權暫時無礙，我準備專心經營，問如何操持大局？竟得出益卦（䷩）上九爻動，有屯卦（䷂）之象。「莫益之，或擊之，立心勿恒，凶。」人生之難，竟有如此者。不但不能獲益，反遭致命打擊，其後果然如是。

● 二〇一〇年十一月中，我受邀赴常州授《易》一日，對象仍是當地政企人士。全部行程結束後，問此行成果，為震卦初九爻動，有豫卦之象。中心有主，生機勃勃，是成功的出擊。

同年十二月上旬，我為台灣文官學院的公務員線上學習計畫，錄製了十堂易經課，占問成效，也是「遇震之豫」。當時預測二〇一一年謀食氣運，亦為「遇震之豫」。「洊雷，震」，一波接一波的出擊，湖湘行、北京精英班、慕尼黑授《易》，「利建侯行師」。

二〇一一年五月下旬，我和幾位師兄共赴武漢大學、長沙嶽麓書院參訪，發表了三場演講，講題涵蓋《易》與儒釋道的關係。回程時我問此行成果，又是「遇震之豫」，印證了謀食謀道的年運。

● 二〇〇九年五月下旬，我到宜蘭羅東有事，中午在一間廟旁休憩，問十年多前九二一大地震的根由，得出震卦初九爻動，有豫卦之象。「震來虩虩」，「震驚百里」，完全切合災情，不僅破壞中台灣地貌，也震垮了長期執政的國民黨政權，半年後民進黨上台。

● 二〇一〇年九月初，報上披露大科學家霍金否證上帝的存在，我問其說如何？為震卦初九爻動，有豫卦之象。「帝出乎震、萬物出乎震」，芸芸眾生自有主宰，確實不需要上帝。豫卦的〈彖傳〉稱：「豫順以動，故天地如之……天地以順動，故日月不過，而四時不忒。」天地萬物自然而然，如是而已。〈大象傳〉所謂：「殷薦之上帝，以配祖考。」也不是基督教觀念中的上帝。

● 一九九八年三月下旬，我問《中庸》的價值定位，為震卦初九爻動，有豫卦之象。「洊雷，震。君子以恐懼修省。」《中庸》由天命人性談到慎獨：「天命之謂性，率性之謂道，修道之謂教……是故君子戒慎乎其所不睹，恐懼乎其所不聞，莫見乎隱，莫顯乎微，故君子慎其獨也。」〈易傳〉與《中庸》關係密切，完全互為表裡。

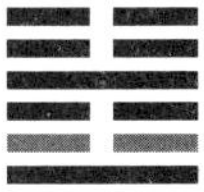

六二：震來厲，億喪貝。躋于九陵，勿逐，七日得。

〈小象傳〉曰：震來厲，乘剛也。

六二中正，陰柔乘於初九陽剛之上，深受震撼，危厲不安。震為政權保衛戰，勝負難料之時，六二居下卦之中，為民間意見領袖，冷靜評估變局，判斷會喪失錢財，決定暫時退避。「躋于九陵」，為徹底安全計，乾脆攀上最高的山峰，以遠離災區，切勿捨不得失財而逗留原地。在高峰處避風頭，待七天後震盪平復，再下山重整，仍可失而復得。

「億」為預測，《論語．先進篇》記子曰：「賜不受命而貨殖焉，億則屢中。」「賜」指端木賜，即子貢，不做官而從商，善於預測市場行情而獲大利，蒙孔子嘉許。「貝」為古代通貨，「喪貝」固有損失，只要經營能力仍在，形勢轉好時可再賺回來，不必逐欲而殉身。「七日得」，即「七日來復」，剝極而復之理，前文已一再述明。睽卦初九：「喪馬勿逐，自復。」陽居陽位為正，假以時日可恢復正常。震卦六二中正，一時失財不足為慮，暫避後出山，仍可回復舊觀。本爻變，為歸妹卦（䷵），感情用事將一場空。

「躋于九陵」的做法，寧願「喪貝」而不願喪命，犧牲局部以保全整體，其實就是蜥蜴斷尾求生的能耐。「九陵」居高臨下，視野遼闊，除了自保安全外，還可通觀大勢，於轉好後復出。需、訟二卦，當事者面臨劣勢時，主要是鑽進地穴，安全固然無虞，卻視界不清，難以全面掌握形勢的變化，可能過早回場或錯過復出的時機。「九陵」這種避難基地不可多得，平時就得準備好，以免臨時登山道路擁擠上不去，最好還能多準備幾個選項，以備不時之需。居安思危，人生當戒慎恐懼以行事。

國家政權危殆之際，成敗不可知，民間富商巨賈為保本身利益，往往撤資避難，不大可能與當政者共存亡。這是人之常情，勿庸苛責，主政者不必心存幻想，當務實以對。

「九陵」為高峰絕頂，正是震卦後為艮卦之象，震、艮一體相綜，行動時不能沒有暫止的準備。二、三、四爻合成一艮卦（☶），震中有艮，動靜一如，行止有度。「艮」為止欲修行，當震驚天下的動亂來時，「躋于九陵」也象徵登峰造極的修為定力，如此則未必須逃離現場，可鎮靜以對，化解災難。

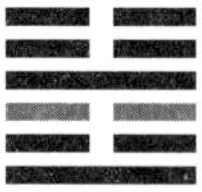

六三：震蘇蘇，震行无眚。

〈小象傳〉曰：震蘇蘇，位不當也。

六三不中不正，經初震之後已飽受驚駭，手軟腳軟，而再震又將來臨。這時不能坐以待斃，必須打起精神應變，看看能否找到一條出路。「眚」為欲望蒙蔽理智，視野不清而遭禍，行動時注意別犯錯。本爻變，為豐卦（䷶），內離明、外震動，看準了再行動。

坎卦六三「來之坎坎，險且枕」，就地臥倒別亂動；震卦六三「震行无眚」，還得掙扎走脫，二者應變方式不同。

占例

●一九九九年底，我台中的幾位老學生邀我去參訪一處民間的佛教藝品蒐藏館，並建議組習《易》同好的聯誼會，我占問如何？為震卦六三爻動，有豐卦之象。「震蘇蘇，位不當也。」看來不行，不具備強大的行動力，遂未採納。

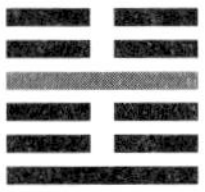

九四：震遂泥。

〈小象傳〉曰：震遂泥，未光也。

九四陽居陰位不正，一震再震，氣勢已衰，上下為二陰爻包夾，局部陷入泥沼般的坎險，所求未遂，難以自拔，故稱「未光」。爻變為復卦（䷗），須善加調養，以恢復元氣。需卦九三「需于泥，致寇至」；震卦九四「震遂泥，未光也」。三多凶、四多懼，人事奮鬥若是艱難。

九四為執政高層，當國家陷入危難之際，軟弱無能，不能紓解民難，為君分憂，這似乎為亂世常態。官家不可靠，商家思逃亡，六五身為震卦之主，壓力沉重矣！

占例

●二〇一一年初，我作一年之計，問美國當年經濟情勢，為震卦九四爻動，有復卦之象。「震遂泥，未光也。」顯然仍陷泥沼，疲軟不振，其後果然如是。

●二〇一一年元月中，我與學生林獻仁及溫世仁長子溫泰鈞餐敘，席間占測台灣電子業一、二年內的前景，為震卦九四爻動，有復卦之象。「震遂泥，未光也。」癱軟無力，情勢不妙。後果如是，到二〇一二年更糟，宏達電、宏碁、明碁等明星廠商業績大幅衰退，險象環生。

●二〇〇四年十二月中旬，我與工商建研會《易經》班的學生聚宴，一位學生在東森集團任高幹，由於王令麟家官非及債務纏身，頗有朝不保夕之感。她問繼續幹下去，前途如何？為益卦（䷩）四、五爻動，有噬嗑卦（䷔）之象。六四上承九五，仍可在噬嗑鬥爭中獲益，還保留必要時遷徙的打算。

若自己出去做呢？為震卦九四爻動，有復卦之象。「震遂泥，未光也。」很難做出成績，既然如此，暫時不動為宜。

●二〇〇五年中，我台中一位老學生剛讀完第一遍《金剛經》，占問該經宗旨為何？為震卦九四爻動，有復卦之象。「震遂泥，未光也。」我們在紅塵浪裡翻滾，嗜欲深而天機淺，所有色相都是虛妄，必須回復自性，才得重光。復見天地之心，我問《金剛經》要旨，為復卦初九，直指本心本性，已見前文。學生問則震卦九四「未光」，揭破習染迷茫，易占開示，也是因材施教啊！

●二〇〇九年八月中，我問台灣一位宗教領袖的真實修為及志業，得出震卦九四爻動，有復卦之象。「震遂泥，未光也。」真是糟糕，自性不明，焉能渡眾？

●二〇一一年三月六日，我去參見毓老師，之前問占得出震卦九四爻動，有復卦之象。「震遂泥，未光也。」老人家體氣衰頹甚矣！心覺不妙，再確認為比卦（䷇）五、上爻動，九五值宜變為坤卦（䷁），齊變有剝卦（䷖）之象。比為坤宮歸魂卦，「比之无首，无所終」，時不我與，「不利有攸往」。最後問怎麼是好？為訟卦二、五、上爻動，九五值宜變為未濟卦，貞悔相爭成豫卦（䷏）。訟卦為離宮遊魂卦，九二「不克訟」、上九「終朝三褫之」，皆不能親近九五，老師危矣！果然當日沒法深談，兩週後老師仙逝。

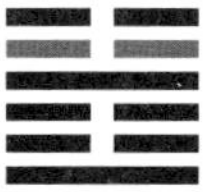

六五：震往來厲，億无喪，有事。

〈小象傳〉曰：震往來厲，危行也；其事在中，大无喪也。

六五居震卦君位，面臨政權危殆之時，九四眾臣軟弱無能，六二信心不足出走，承擔壓力甚重，往來皆危厲不安。當政者預判大局，決心誓死捍衛主權。「无喪，有事」，即宗廟祭祀不絕，卦辭所謂「不喪匕鬯」，〈彖傳〉所稱固守宗廟社稷。王朝還存在時稱「有廟」，史稱有明一代、有清一代。萃、渙二卦卦辭稱「王假有廟」，家人卦九五稱「王假有家」。六五居上卦之中，這是繼位之君最重大的責任，故稱「大无喪也」。

六五爻變，為隨卦（䷐），震中有隨，堅守主權底線，其他皆可彈性處置。六二「喪貝」，金錢為身外之物，損失可以再賺；六五喪失政權，宗廟不再血食，亡國不可復存。國勢衰弱，寧可賠款，也不能割地。外蒙獨立，影響中華版圖完整，西藏、新疆、港澳台等，自然寸土必爭。釣魚台紛爭為擱置而非割讓，南海資源開發，亦當做如是觀。有土斯有財，有權就能有錢，有錢不一定有權，這是自古不易之理。美國的阿拉斯加購自俄國，所獲利益何止萬倍？喪權辱國，沒有比淪喪土地更嚴重的，而收復失土，則受萬民稱頌。

《春秋》魯莊公四年經文：「紀侯大去其國。」「大去」即亡國，意通震卦六五〈小象傳〉稱的「喪大」，有專指的意涵，不可隨便亂用。蔣介石過世，蔣經國撰〈守父靈一月記〉，文中有言「父親大去以後」，可謂嚴重誤用。王作榮的自傳《壯志未酬》中，也犯此錯，皆因不明《春秋》大義所致。

占例

● 二〇〇〇年元旦我作一年之計，問當年的兩岸關係，為震卦六五爻動，有隨卦之象。占卦貞我悔彼，震為雙方對主權的堅持，六五君位居優勢，大陸的主張影響全局。「遇震之隨」，說白了就是：「在一個中國的原則下，甚麼都可以談。」大陸對台灣可以讓利，決不會讓權。

䷲

上六：震索索，視矍矍，征凶。震不于其躬，于其鄰，无咎。婚媾有言。

〈小象傳〉曰：震索索，中未得也；雖凶无咎，畏鄰戒也。

上六為震之終，歷經動盪憂患，生命力已趨衰頹，呈現老態龍鍾、暮氣沉沉的模樣。「索索」指手腳顫抖不停，「矍矍」為茫然驚顧貌，看不清做不動，當然「征凶」。垂垂老矣，震災就算沒降臨本身，旁邊人受難，也觸目驚心。人老了看到一個個老友離世，大概也是這種感想。人老嘴碎，外事不成，老伴天天囉嗦抱怨，也夠讓人煩心。本爻變，為噬嗑卦（䷔），艱辛難受極了！

六五「其事在中，大无喪」；上六「征凶」，「中未得」。「雖凶无咎」，因為「畏鄰戒」，兔死狐悲，前車之鑑應當記取。

綜觀震卦六爻，疊聲字用得最多：虩虩、啞啞、蘇蘇、索索、矍矍。凡震必有餘震，動盪不已。震卦運用於身心保健，除了為足外，也是心搏之象。「震來虩虩」，恐懼時心跳加速；「震往來厲」，心臟負荷大；「震蘇蘇、震索索、震遂泥」，心律不整，心臟衰弱無力，心肌梗塞。

占例

● 一九九一年十一月初，我任職的那家出版公司股爭熾烈，董事會召開在即，彼此你來我往過招，不斷沙盤推演，我問吉凶對策？為震卦上六爻動，有噬嗑卦之象。震為主權爭奪，噬嗑則弱肉強食，公司跟老闆衰弱甚矣，不好應付。

● 二〇一一年七月初，毓老師仙逝百日紀念會在台大尊賢會館舉行，發起人會議報告工作，票選出籌備委員，由三位學長致追念詞，還安排了老師晚年授課的錄影播放等，流程頗緊湊。我占問老師的「現況」，為震卦上六爻動，有噬嗑卦之象。老師命盡歸天矣！再問老師若有知，看到我們辦的紀念會作何評量？為震卦九四爻動，有復卦之象。「震遂泥，未光也」，後生勁道不足，還大需改進，才能任繼往開來之責。

● 二〇一二年元旦我作一年之計，推算世界列國的情勢，其中北韓為震卦上六爻動，有噬嗑卦之象，而南韓則為不變的益卦。北韓可能有政權延續的危機，主少國疑，內外皆有嗜血鬥爭的可能，而南韓會因此獲益？耐人尋味的是：美國為噬嗑卦六二爻動，有離卦之象；英國為離卦九三爻動，有噬嗑卦之象；日本為噬嗑卦初、四爻動，有剝卦之象。這麼多噬嗑之象，殺氣如此之盛，令人心驚。美國「噬臘肉」，大吃小，何所指呢？英國「日昃之離」，日不落帝國漸趨日落。日本持續不振，「不利有攸往」。

多爻變占例之探討

以上為震卦卦、象、象及六爻的理論解析與占例說明，往下繼續探討多爻變的情形。

二爻變占例

占事遇卦中任意二爻動，若其中一爻值宜變，為主變數，以該爻辭為主論斷。若皆不值宜變，以本卦卦辭卦象為主，亦可參考二爻齊變所成之卦輔助占斷。

● 二〇〇一年元旦我作一年之計，占問當年的兩岸關係，為震卦初、四爻動，齊變有坤卦之象。震為主權，兩岸各有堅持，不易突破，由「震來虩虩」至「震遂泥」，亦看出沒啥搞頭。

● 二〇〇六年十月初，台灣倒扁的紅衫軍運動未止息，我參加一群媒體記者的夜宵宴，除了聊時事外，也話個人婚姻事業的家常。其中一位女生頗有黨政經歷，感情卻無依歸，占問她翌年的婚姻路，為震卦初、四爻動，有坤卦（☷）之象。震為陰陽交動之象，初九有戲，九四則疲軟，坤卦時值陰曆九月間，與某術士預言的一樣。後來差不多就是如此，未能成局。

● 二〇〇九年四月下旬，我在富邦集團的課告一段落，剛講完《黃帝陰符經》，後續開甚麼課呢？劉劭的《人物志》？為震卦初、四爻動，有坤卦之象。一股作氣，再而衰，恐怕沒法持續。佛經呢？為不變的蹇卦，也是困頓難行。後來還是先講《人物志》，只一卷即終，換講《金剛經》，雖也辛苦，一直持續講了四部佛經，再換講《莊子》迄今。

●二〇一〇年九月中旬，我赴南德慕尼黑授《易》，也參加他們辦的一場降神似的法會。《金剛經》的梵唱悠揚，我閉目體會，然後起占，問有鬼神降臨否？為震卦初、四爻動，齊變有純陰的坤卦之象。震卦初九生動有活力，是在場人眾；九四「遂泥、未光」，為遊魂飄浮空中而不可見。《焦氏易林》遇震之坤的占詞為：「旦生夕死，名曰嬰鬼，不可得祀。」來的還是夭折的嬰靈，沒法和其父母一同享有祭祀。

《金剛經》的超渡有效嗎？為萃卦六二爻動，恰值宜變成困卦。「引吉，无咎，孚乃利用禴。」誠心薄祭，即可接引超渡，有其功德。

二〇〇九年九月初，時值中元祭祖，夜裡我在學會道場上課，占問可有不速之客至？也得出震卦初、四爻動，有坤卦之象。顯然來了不少聽經，當然我也歡迎，只是收不到束脩，就算祂們要給，我也不敢收啊！

●一九九七年九月底，我預占一九九八年中國大陸的政經情勢，為震卦初、五爻動，齊變有萃卦（䷬）之象。其時正當亞太金融風暴肆虐之際，大陸萃聚資源，震盪中屹立不搖。初九「震來虩虩，後笑言啞啞，吉」，基層經濟強固；六五「震往來厲」，「大无喪」，領導中心堅持主權，應對無礙。

●一九九六年九月中旬，我預占一九九七年台灣的政經情勢，為震卦初、三爻動，齊變有小過卦（䷽）之象。當年初，李登輝發動凍省廢省事變，宋楚瑜成了末代省長，憤而請辭待命，造成政局的動盪不安。初九「震來虩虩」，六三「震蘇蘇」，下卦地方政情尤其不穩。小過卦「可小事，不可大事」，有大坎（䷽）之象，為相當不平靜的一年。易占見機兆於先，是何道理？

●二〇〇一年八月下旬，我問年底立委選後陳水扁與李登輝的關係，為震卦初、三爻動，有小過卦之象。「震」為接班人之意，台灣之父曾渲染與台灣之子的關係，如同《聖經》中的摩西與約書亞，「遇震之小過」，關係恐怕生變。政海無情，李登輝當年跟宋楚瑜不也是情同父子麼？

●二〇〇九年十月上旬，我在工商建研會的課堂上，大家又提起二〇一二年馬雅文明有關世界浩劫的預言，當時即占會成真否？為震卦三、四爻動，九四值宜變為復卦，齊變成明夷卦（䷣）。「震蘇蘇」到「震遂泥」，「位不當」到「未光也」，所指何意？明夷卦「利艱貞」，震卦則「恐懼修省」，一切小心為要。二〇一二年末季，中、日間釣魚台風波再起，伊斯蘭世界爆發反美狂潮，世局動盪不安，應驗了震卦三凶四懼的占象。

●二〇一二年元月上旬，大科學家霍金預言百年內人類難免核戰，須及早準備移民外星球。我問此說確然否？為震卦三、五爻動，齊變有革卦（䷰）之象。移民外星呢？為臨卦（䷒）初、二爻動，有坤卦（䷁）之象。「遇震之革」，地球遭遇重大變故，「震蘇蘇」，「震往來厲」，真有核戰嗎？「遇臨之坤」，咸臨於新天地？臨卦〈大象傳〉稱：「澤上有地，君子以教思无窮，容保民无疆。」集體移民到無窮無疆的太空以避難，開展新生活。

●二〇〇九年七月中旬，我問《六祖壇經》的旨趣為何？為震卦初、二爻動，齊變有解卦（䷧）之象。「帝出乎震，萬物出乎震」，震卦即眾生皆有的自性，恐懼修省乃得，能生萬法；解卦「赦過宥罪」而獲解脫，「遇震之解」，《壇經》教人擺脫習染，深悟自性。震卦初九象徵自性，六二柔乘剛為習染，「勿逐七日得」，勿逐外欲，「七日來復」見真心。六祖惠能承受衣缽後，遭人追殺，天涯亡命十餘年，才出山說法的歷程，也恰似初、二爻所述，震卦不是接班人嗎？

●一九九三年十月初，我第一套《易經與現代生活》的書完稿，出版公司的高幹同事勸我自己投資、委託公司代銷，以免公司股爭有變，不好善後。我聽了心中一動，占問這麼做的吉凶，為比卦（䷇）初六爻動，有屯卦（䷂）之象。「有孚盈缶，終來有他吉。」再問維持原議，抽版稅讓公司出版如何？為震卦三、上爻動，齊變有離卦（䷝）之象。「震蘇蘇」，「震索索……征凶」，小心主權不保。當下決定自費出版，委託代銷。幾年後，依此原則處理公司欠我的債務，也印五千部以貨抵債，多少降低了工作多年的財務損失。

●二〇一一年九月中旬，我赴德授《易》畢，主辦單位的負責人問我：某友人想向他們借錢，擴充自己的臉書版面，動漫卡通化云云，合適借嗎？我占得震卦四、上爻動，九四值宜變為復卦，齊變則有頤卦（䷚）之象。「震遂泥，未光」，「震索索……征凶」，當然不能借。

三爻變占例

占事遇卦中任意三爻動，以本卦為貞，三爻齊變所成之卦為悔，稱貞悔相爭，合參兩卦卦辭卦象為斷。若三爻中一爻值宜變，為主變數，加重考量其爻辭。

●二〇〇四年元月下旬，我占測三二〇大選連宋配的勝算如何？為震卦二、四、上爻動，貞悔相爭成損卦，六二值宜變為歸妹卦。震卦為政權爭奪戰，「震來厲、震遂泥、震索索」，爻變成損，都是敗戰之象。大選揭曉，果然如是。

●二〇一〇年六月初，我一位綠營的朋友占問世界經濟的展望，為震卦初、四、上爻動，貞悔相爭成剝卦（䷖），上六值宜變為噬嗑卦。金融風暴衝擊經濟，一波未平，一波又起，「震來虩虩、震遂泥、震索索」；噬嗑卦弱肉強食，剝卦則「不利有攸往」。雖非末日，也糟透慘透！

●二〇一〇年九月初，我問原出版公司老闆往後十到二十年的氣運，為震卦初、四、上爻動，貞悔相爭成剝卦，上六值宜變為噬嗑卦。「遇震之剝」，「震來虩虩、震遂泥、震索索」，一蹶不振，衰敗至此，也是其來有自。

●二〇一〇年十二月下旬，我問天文物理上的「暗物質」是甚麼？也是「遇震之剝」。宇宙中充滿了大量的暗物質，無法用電磁波觀測到，只能通過重力效應而得知。「震遂泥，未光也」，「震索索，視矍矍」，形容的真切啊！人性的黑暗面也是這樣嗎？

二〇一〇年十月下旬，我參加一國學研究學會的會議及聚餐，會長想另成立基金會，廣闢財源，其中一項議題為原理監事以貸款方式認捐，爭議不小。我占問這合適嗎？為震卦二、三、上爻動，六三值宜變為豐卦，貞悔相爭成大有卦（䷍）。「大有」是希望大家都參與擁有，震為主權，這非常不合適。「震來厲，億喪貝」，會把人嚇跑；「震蘇蘇、震索索」，學會體氣只會更弱。我和另一位副會長當然沒有參與，之後似乎也運作不順，這是意料中事。

●二〇一一年七月初，我問當月的運勢，為震卦初、三、五爻動，貞悔相爭成咸卦（䷞）。「震」為足，行腳四方，「咸」為感，「亨利貞」。北京的首屆大易課開班，隔週跑一次；《鵝湖月刊》在林口師大校區辦的東亞青年儒學營，我主講〈易傳〉，並邀大陸同學來學會參訪；月底到台南文化中心，清涼音公司錄製兩整天《易經與經營管理》光碟；月初毓老師仙逝百日紀念會，籌備成立奉元學會等等。

● 二〇一〇年八月上旬，我到老學生新開的特色養生餐廳試吃，我在桌面下暗占前景，為不變的姤卦，已於前述。另一位受聘於他的年輕學生告訴我，曾占問開業吉凶，為大過卦（䷛）初六爻動，恰值宜變，成夬卦（䷪）。「藉用白茅，无咎。」大過卦超負荷，其初至四、初至五爻皆互成姤卦（䷫），而大過卦初六都相當姤卦初六之時位，五陽下一陰生，危機之象明顯。兩占其實類似，我心中琢磨，再問可有生機？為震卦初、三、四爻動，貞悔相爭成謙卦（䷎）。初九開張，六三「震蘇蘇，位不當」，九四「震遂泥，未光也」。欲振乏力，前景不妙。果然沒經營太久，因客源不足，而關店轉型。

● 二〇一六年元月下旬，我在英國旅遊，台灣大選剛過，民進黨大勝取得全面執政權。我在手機網路上看到新貴們歡欣鼓舞的照片，動念為老友陳建仁副總統占其未來四年運勢，為不變的剝卦，岌岌可危，「不利有攸往」，何以至此呢？再問總統當選人蔡英文未來任期內如何，為震卦初、四、上爻動，上六值宜變為噬嗑卦，貞悔相爭成剝卦。「帝出乎震」，革故鼎新後如何守住江山？「遇震之剝」，極度不妙，正副元首同一命運相當合理。震卦初九開始掌大權，九四「震遂泥，未光也」，正是一鼓作氣，再而衰。上六「震索索，視矍矍，征凶……婚媾有言」，淪落到三而竭的慘境，連黨內同志都嫌棄批判，噬嗑就是最殘酷的政治鬥爭啊！結果不到一年，卦象完全實現。

《新新聞》雜誌晏明強副總編喜《易》，隔年來採訪我前自占台灣運勢，為震卦初、二、四、上爻動，九四值宜變為復卦，四爻齊變成蒙卦。「遇震之蒙」，蒙昧不明，外阻內險，較我所占還多一震卦六二爻動，「震來厲，億喪貝」，台灣民間經濟受重創難復原。

四爻變占例

占事遇卦中任意四爻動，以四爻齊變所成之卦的卦辭卦象為主，若其中一爻值宜變，稍加重考量其爻辭論斷。

●二〇一一年二月底，我問男人的魅力何在？為震卦初、三、四、五爻動，九四值宜變為復卦，四爻齊變成蹇卦（䷦）。「震」為中心有主，積極行動，飽歷事變而不驚懼，所謂男大要闖，魅力即在於此。女人魅力為姤卦九五、老人魅力為「遇夬之升」、小孩魅力為井卦上六，皆見前文論述。

52. 艮為山（䷳）

艮卦為《易經》第五十二卦，前為震卦，後接漸卦。〈序卦傳〉稱：「震者，動也。物不可以終動，止之，故受之以艮。艮者，止也。物不可以終止，故受之以漸。漸者，進也。」動極轉靜，靜極思動，停止久了不宜驟動，須緩和漸動。

〈說卦傳〉第五章稱：「成言乎艮……艮，東北之卦也，萬物之所成終而所成始也，故曰成言乎艮。」第六章：「終萬物始萬物者，莫盛乎艮。」後天八卦方位，由東方之震卦起，環繞一圈至東北的艮卦終，艮止後再接震動，故有終而復始之義。人奮鬥一生，究竟成就何事？又能造就多少人接著幹下去？完全看當事者止欲修行的成果，嗜欲愈淺，天機愈深，成功不必在我，盛德大業至矣哉！

前述震中有艮，其實艮中亦有震，艮卦三至五爻即為震卦。動中有靜，靜中有動，靜極思動，動極轉靜，全合自然之理。「震」為入世積極行動，「艮」為暫時出世，以淨化心靈。任事須修動中定，才能處變不驚；清修須有豐富人生歷練，才不致蹈空務虛。「震」為紅塵浪裡，「艮」為孤峰頂上，動靜行止，實為一體兩面，密不可分。〈雜卦傳〉稱：「震，起也；艮，止也。」

依民間流傳「三元論命」的說法，現在即處於艮運的二十年中期，各種調養身心靈的「廟業」

興旺。艮居東北方，不少修道人覓道場，還刻意找東北勝境，我於二〇〇五年間，曾會晤一位毛老師，專修金剛法門，出身大陸東北，也以「東北先生」為號。我們有共同的學生，當時安排了一場小眾會談，作易理與金剛心法的交流，彼此都受益良多。毛先生鼓吹一種走路的修行法，震為足，與艮一體相綜，我們舉手投足之時，就可收攝心神、開發自性，於易理可通。

按「三元論命」之說，艮卦之前二十年，為兌卦當令，再之前二十年為坎卦，影響全世界的氣場，而形成時代風潮。半世紀以前，二戰結束沒太久，民生維艱，大家拚命勞動掙生活為「坎」；到逐漸富裕後，開始重視感官逸樂，期望表現自我為「兌」；樂極又覺空虛，轉而追求心靈清淨為「艮」。「艮」之後二十年為離卦，繼續光明，照亮天下四方。八十年的氣運，由坎而兌、而艮而離，兌、艮相錯，坎、離相錯，或疾或徐，完成了脫胎換骨的大變化。人苦也苦過、樂也樂過、修也修過，最後贏來亮麗光明，似乎是皆大歡喜的格局。「艮」為上山苦修，「離」為人間樂行，未來世勢變遷，真會這樣嗎？

「艮」為山為阻礙，「艮」為止，遇阻則止，勢所必然。我們一生會遭遇種種障礙，其實皆源於與生俱來的各種欲望，若能成功止欲，則了無罣礙。《心經》稱：「無罣礙，故無恐怖，遠離顛倒夢想，究境涅槃。」

䷳ 艮卦卦辭：

艮其背，不獲其身；行其庭，不見其人。无咎。

艮卦卦名直接卦辭，作艮止的動詞用，「履虎尾」、「否之匪人」、「同人于野」，都是這種修辭方式，前文已詳述。「艮其背」，止欲得先從背對誘惑、面壁苦修開始。「不獲其身」，修到好像自己的肉身不存在，自然痛苦及欲求也得超脫。《老子》第十三章：「吾所以有大患者，為吾有身，及吾無身，吾有何患？」欲、色、身為禍患之源，無身自然無患。《金剛經》屢稱：「無我相，無人相，無眾生相，無壽者相。」「我相」為一切執著之本，「不獲其身」，即「無我相」，「不見其人」，即「無人相」。「艮其背」，內修有成，行於大庭廣眾中，待人接物，亦不受外境干擾，故稱「不見其人，无咎」。「不獲其身」，為靜中定，「不見其人」，為動中定，修得內心恆常清淨，行住坐臥，都能如如不動。《大學》稱：「知止而後有定，定而後能靜，靜而後能安，安而後能慮，慮而後能得。」儒釋道皆重修明心性，各有精純功夫。艮卦卦爻所示的修行步驟，深受佛教人士推許，認為相當於一部《法華經》。七萬字的《法華經》，教導眾生成佛，六十字的艮卦經文，涵括盡盡。「成言乎艮」，「終萬物始萬物者，莫盛乎艮」。

八卦卦辭，乾、坤稱「元亨利貞」，離稱「利貞亨」，兌稱「亨利貞」，震稱「亨」，坎稱「維心亨」，巽稱「小亨」，唯獨艮卦全無「元亨利貞」，亦不稱「吉凶悔吝」，只強調「无咎」。止欲以改過，善補過則無咎。〈繫辭下傳〉第十一章稱：「懼以終始，其要无咎，此之謂《易》之道也。」震卦恐懼修省，艮卦終始盛德，大易之道，就在行止動靜之間啊！

〈彖〉曰：艮，止也。時止則止，時行則行，動靜不失其時，其道光明。艮其止，止其所也。上下敵應，不相與也，是以不獲其身，行其庭不見其人，无咎也。

艮卦非絕對靜止不動，而是隨時定其行止，該止則止，該動則動，如此切合時機時勢，前途必然光明。「艮其止」，可能是「艮其背」，止於其所該止。艮卦上下兩山對峙，相應爻位皆不相與，有為敵之象。兩岸過去長期的隔海對峙，互不往來交流，即有此意。

〈象〉曰：兼山，艮。君子以思不出其位。

上下內外皆艮，故稱「兼山艮」。君子觀此自然現象，懂得謹守本分，各盡其責。《論語・憲問篇》：「子曰：不在其位，不謀其政。曾子曰：君子思不出其位。」〈易傳〉和孔門關係密切。守位的思想並不消極，人人守分，在其位必謀其政，自然各得其所。這正是大學之道止於至善的觀念：「子曰：於止，知其所止……為人君，止於仁；為人臣，止於敬；為人子，止於孝；為人父，止於慈；與國人交，止於信。」人際許多是非紛爭，即由沒有分寸、不知止而來，根柢還是欲望作祟。

震卦強調「出」，「帝出乎震，萬物出乎震」，「出可以守宗廟社稷，以為祭主」；艮卦則稱「不出」，「思不出其位」，運用於養生，則為「意守」，隨著意念關注，調節體內真氣的運行。

占例

●二〇〇二年五月初，我問年底的台北市長選舉，民進黨的李應元能否擊敗馬英九？得出不變的艮卦。重重阻礙，看來很難突破。果然李應元選輸，馬英九以懸殊比數大勝而獲連任。

● 二〇〇七年二月中旬，台局一片衰亂，前一年紅衫軍倒扁運動最後失敗收場，國內對峙嚴重，我問有善解否？為不變的艮卦。兩山對峙，阻礙重重，「上下敵應，不相與也」，絕無善解。

● 一九九三年十二月上旬，我將出版公司經營得紅紅火火，業績扶搖直上，雄心陡起，占問翌年進軍大陸市場的可能性如何？竟得出不變的艮卦，怎會如此不可為呢？再問放長線釣大魚呢？例如一九九五—二〇〇〇年可突破嗎？為剝卦上九爻動，恰值宜變成坤卦。「碩果不食，君子得輿，小人剝廬」。不到半年後，公司劇變，面目全非，卦象不幸言中。

初六：艮其趾，无咎。利永貞。

〈小象傳〉曰：艮其趾，未失正也。

艮卦卦辭稱「不獲其身，不見其人」，六爻爻辭則全從人身取象。初六為艮之初，以腳趾為喻，教人立定腳跟，勿輕舉妄動，方可無咎。坤卦用六稱：「利永貞。」艮卦初六修定之始，順勢用柔，厚德載物。本爻變，為賁卦（䷕），「文明以止，觀乎人文，以化成天下」。

六十四卦中，咸、艮二卦的六爻，全從身體取象，二者關係密切。咸卦探討人體各部位的感受和反應，感觸太敏銳，會帶來傷害及痛苦；艮卦幾乎是針對咸卦立論，教人如何止痛及避免傷害。據此深入研究，對人體身心結構會有許多發現，易理通於生理、病理、醫理、藥理，武術及養生都與之有關。

●二〇〇四年四月下旬，台灣大選剛畢，陳水扁在高度爭議下連任，整個社會對峙嚴重。我占問這輩子與台灣的緣份，為艮卦初六爻動，有賁卦之象。「艮其趾，无咎。利永貞」，「未失正也」。生於斯長於斯，不宜遠離，真是夙緣深厚無比。人得站穩立場，行己之正，爻變賁卦，為「人文化成」，應是我的夙命。同時有算與中國大陸的緣份，「遇萃之節」，已於萃卦三爻變占例中說明。兩相對照之下，一切了然於心矣！

二〇一一年十月中旬，我在西藏旅途中，對此問題又占問一次。時隔七年半，變為革卦（䷰）初、三爻動，齊變有萃卦（䷬）之象。台灣發展遭遇瓶頸，須思變革突破，九三「革言三就，又何之矣」。萃為精英相聚、人文薈萃，咨爾多士，當為民前鋒。

同時占問：後半生與中國大陸的緣份為何？得出蠱卦（䷑）二、三、四爻動，貞悔相爭成晉卦（䷢）。大陸經濟發展有大突破，文教方面仍須重大改革，晉卦日出東方，「自昭明德」，「遇蠱之晉」，看看我能盡多少心力吧！

與國際世界的緣份呢？為同人卦初、二、四、五爻動，九五值宜變為離卦，四爻齊變成蠱卦。「同人于野，君子當通天下之志。」九五「先號咷而後笑，大師克相遇」，單爻變離卦，「大人以繼明照于四方」。四爻齊變成蠱卦，撥亂反正，繼往開來。

●二〇一〇年十一月下旬，台灣舉辦改制後的五都大選，前高雄縣長楊秋興脫黨，競選大高雄市長，我問其勝算，為艮卦初六爻動，有賁卦之象。「艮其趾」，宜止不宜動，應無勝算。楊果然落選，民進黨的陳菊更上層樓。

六二：艮其腓，不拯其隨，其心不快。

〈小象傳〉曰：不拯其隨，未退聽也。

六二上承九三，小腿隨大腿而動，不能自主。九三躁進，痛苦不堪，六二跟隨受禍，身體的痛苦，引發心理不愉快。組織中僚屬對剛愎自用的長官亦然，力勸也不會聽從，只能捨命相陪，人在江湖，身不由己啊！六二爻動，恰值宜變成蠱卦（䷑），受傳染而事敗矣！「遇艮之蠱」，受蠱惑而不能自持，情慾用事，不肯退聽理智的勸告。

占例

●二〇一一年二月下旬，小兒參加大學學測，成績不太理想，我問他可推甄上政治大學財經五系否？為艮卦六二爻動，恰值宜變成蠱卦。「艮其腓，不拯其隨，其心不快」，果然沒上，難受已極。

當時替他有些沮喪，再確認仍不好，一為晉卦（䷢）四、上爻動，有坤卦（䷁）之象，已見前文；一為噬嗑卦（䷔）初、四爻動，有剝卦（䷖）之象。通通不行，上不了就是上不了。

最後問他考大學究竟能否順利？為同人卦（䷌）九五爻動，有離卦（䷝）之象。同人「先號咷而後笑，大師克相遇」，離為光明之意。七月初，再接再厲參加指考，終於考上政大會計系。

●二〇〇二年底，我占翌年運勢，得出不變的剝卦，已見前文。當時心有未甘，幾天後覆核再占，為艮卦六二爻動，恰值宜變成蠱卦。不由自主，身心不快，二〇〇三年的實情真是如此，怎麼算都一樣。

●二〇〇四年十一月下旬，我的學生林獻仁面臨職場上去留的考量，IBM公司要派他去北京任職，他不想去，占問若去如何？為艮卦六二爻動，恰值宜變成蠱卦。「艮其腓，不拯其隨，其心不快」，這麼勉強，還是算了！

若決定不去，台灣又無恰當職位，如何定奪？為賁卦（䷕）上九爻動，有明夷卦（䷣）之象。「白賁无咎，上得志也。」就從IBM的職場退休吧，又不是世界末日。他後來去了英業達任副總，因此結識溫泰鈞，開啟了人生另一段嶄新的機緣。

䷳

九三：艮其限，列其夤，厲熏心。

〈小象傳〉曰：艮其限，危熏心也。

九三過剛不中，不願止之於下，上下為二陰包夾，為艮中有坎險之象，發展遭遇極大障礙，不易突破。「限」為人身上下分界之處，約當腰際，「夤」為夾脊，即咸卦九五「咸其脢」之「脢」。人體各部位息息相關，腰桿僵硬，會牽動背脊痠痛，像要裂開來一般，腰背的不適，又會影響心情，彷彿烈火燒心般痛苦難耐。「列」即斷裂的「裂」，「夤」有攀附夤緣之意，「裂其夤」，斷了上進高攀之路。本爻變，為剝卦（䷖），資源流失，「不利有攸往」。

坎卦九五為險中有阻，艮卦九三為阻中有險，都是人生複雜險惡之境。坎五資源豐厚，尚足應付無虞；艮三資源流失，更是岌岌可危。

「艮其限」的「限」、「未退聽」的「退」，字中即有「艮」，停止之意明確。

占例

● 二〇一〇年六月下旬，美國控告明碁公司違反托拉斯法，李焜耀不服，決定花大錢打官司到底，我占其前景如何？為艮卦九三爻動，有剝卦之象。「艮其限，列其夤，厲熏心。」應該絕無勝理，李為人剛愎不屈，性格決定命運，亦無奈也。二〇一二年三月中旬，初審宣判，罰款十億美金，兩位滯美難歸的老總還判重刑。當年七月中旬，李被迫改變態度，民事方面達成和解，與其他面板廠同意支付五．四三億美金，以消災厄。

● 一九九五年十二月初台灣立委選舉前夕，我問民進黨的戰績，為艮卦九三爻動，有剝卦之象。「艮其限，裂其夤」，席次僅增加三席，成長遭遇瓶頸。

至於國民黨戰績，則為「遇家人之小過」，已見於家人卦四爻變占例說明。

● 二〇〇三年四月下旬，我在徐州路授課，遇任職中國時報育樂公司高層友人，才知她剛動過癌症手術，問康復前景如何？為艮卦九三爻動，有剝卦之象。「艮其限，裂其夤，厲熏心」，相當辛苦，得小心應付。後來她去上海找名醫邱教授療治，病情大致穩定，但事業上就再難進展了！二〇〇〇年四月初，我們一行人赴日遊覽，居酒屋中占算其未來，得出家人卦，回家休養已有徵兆矣！

二〇一〇年四月中旬，我的親人也罹患直腸癌初期，要開刀，我問前景，亦為「遇艮之剝」；再確認，為剝卦上九，爻變成坤。「艮其限，裂其夤，厲熏心」，當然痛苦之至；「君子得輿，小人剝廬」，又是生命修為的考驗啊！開刀基本上順利，以後的復元調養也還好。

六四：艮其身，无咎。

〈小象傳〉曰：艮其身，止諸躬也。

六四熬過九三的難關，進入上卦，全身已控制得宜，不會有甚麼毛病。〈象傳〉所稱「不獲其身」，內修已成，開始「行其庭」，在外任事。大學之道，先誠意正心修身，再齊家治國平天下。艮卦初至四爻，身修之後，開始治國。「躬」為反躬自省，直立曰身，屈身謙卑為躬，至此已能屈伸自如。六二、九三則否，腰、腿、背皆僵硬不通，身心不調。本爻變，為旅卦（䷷），修行過程而已，並非究竟。

占例

●二〇〇八年三月上旬，我問三二二大選後，蕭萬長的運勢，為艮卦六四爻動，有旅卦之象。「艮其身，无咎。」身修之後治國，居高位輔政，果然馬蕭配獲勝，蕭任副元首。蕭曾與連戰搭配，競選二〇〇〇年大位，結果慘敗。據說當時有異人鐵口直斷，他那次當選不了，表示還有下次，而且可償宿願？

䷳ 六五：艮其輔，言有序，悔亡。

〈小象傳〉曰：艮其輔，以中正也。

六五居艮卦君位，發言必須審慎，「輔」為口輔，不隨便說話，一說必有倫有序，如此則可使悔憾消亡。《論語・先進篇》記孔子讚美弟子閔子騫：「夫人不言，言必有中。」莊重君子，必定謹言慎行。《老子》第五章：「多言數窮，不如守中。」第五十六章：「知者不言，言者不知。」都是處世箴言。六五爻變，為漸卦（䷴），從容冷靜，循序漸進，重視團隊精神。台灣這幾任的領導人，在這方面修為不夠，當年李登輝、陳水扁被人謔稱為ＩＢＭ（International Big Mouth），呂秀蓮為ＢＭＷ（Big Mouth Woman），其來有自。六五為君位，發號施令重言；六四為輔政大臣，秉承上意上言，身體力行。

占例

- 一九九九年十一月下旬，我們學會在台北近郊烏來辦研習營，跨世紀將至，我問所有學生資源的評估，為艮卦六五爻動，有漸卦之象。「艮其輔，言有序，悔亡。」發表論文或出言表述，漸成氣候，已有雁行團隊之相。
- 二〇〇一年九月下旬，震驚世界的九一一恐怖攻擊剛過，我學生的女兒幸好無礙，考慮離開紐約，轉赴香港工作，占問吉凶如何？為艮卦六五爻動，有漸卦之象。由艮而漸，宜於從容安排就序，不必太急切。若仍留紐約一段時日呢？為夬卦（䷪）初、五爻動，九五值宜變為大壯卦，齊變則有恒卦（䷟）之象。夬卦「不利即戎，利有攸往」，初九先別躁動，九五料理好一切後再行動。她依此行事，順利轉職至香港。有關此事的始末，前文鼎卦三爻變占例中，已有詳細說明。

䷳

上九：敦艮，吉。

〈小象傳〉曰：敦艮之吉，以厚終也。

上九居艮卦之終，一路辛苦修行，已成功超越障礙，登峰造極。「敦」為仁厚穩重，《中庸》稱「大德敦化」，臨卦上六「敦臨」、復卦六五「敦復」，已申明其義。「敦」至少是五爻以上的實修境界，四爻以下辦不到。上九爻動，恰值宜變為謙卦（䷎），天地人鬼神都福祐，亨通有終。

艮卦前五爻止欲苦修，爻辭皆稱「艮其」，刻意下功夫；上爻修成，「敦」中涵「艮」，渣滓渾化，圓融無礙矣。這和賁卦很像，前五爻皆稱「賁其」，色相習染未脫；上九稱「白賁」，「白」中涵「賁」，反璞歸真。

以佛教修行來說，初至五爻消身、口、意諸業；上九功德圓滿，肉身成道，與造化合一。震、艮二卦，六爻皆有卦名，表示人生不可能脫離動靜行止，得隨時隨地用心參證。

結合咸、艮二卦考量：「艮其趾」針對「咸其拇」，感應求其細膩敏銳，定心法門不二；「艮其腓」對治「咸其腓」；「艮其限、裂其夤、厲熏心」，則統合「咸其股、朋從爾思、咸其脢」一道對治；「艮其身、艮其輔」，克治「咸其脢、咸其輔頰舌」；「敦艮吉」，全無咸感之傷，徹底解情慾的糾纏。「咸」為自然的被動承受，「艮」為理性的人為預防。

占例

- 一九九三年十一月下旬，我經營出版得心應手，公司上下士氣如虹，大有中興之勢。我問全年四億台幣的業績目標能達成否？為艮卦上九爻動，恰值宜變成謙卦。「敦艮之吉，以厚終也。」年底將士用命，衝出四億多的最高業績，目標圓滿達成。
- 二〇一〇年十二月中旬，我問二〇一一年大陸經濟情勢，為艮卦上九爻動，恰值宜變成謙卦。「敦艮之吉，以厚終也。」當年結算成長百分之九．四，傲視世界。
- 二〇一二年二月上旬，我問全年的中美關係，為艮卦上九爻動，恰值宜變成謙卦。「敦艮吉」，和平有終，雖有種種交往上的障礙，終能克服而獲吉。
- 二〇一一年十二月下旬，我問翌年「謀道」如何？為艮卦上九爻動，恰值宜變成謙卦。「敦艮吉」，「謙亨有終」。還可超越往昔之境，更造巔峰之成就。
- 二〇一〇年三月下旬，我問後十年日圓的價位，為艮卦上九爻動，恰值宜變成謙卦。「敦艮之吉，以厚終」，居高不落。二十年後呢？為豫卦九四爻動，有坤卦之象。「由豫大有得，志大行也」，還是紅紅火火。看來幾十年前日美商戰，美國逼日圓升值，早已超升過頭，與其經濟不振的現況並不相應。
- 二〇一一年十月上旬，我問淨土宗所稱的「帶業往生」為何意？為不變的蠱卦。「蠱」為積習難改，確實夙業未消。「消業往生」為何意？為艮卦上九爻動，恰值宜變成謙卦。「敦艮之吉，以厚終也」，業障盡消，功德圓滿。

●二〇一六年十一月下旬，我參加匡廬文化之旅，禮敬了禪宗諸祖的駐錫道場。占問黃梅五祖弘忍的修持境界，為艮卦上九爻變成謙卦。「敦艮之吉，以厚終也。」謙卦通天地人鬼神，修持登峰造極矣！當時還有問四祖道信的境界，為鼎卦上九爻動，有恒卦之象。「鼎玉鉉，大吉无不利。」九轉丹成，也達到極致。

多爻變占例之探討

以上為艮卦卦、彖、象及六爻之理論及占例說明，往下繼續探討多爻變的情形。

二爻變占例

占事遇卦中任意二爻動，若其中一爻值宜變，為主變數，以該爻辭論斷；若二爻皆不值宜變，以本卦卦象為主，亦參考二爻齊變所成之卦而論斷。

●二〇一一年十月中旬，我與兩岸友人赴西藏遊覽，順利進至珠穆朗瑪峰的基地營，當日晴空萬里，世界第一高峰的巍然雄姿盡現眼前。我占其氣勢，為艮卦三、上爻動，齊變有坤卦（䷁）之象。超越九三的小山群，昂然屹立上九的巔峰，情景全合。

其旁不遠，有紅教供奉蓮花生大士的絨布寺，大概是世界最高的廟宇了，我進去參觀後占其氣勢，為不變的謙卦。天地人鬼神皆福祐，亨通有終。

兩天後，我們又至納木錯聖湖遊覽，冰湖湧浪，氣象萬千，占得艮卦三、上爻動，有坤之象，與珠峰全同，毫不遜色。

十一天前，我在青海西寧塔爾寺參觀時，問宗喀巴大師的修為境界，為艮卦䷳、上爻動，有坤卦之象。潛心止欲修行，經九三「厲熏心」之苦，終成「敦艮，吉」的巔峰之境。

二〇一二年四月中，我一位學生在我上課時，以手機占算我這輩子修行得成否？「遇艮之坤」，沒問題，可超越巔峰，遠離顛倒夢想，究竟涅槃。

● 二〇一〇年七月中旬，我問歐元區十年後的國際影響力，為艮卦䷳、上爻動，有坤卦之象。歐債問題嚴重，會經歷「熏心」之苦，但終能克服而得善終。

二〇一一年九月下旬，富邦金控所投資的運動彩券公司出了弊案，這種內神通外鬼之事，衝擊不小。我在富邦課堂上占算嚴重性，為艮卦䷳、上爻動，有坤卦之象。坤為陰曆十月，艮為陰曆九月底、十月初，兩個月內會熬過痛苦而獲善終，後果如是。

● 二〇一一年四月上旬，我占問五月下旬赴武漢大學、長沙嶽麓書院參訪交流的成效，為艮卦䷳、上爻動，有坤卦之象。經歷辛苦，終可成就，不必擔心。

● 二〇一一年底，北京出版界友人來電，告知《易經六十四卦詳解》的大書出版受阻，準備另尋恰當出版社云云。我占問吉凶，為艮卦䷳、上爻動，有坤卦之象。經歷一些難關，終可突破而得善終。確實好事多磨，友人稱給磨出了耐性來，差不多碰壁年餘才搞定。

● 二〇一二年元月中，我問剛連任成功的馬英九未來四年任期的展望，為艮卦䷳、上爻動，有坤卦之象。會經歷相當挫折不順，最後仍能有所成就。二〇一二當年，他的運勢為不變的明夷卦，因油電漲價、證所稅開徵，及開放美牛進口等事，深招民怨，已見「熏心」之苦矣！

●一九九四年五月初，我在出版公司掌舵的最後半月，老闆的心腹黃某人跟我遊說，說他占得老闆的氣數未盡，在夏末秋初時有復起機會。我回來占問確實否？為艮卦三、四爻動，六四值宜變為旅卦，齊變為晉卦（䷢）。「遇艮之晉」，由「危熏心」到「艮其身，无咎」，是有機會。旅卦節氣值陰曆四月初，正當其時，幾天後，乾坤大挪移，老闆真正反敗為勝。

風聲鶴唳下，我問對直銷部門如何安穩為宜？為艮卦初、二爻動，初六值宜變為賁卦，齊變為大畜卦（䷙）。「艮其趾，无咎」，「艮其腓，不拯其隨，其心不快」，安穩不易。人在江湖，身不由己啊！

●二〇一〇年九月上旬，我在《聯合報》的易經課堂上講艮卦，有新學員問占，她女兒自幼有學習障礙，幾乎不跟人交談，未來會如何云云。她自己占得艮卦三、四爻動，六四值宜變為旅卦，齊變有晉卦之象。「遇艮之晉」，有機會突破障礙，將來再進一步至六五，「言有序，悔亡」，毋親不必太過擔心。

●一九九七年四月下旬，我以占解《易》，問履卦上九爻辭「視履考祥」的真義為何？得出艮卦五、上爻動，齊變有蹇卦（䷦）之象。「視履考祥」，實幹成功後，回顧來時路，全程歷盡，方知如是因果。艮卦止欲修行，攀登巔峰後，反思修省，亦當如是。

二〇一二年元月中，聽到很熟的學生夫婦有人罹癌，相當難過，順便為翌日全家年度健檢是否平安占卦，得出艮卦五、上爻動，有蹇卦之象。「艮其輔」、「敦艮，吉」，應無問題，倒可放心。

●二〇〇七年八月下旬，我問跟我習《易》四年的樓園宸中醫師的醫術，以及未來發展，為艮卦

四、上爻動，六四值宜變為旅卦，齊變成小過卦（䷽）。「艮其身，无咎」，應為已造之境；「敦艮，吉」，未來尚可大成。

●一九九八年二月中，我剛看完一本《科學的終結》，問其立論正確否？為艮卦四、上爻動，六四值宜變為旅卦，齊變成小過卦。作者認為科學已近終結，看到的是艮止其身，其實「敦艮，吉」，未來還有更高的突破，輕易下斷語，不知一山還有一山高啊！

●二〇〇八年十一月初，我準備在台中老同學班上開講《春秋》，因招收新生故，計畫一再變更，我問最後修正案順利否？為艮卦初、上爻動，齊變有明夷卦（䷣）之象。「艮其趾，未失正」，到「敦艮之吉，以厚終」，修定案可以了。實施一年半後，差不多了，便改講佛經。

●一九九七年七月下旬，我問宋楚瑜日後的前程，為艮卦初、三爻動，齊變有頤卦之象。「艮其趾」，先穩住腳根，凍省後徐圖再興；「艮其限」，「厲熏心」，夾縫中力抗國、民兩大黨，相當辛苦。

●二〇〇八年十一月中旬，我在扶輪社演講認識的一對夫婦有官非，他們約我占看吉凶。當年底即初審判決，情勢不妙。我占也是如此，為艮卦二、四爻動，齊變有鼎卦（䷱）之象。艮為重重阻礙，六二「艮其腓，不拯其隨，其心不快」；六四「艮其身」，拘限其身，以官司來說，皆非佳象。果然初審宣判，刑期甚重。

●二〇〇六年元旦，我作一年之計，問中國大陸全年的經濟發展，為艮卦三、五爻動，齊變有觀卦之象。艮卦有內外阻礙，九三「艮其限，裂其夤，厲熏心」，地方問題不小；六五「言有序，悔亡」，領導處理不錯，能化解不少矛盾。結果年底結算，成長百分之十．七，成功突破困阻。

稍前曾就同一問題占過，為需卦初、三爻動，有坎卦之象，已於需卦二爻變占例中說明。「遇需之坎」、「遇艮之觀」，二占情勢類似，皆因處置得宜，而獲善終。

● 二〇〇九年六月底，我在北京人民大學講經二日，課後與該計畫贊助者金女士共遊國子監，她問我與該計畫執行者間的關係，如何調適？為艮卦三、五爻動，有觀卦（䷓）之象。彼此間有溝通障礙，執行者為九三，她是老闆六五，本應「同功而異位」，卻互動關係不協調。「艮其限，裂其夤」，有「熏心」之苦。她的對策仍宜冷靜觀察，不輕易批評，必要時得說的中肯，才得悔亡。

三爻變占例

占事遇卦中任意三爻動，以本卦為貞，三爻齊變所成之卦為悔，稱貞悔相爭，合參兩卦之卦辭卦象論斷。若其中一爻值宜變，為主變數，加重考量其爻辭。

● 二〇〇九年六月下旬，我問：二十年內中國大陸能否成為舉世第一大經濟體？得出艮卦三、四、上爻動，上九值宜變為謙卦，貞悔相爭成豫卦（䷏）。雖有重重阻礙，卻能一一超越，終至登峰造極，「謙」亨有終。「豫」則熱情奮鬥，「利建侯行師」，「遇艮之豫」，二〇三〇年以前，必可天下第一。

當時先算十五年內能否第一，為「遇晉之坤」，已於晉卦二爻變占例中說明，兩占合參，答案很明顯。

● 二〇〇九年八月中，我占問弘一大師的修行境界，為艮卦三、四、上爻動，上九值宜變為謙卦，貞悔相爭成豫卦。弘一前半生文采風流，後半生決意出家，勤修最嚴格的律宗，也登峰造極，圓善有終。九三「艮其限、厲熏心」，應為割捨之時；上九「敦艮，吉」，如其白言：「華枝春滿，天心月圓。」李叔同音樂造詣高，豫卦「作樂崇德」，充滿了節奏動感，他的傳奇一生亦然。

●二〇〇八年元月下旬，我問大陸領導人胡錦濤全年運勢，為艮卦四、五、上爻動，貞悔相爭成咸卦。咸卦〈彖傳〉稱：「聖人感人心而天下和平。」「遇艮之咸」，穩重冷靜，又有熱情推動世界和平，謹言慎行至「敦艮，吉」，運勢紅通，影響巨大。當年大陸主辦北京奧運，展現大國崛起的風貌，確實天下震驚。「遇艮之咸」，依《焦氏易林》則為：「旦奭輔王，周德孔明，越裳獻雉，萬國咸寧。」可見一斑。

●二〇一〇年八月底，我問十一月底的五都大選，高雄市長陳菊的勝算，為艮卦三、五、上爻動，上九值宜變為謙卦，貞悔相爭成比卦。超越重重障礙登頂，「謙亨有終」。比卦〈大象傳〉稱：「建萬國，親諸侯。」大選揭曉，果然大勝連任。

●二〇一一年十月上旬，蘋果電腦負責人賈伯斯（Steve Jobs）罹癌去世，我問其創意之境，為艮卦三、五、上爻動，上九值宜變為謙卦，貞悔相爭成比卦。登峰造極，其產品風靡世界，真正是「建萬國，親諸侯」。

●二〇一〇年十二月中旬，我問二〇一一年兩岸關係，為艮卦二、四、上爻動，上九值宜變為謙卦，貞悔相爭成豫卦。雖然障礙重重，兩岸領導仍堅持促進交流，一一超越，和平有終。

●二〇一一年底，周易學會理事長鄧美玲建議錯卦班結束後，另開〈易傳〉班。我決定以「十翼齊飛」為題，以〈繫辭傳〉為主，將所有〈易傳〉一以貫之統講，當下占合宜否？得出艮卦三、

四、上爻動，上九值宜變為謙卦，貞悔相爭成豫卦。協助學生超越學習障礙，攀登易理巔峰，不僅合宜，而且過癮。

二〇一二年三月上旬開班，學會道場座無虛席，都是長年習《易》的老學生。我說明要旨，並將《中庸》、《大學》二書納入，稱十二翼，分二十堂五十小時上完。自占預期效果如何？為家人卦（䷤）九三爻動，有益卦（䷩）之象。「家人嗃嗃，悔厲吉；婦子嘻嘻，終吝。」家人卦三至上爻，互成家人卦，九三恰值其初九之位，「閑有家，悔亡」，門檻森嚴。家人中的家人，教導他們登堂入室，一窺易理堂奧，須嚴格要求，使其真正獲益。

當年四月下旬，我在奉元學會演講，即以此為題：「十翼齊飛——略談〈易傳〉的時習精神」。當天來了許多同門師兄弟姐妹及學生，行內切磋的意趣十足，我也卯勁推演，講的神完氣足，反應相當好。月初定題目時，占象為隨卦（䷐）三、四、五爻動，九五值宜變為震卦（䷲），貞悔相爭成明夷卦（䷣）。「隨時之義大矣哉！」正合時習之義。九五「孚于嘉，吉」，展現中心有主的生命力。講完後，我占問成效，為履卦（䷉）初、二、五、上爻動，四爻齊變成豫卦（䷏）。存誠務實，由初九「獨行願」，至上九「大有慶，其旋元吉」。「豫之時義大矣哉！」「雷出地奮，殷薦之上帝，以配祖考」。

當天有用心聽講的學生事後也占，為家人卦三、上爻動，上九值宜變為既濟卦（䷾），齊變為屯卦（䷂）。邁過家法門檻，「有孚威如，終吉」。

●二〇一一年三月初，我受邀去一電腦行銷團體演講，占算未來十年，電腦行銷業的景氣如何？為艮卦二、五、上爻動，六二值宜變為蠱卦，貞悔相爭成井卦（䷯）。「遇艮之井」，靠研發轉型突破重重障礙，仍可攀至新的巔峰。

●二〇一二年四月中旬，我收到復旦大學企業家班的邀請，授《易》一日，占問此行如何？為艮卦二、五、上爻動，六二值宜變為蠱卦，貞悔相爭成井卦。六月初課畢，確如預期，我講的跟他們聽過的《易經》，肯定不大一樣，初雖遭遇障礙，終能突破而至高明境地。「復旦」有日新又新之義，期待他們「自昭明德」，行健不息。

●二〇一〇年十月下旬，我講授《心經》，問其中名句「無罣礙，故無有恐怖」的意境，為艮卦初、三、上爻動，上九值宜變為謙卦，貞悔相爭成復卦（䷗）。止欲修行，「謙亨有終」，「復見天地之心」，完全闡述了該句的內涵。

四爻變占例

占事遇卦中任意四爻動，以四爻齊變所成之卦的卦辭卦象為主，若其中一爻值宜變，稍加重考量其爻辭論斷。

●二〇一三年四月下旬，我們學會一對夫婦寒假時赴中南美洲旅行，先生不幸出事身亡，太太忙完喪事來學會，當然傷心至極。另一位一貫道的學生協助辦些事，待遺孀走後跟我說，逝者剛剛有來道場探視，他頭疼一陣才恢復正常。這位學生體質敏感，但說話做事都十分篤實。我問真的嗎？為艮卦初、二、三、五爻動，初六值宜變為賁卦，四爻齊變成中孚卦。中孚卦為艮宮遊魂卦，鶼鰈情深難捨離，艮卦則重重阻隔幽明異路，「不獲其身，不見其人」。「艮其趾」，駐足流連；「不拯其隨，其心不快」；色身剝離，「厲熏心」；「艮其輔」，無言深痛。

53.風山漸(䷴)

漸卦為全易第五十三卦，前為艮卦、後接歸妹卦。〈序卦傳〉稱：「艮者，止也。物不可以終止，故受之以漸。漸者，進也。進必有所歸，故受之以歸妹。」靜極思動，不宜太急驟，得循序漸進。長期計畫必有終極目標，分階段抓重點去完成，歸妹少女出嫁，為終生大事，當然希望有圓滿的歸宿。

漸、歸妹兩卦相錯又相綜，與泰、否，隨、蠱，既濟、未濟三組卦相似，關係極度密切，稱為相錯綜。但在〈雜卦傳〉的卦序中，卻不排在一起：「漸，女歸待男行也……歸妹，女之終也。」漸卦辭即稱「女歸吉」，和歸妹卦一樣，皆以女大當嫁為喻。女方不要太主動，靜待男方來熱情追求，得之不易才會珍惜。歸妹卦的毛病就是感情用事，輕易付託終身，送上門的不值錢，也得不到對方的尊重，可能到頭一場空。

漸和歸妹二卦，為〈雜卦傳〉卦序最後八個卦之二，有末法亂世的涵意。《春秋》撥亂反正，由據亂、升平而太平，就是循序漸進之義。《易》中論進取的有晉、升、漸三卦，以漸進結果最好。「晉其角」轉「明夷」，「冥升」變「困」，都難得善終。「晉」以日出為象，日出總會日落；「升」以幼苗長成大樹為喻，成長必有極限；「漸」以鴻雁群飛為象，往來以時，永無止息。

鴻雁為候鳥，水陸空三棲，氣候變換時，結隊集體遷徙，在天空中排成一字或人字，飛行幾千公里，這是自然界非常壯麗的景觀，其生態也給人很大的啟示。企業管理上有所謂「雁行團隊」的觀念，強調團隊分工合作的精神，各種環境變遷都能適應，必要時集體遷徙。群雁編隊飛行，有雁頭帶隊，完成一次任務後退休，回到雁群中，仍與團隊一致行動，下次飛行換新領隊。人間的領導往往「知進不知退，知得不知喪」，戀棧權位，帶給團隊很大的困擾。雁群前飛時，側翼有單雁放哨掩護，多由喪偶之雁擔任，據說鴻雁情深，有不再偶的習性，因此古代作為婚姻圓滿的象徵。漸卦六爻爻辭除以鴻雁為象外，三、五爻亦以夫婦分合為喻，即為此理。

乾卦以龍為象，也是水陸空三棲全能，但龍為人所創造的圖騰，而鴻雁則是真實的生物。雁群飛行時，齊拍翅膀有節奏，像架大飛機一樣，可比孤雁單飛增加三成的上升浮力，整體的效率大於部分的總合，團隊之可貴，正在於此。Team中有e、a，沒有i，團隊中不宜突顯自我（I）。「功成不必在我」，倒過來唸是：「我在必不成功」。《老子》第十章稱：「生而不有，為而不恃，長而不宰，是謂玄德。」漸卦之前為艮卦，「不獲其身，不見其人」，「無我相，無人相」，已打好團隊精神的基礎。

漸卦六爻描述雁群逐步推進的過程，爻辭稱「鴻漸于干、磐、陸、木、陵、陸」，不斷轉換棲息地，人生不亦如是?蘇東坡有詩云：「人生到處知何似?應似飛鴻踏雪泥，泥上偶然留指爪，鴻飛哪復計東西?」燕雀安知鴻鵠志?不甘凡近的組織及個人，但求鴻圖大展，不計其他。

漸卦卦辭：

女歸吉，利貞。

漸卦卦辭以婦女出嫁為喻，循序漸進，得配良緣而獲吉，利於固守正道。

〈彖〉曰：漸之進也，女歸吉也。進得位，往有功也；進以正，可以正邦也；其位，剛得中也。止而巽，動不窮也。

少女嫁人守禮，循序漸進，而有圓滿歸宿。「漸之進」的「之」字，為河川曲折流動之象，表示漸進並非直挺向前，而是迂迴前進。黃河九曲，終向東流，人生奮鬥只要定出終極目標，以及長期發展的大方向，順勢推衍，進兩步退一步也無妨，鍥而不捨，累日積久而獲成功。九五進至陽剛居上卦之中的君位，全依正道，可治理邦國，為民典範。漸卦下卦艮止、上卦巽入，內止根基穩固，外巽靈活權變，前進的動能無窮無盡。

〈彖傳〉稱「往有功」的卦，多有坎險或艮阻之象，如習坎，蹇、解、蒙等。漸卦內艮為阻，內部派系山頭若能化解，可正邦而有功。「進以正」，退也得以正，「知進退存亡而不失其正者，其唯聖人乎！」

〈象〉曰：山上有木，漸。君子以居賢德善俗。

漸卦上巽為風，也為木，下卦艮山，為山上育林之象。十年樹木，百年樹人，上卦高層為社會風化的指標，應固守賢德善行，使習俗淳厚。〈彖傳〉立功，〈大象傳〉立德，漸卦九五成功，上九功成身退成德。

占例

- 一九九七年六月下旬，我問「義理易」價值的精確定位，為不變的漸卦。「義理易」教人立德立功，化民成俗，循序漸進，以至於成。
- 二〇一〇年元月上旬，我問莊子「心齋」的境界，為不變的漸卦。《莊子．人間世》：「若一志，無聽之以耳而聽之以心，無聽之以心而聽之以氣。聽止於耳，心止於符。氣也者，虛而待物者也。唯道集虛，虛者，心齋也。」「漸」由「艮」來，內心寧定，外巽入，低調傾聽，「止而巽，動不窮」，正合心齋之象。
- 二〇一一年二月下旬，媒體傳聞蘋果電腦創辦人賈伯斯可能撐不過六週，將因癌症難癒過世，我占問得出不變的漸卦。漸卦為艮宮歸魂卦，大限將至，但不會那麼快。當年十月五日，賈伯斯去世，結束了璀璨的一生。
- 二〇一一年十月下旬，我從西藏倦遊返台，高原溫差太大患重感冒，打針吃藥幾次都沒好，勉強上課很累，占問下週會痊癒嗎？為不變的漸卦。漸為山上有木有風，我正是最後一日在納木錯聖湖受的風寒，會逐漸痊癒，亦可斷言。

初六：鴻漸于干，小子厲，有言，无咎。

〈小象傳〉曰：小子之厲，義无咎也。

初六為漸進之初，位置最低。「干」為水涯，一群雁鴨剛從山下溪水中上岸，在水邊棲息。年輕人在組織基層見習工作，經驗不足常捱罵，謙虛領受，改過即無咎。本爻動，恰值宜變成家人卦（䷤），剛進組織的大家庭，一切慢慢學習就是。

六二：鴻漸于磐，飲食衎衎，吉。

〈小象傳〉曰：飲食衎衎，不素飽也。

六二中正，上承九三，和君位的九五亦相應與，在組織中的地位已相當穩固，有吃有喝，人際相處也很和樂。雁群已往內陸挺進，棲息於堅固的磐石上，安全舒適。飽食終日，無所事事，易耽於逸樂，大事難成。「不素飽」，提醒人勿尸位素餐，安定中當續謀下一步的進取。本爻變，為巽卦（䷸），觀時代風向，以積極行事。

《詩經・魏風・伐檀》：「坎坎伐檀兮，寘之河之干兮……彼君子兮，不素餐兮。」幾乎就是漸卦初、二爻的寫照，《易》與《詩》的關係密切。

「衎」字即「行」中有「干」，「干」也是盾牌，所謂執干戈以衛社稷。人生行事，先求以干自保，立於不敗之地，再伺機以戈出擊，才能長保和樂。漸卦〈彖傳〉所稱：「止而巽，動不窮。」亦即此意，按部就班，穩紮穩打，積小勝為大勝，烏龜會跑到兔子前面。

九三：鴻漸于陸。夫征不復，婦孕不育，凶。利禦寇。

〈小象傳〉曰：夫征不復，離群醜也；婦孕不育，失其道也；利用禦寇，順相保也。

九三過剛不中，上承六四，為陰乘陽柔乘剛、情慾蒙蔽理智之象，受外部誘惑，難以抑止，衝動離家出走，成了離群的孤雁。「陸」為小丘平頂，取象下卦艮山之巔。丈夫終日外出不回家，棄家小於不顧，「醜」為隨從之類；妻子懷孕也不能正常生育，失去了「女歸吉」之道，大凶；為長遠計，最好浪子回頭，一家人團結共禦外侮，相依相保。本爻變，為觀卦（䷓），人處此時位，須冷靜觀察，勿衝動行事。

觀卦六二〈小象傳〉：「闚觀女貞，亦可醜也。」大過九五〈小象傳〉：「老婦士夫，亦可醜也。」離卦上九爻辭：「有嘉折首，獲匪其醜，无咎。」「醜」為隨從之類，也有輕賤之意。漸卦九三受六四誘惑，棄其糟糠，心理上瞧六二不上眼。六二為妻，初六小子為子女，恰似觀卦六二「利女貞」、初六「童觀」，亦似遯卦九三「畜臣妾吉」，「臣妾」即指初六、六二。

漸卦六二「飲食衎衎」，多麼和樂！九三夫婦離異，人情詭譎多變啊！

●一九九三年四月上旬，我在出版公司專心經營，老闆債務深重，流離在外，我問他往後與公司的關係，為漸卦九三爻動，有觀卦之象。「夫征不復，婦孕不育，凶。」將來還是「利用禦寇，順相保也」？一年後他回朝，也算卦象靈驗了！

●二〇一〇年十月下旬，我們的周易學會剛完成大幅改組，我問翌年情勢如何？為漸卦九三爻動，有觀卦之象，似乎還是會有內部不和。接著問如何加強改善？為小畜卦（䷈）二、五爻動，九五值宜變為大畜卦（䷙），齊變有賁卦（䷕）之象。九二「牽復」，九五「有孚攣如」，看來我得多關心照顧才是。翌年實況，大致如此。

●二〇一〇年元月下旬，我問大詩人屈原其人其業，為漸卦九三爻動，有觀卦之象。「夫征不復，離群醜也」，忠直受謗，去國懷鄉作〈離騷〉，三閭大夫行吟澤畔，成楚國孤鳥矣！

●二〇一一年五月下旬，我們學會在中部溪頭林區辦春季研習會，大家談到這時代普遍缺乏陽剛之氣的問題，不僅表現在人體養生，也反映於國家社會，稱為「厥陰時代的來臨」。我占問確然否？為漸卦九三爻動，有觀卦之象。「夫征不復，婦孕不育，凶。」陽剛氣衰，導致陰陽失調，生育後代都成問題了！有心人憂國憂民，當如何「順相保」？

●二〇一二年元旦，我作一年之計，問全年中美關係，為漸卦九三爻動，有觀卦之象。夫婦失和，大國相爭，於彼此皆不利，多半還會妥協合作，以安定世局。

同時問中國大陸全年政情，為同人卦二、四、五爻動，貞悔相爭成頤卦。這年底將換屆，各方勢力一定明爭暗鬥，期能卡到來年更好的位子。九五君位的角色重要，「先號咷而後笑，大師克相遇」。

六四：鴻漸于木，或得其桷，无咎。

〈小象傳〉曰：或得其桷，順以巽也。

六四陰居陰位，為上卦巽木之初，正是「山上有木」之處。巽又為風，狂風吹動山木樹梢，鴻雁棲息其上，不易站穩，隨時可能墜落，爻變為遯卦（䷠），正是此意。雁鴨趾間有蹼，難以抓牢圓滾滾的樹枝，若能找到偏方形截面的桷木，立於其上才安穩。六四上承九五之君，須順承君命，處理好彼此關係而獲無咎。

圓枝甚多，桷木希罕，鴻雁有蹼，水中能游，到了山木高枝，反成累贅。昔時優越的條件，造成今日新環境適應不良。六二立基磐石堅固，六四棲於樹梢，搖搖欲墜，真是領導難當，高處不勝寒哪！此時，又不能切割趾蹼，萬一墜回河中，仍得用以泅泳生存。九五君位獨尊，六四同儕競爭，站不上最佳位置者，可能終遭淘汰。「或得其桷」的情境，與乾卦九四「或躍在淵」相似，小心高不成低不就，前功盡棄。

話說回來，鳳凰非梧桐不棲，鴻雁無桷木不就，燕雀安知鴻鵠志？志大才高者，儘管用心經營自己的處境，不必輕言放棄。乾卦九四〈小象傳〉：「進无咎也。」深淵險惡，慎進不懼，漸進高峰，沉著以對。良禽擇木而棲，懷才求遇明主，井卦九三「井渫不食」、鼎卦九三「雉膏不食」，如何突破？值得深思。

杜甫詩：「已忍伶俜十年事，強移棲息一枝安。」人生難遇，令人感嘆。毓老師當年設帳講學，亦知佳才難遇，宣稱：「不有梧桐樹，焉招鳳凰來？」鳳凰可能永遠不來，梧桐樹可不能不栽啊！

占例

● 二〇一〇年六月下旬，徐州路市長官邸的經營團隊面臨《時報》主權易手，必須另尋金主支持的局勢，前途未定。我在此地已連續授課九年，占問既往機緣的意義，為漸卦六四爻動，有遯卦之象。「鴻漸于木，或得其桷，无咎。」暫棲已久，時當遁矣！後來他們找到了新的支持者，但已不復昔日盛況，我們再配合了兩年，結束了這段緣法。

● 二〇〇九年十二月中旬，我與高雄清涼音文化公司洪木興社長晤面，續談進一步深入合作事宜。我占到漸卦六四爻動，有遯卦之象。「鴻漸于木，或得其桷，无咎。」在過去幾年的合作基礎上，能否開出新路，亦未可知，有桷木嗎？太大計畫沒有，往後幾年，又錄製了一部四片光碟的《易經與經營管理》，以及四片《易經與領導統御》，總結我在這個領域多年研究的心得，也算差強人意。

● 一九九七年七月下旬，我占問泰卦九二爻辭中「朋亡」的真意，為漸卦六四爻動，有遯卦之象。雁群棲息高枝，企望登頂，泰卦九二嚮往六五，「尚于中行」亦然。

● 二〇一四年元旦，我作一年之計，問當年在大陸的志業發展，為漸卦六四爻動，有遯卦之象。那時籌畫經年在北京清華大學成立「華夏文化研究院」，談到最後階段破局，未得其桷，遁離放棄。

九五：鴻漸于陵，婦三歲不孕，終莫之勝，吉。

〈小象傳〉曰：終莫之勝吉，得所願也。

九五中正居漸卦君位，下和六二相應與，又有六四順巽相承，鴻雁終於登上大山之巔。九五為夫、六二為婦，睽違兩地，聚少離多，三年無法懷孕，最後成功突破萬難，得償所願。本爻動，恰值宜變成艮卦（䷳），重重障礙下，仍能攀越巔峰。

占例

●二〇〇四年十一月初，因三一九槍擊案掀起的當選無效之訴即將宣判，我人在蘇北淮安開會，占問藍營勝算，為大壯卦二、三、四爻動，貞悔相爭成復卦。綠營勝算則為漸卦九五爻動，恰值宜變成艮卦。「鴻漸于陵」，「終莫之勝，吉」。顯然綠營勝定，陳水扁穩坐君位不動。藍營大壯卦四陽則止，消退成一陽來復，這回無法遂願。

當年五月上旬，我就曾問陳水扁到年底前還能任大位嗎？為漸卦九五爻動，恰值宜變成艮卦。「鴻漸于陵」，「終莫之勝吉，得所願也」。情勢早定，藍營難以回天。艮卦剛好時值陰曆十月初，就是官司宣判之日。

●二〇〇五年二月初，我問大陸領導人胡錦濤的性格，為漸卦九五爻動，恰值宜變成艮卦。循序漸進至高位，沉著冷靜，重團隊精神。

●二〇一〇年八月底，我問大陸政治改革三十年後的成效，為漸卦九五爻動，恰值宜變成艮卦。突破萬難，終獲成功。經改三十年有成，政改更難，再花一代時間不為多。

●二〇〇九年六月下旬，我赴北京人民大學國學班授課，與北京友人首次合作，我問彼此一至三年內的配合前景，為漸卦九五爻動，恰值宜變成艮卦。循序漸進，「得所願也」，往後皆已應驗。

䷴

上九：鴻漸于陸，其羽可用為儀，吉。

〈小象傳〉曰：其羽可用為儀吉，不可亂也。

上九為漸之終，進以正，也退以正。鴻雁又由大山之巔，飛回小山平台，領頭雁交卸任務，返歸隊伍之中，候鳥群行以序，往來以時，其團隊精神堪為典範。雁群飛過天空，肅肅其羽，煞是好看。組織的領導人任滿退休，回到下卦九三的位置，回復一介平民，沒有任何戀棧。功成身退，為自然法則，應為大家所遵從，不可任意破壞。

諺云：「死有重如泰山，輕於鴻毛。」鴻雁的羽毛中空質輕，故能翱翔萬里，古代文廟前以鴻羽佾舞，為文德的象徵。〈雜卦傳〉稱：「謙輕，而豫怠也。」謙讓不爭，為制禮作樂之本，「鴻羽為儀」之深意在此。《中庸》末推崇盛德：「《詩》曰：『德輶如毛。』毛猶有倫。上天之載，無聲無臭，至矣！」「輶」即輕，個人名利看輕，組織發展為重。漸卦上九爻變，為蹇卦（䷦）。風雨同舟，守望相助，「蹇之時用大矣哉！」

《茶經》的作者陸羽，字鴻漸，顯然從此爻取名。漸卦「山上有木」，正是茶樹之象，《茶經》開卷即稱：「南方有嘉木。」台北新生南路台大校園附近的紫藤廬茶藝館，台灣戒嚴時期，為黨外民主人士經常聚會之處，不少服務員都是情治單位派人臥底。一九九七年十月上旬，廬主周渝邀我飲茶，他說自己讀老莊書都能解義，為何《易經》就是看不懂？以前焚香祝禱，下過兩次決心習《易》，皆以挫敗告終。這樣的人其實很多，學《易》可比學其他經典難的太多。

占例

- 二〇一一年元月上旬，我問巴比倫占星大密儀的準確性，為漸卦上九爻動，有蹇卦之象。「鴻漸于陸，其羽可用為儀，吉」，「不可亂也」。傳承幾千年的法門，有其奧妙，不可小看。我還在為出版公司拚搏時，一九九一年間，曾與其中高手面晤，印象深刻。對方結合撲克牌切牌及電腦索引，由提問找到答案，和「大衍之術」的占法有些類似。當時老闆問他的經營難題，得出：「割捨其一。」而我上陣受教，為「得諸人和」。後來確實影響了決策：老闆將母公司經營重責交給我，各方勢力也都接受我出任總經理一職。當夜切牌時，對方炫耀似地拿出一枚昂貴的鑽戒，置於牌上，以氣場加持云云。那枚鑽戒有世界排名，稱「尼羅河之星」，據說，是他為富商解決重大疑難而得的餽贈。
- 二〇一一年八月中，中元節剛過，我問上課講經時，有「非人」來聽講嗎？為漸卦上九爻動，有蹇卦之象。漸卦為艮宮歸魂卦，成群結隊而行，一絲不亂，都來規規矩矩聽經。
- 二〇一七年四月初，我看淨空法師在電視上的弘法影帶有感，淨土宗認定得生極樂世界為人生頭等大事，其他萬事皆不足縈懷。我問怎麼看這事？為漸卦上九爻動，有蹇卦之象。「鴻漸于陸，其羽可用為儀，吉。」就佛教信仰來講有一定道理，心嚮往之亦合理，漸卦為艮宮歸魂卦，強調人生的功德與理想歸宿。

然而，我總覺得不去極樂世界，人生亦當別有勝境！占出革卦三、五爻動，有震卦之象。「革言三就，又何之矣！」建功立業，福國利民也值得籌謀啊！「大人虎變，未占有孚，其文炳也。」「帝出乎震，萬物出乎震，出可以守宗廟社稷，以為祭主也。」革故鼎新之後，須重繼往開來，永續經營，「遇革之震」，值得努力追求啊！《焦氏易林》詞云：「子鉏執麟，《春秋》作經，元聖將終，尼父悲心。」儒佛取向殊途，各從所尚吧！

多爻變占例之探討

以上為漸卦卦、彖、象及六爻理論與占例之說明，往下繼續探討多爻變的情況。

二爻變占例

占事遇卦中任意二爻動，若其中一爻值宜變，以該爻辭為主；若皆不值宜變，以本卦卦辭卦象為主，亦可參考二爻齊變後所成之卦以論斷之。

● 一九九七年五月初，我去拜望毓老師，聽他談成立奉元書院之事，去之前占問，得出漸卦初、上爻動，齊變有既濟卦（䷾）之象。書院欲成志業，必須組成堅強團隊，分工合作，循序漸進。前輩如上九無私無我，後輩為初六虛心勤習，貫徹終始，以期於成。

一九九九年元月下旬，我問老師對我的定位，為漸卦四、上爻動，齊變有咸卦（䷞）之象。傳學梯隊中有我席次，「或得其桷」；做得好可建立典範，「其羽可用為儀，吉」。

二〇一一年五月下旬，周易學會在溪頭辦春季研習營，我占問當年內奉元志業的發展，為漸卦三、四爻動，九三值宜變為觀卦，齊變有否卦（䷋）之象。老師逝後，奉元學會已在籌辦，同門逐漸聚集，團隊中難免有離群孤雁，大致「鴻漸于木，或得其桷」吧！三、四爻皆人位，多凶多懼，調理人事最重要。

接著問三年內呢？為乾卦（䷀）二、四、五爻動，貞悔相爭成賁卦（䷕）。見龍、躍龍、飛龍，進展不錯，賁卦人文化成，合當如此。

● 一九九二年四月上旬，我費心經營出版公司，各方壓力沉重，徘徊歧路，進退兩難，自問如何定奪？為漸卦三、四爻動，九三值宜變為觀，齊變有否之象。「鴻漸于陸，夫征不復，婦孕不育」，當離亂之際，應「利用禦寇，順相保也」。六四「鴻漸于木，或得其桷」，可能還有進取機會。

● 二〇〇九年十月中旬，我問：西方極樂世界究竟在哪裡？為漸卦五、上爻動，上九值宜變為蹇卦，齊變為謙卦（䷎）。漸卦之前為艮卦，止欲修行；其後為歸妹卦，「永終知敝」。循序漸進修行，至九五登峰造極後，上九「鴻漸于陸」，又回到九三人間世來。真徹悟了，極樂世界就在我們內心，心中罣礙一除，心淨佛土淨，娑婆世即極樂世，此岸即彼岸，煩惱即菩提啊！「遇漸之謙」，天地人鬼神皆福祐，圓善有終。

● 二〇一一年十二月上旬，我問翌年兩位朋友後續的機緣，一位為配合近三年的出版商，一位為尚未謀面的李克先生。前者為漸卦五、上爻動，上九值宜變為蹇卦，齊變成謙卦。循序漸進，謙亨有終。李克為坎卦九五爻動，有師卦之象。「坎不盈，坻既平，无咎。」「有孚，維心亨，行有尚。」

●二〇一〇年八月中旬，我在高雄上課，時近中元節，我問當日有非人來聽經否？為漸卦五、上爻動，上九值宜變為蹇卦，齊變為謙卦。漸卦為艮宮歸魂卦，謙卦通天地人鬼神，不但有，還來了一大群，部伍有序，真正妙哉！

●二〇一〇年十一月下旬，我們學會在高雄澄清湖辦秋季研習營，我與學生慶平討論幾位世界級大科學家的成就，皆各有占。牛頓為「遇賁之剝」、霍金為「遇升之坤」、未來某某為「遇困之師」，已見前文論述。愛因斯坦為漸卦五、上爻動，上九值宜變為蹇卦，齊變為謙卦。「鴻漸于陵、鴻漸于陸」，「其羽可用為儀，吉」。廣義相對論確已登峰造極，有關宇宙時空的論述，質諸天地鬼神而無疑。

●二〇一〇年九月底，我思考經典的「可操作性」的問題：佛經為泰卦二、三爻動，有復卦之象；《易經》為解卦九二爻動，有豫卦之象；醫經為漸卦五、上爻動，上九值宜變為蹇卦，齊變為謙卦。

「遇泰之復」，由天地造化見證天地之心，佛法弘大無邊，仍由人自身修行而來，並無僥倖。「遇解之豫」，「田獲三狐，得黃矢，貞吉。」易道先深入體察問題，胸有成竹後一揮而就，徹底而精準地解決問題。「遇漸之謙」，醫術整體考量大環境對人身心的互動影響，循序漸進，治病養生。

●佛教修行有所謂白骨觀、不淨觀，藉此擺脫色相的執著。我問這種修持法的價值，為漸卦三、上爻動，上九值宜變為蹇卦，齊變為比卦（䷇）。九三、上九皆稱「鴻漸于陸」，九三限於色相執著，上九擺脫執著，色相依舊，心淨土淨矣！

若不修可以嗎？為乾卦（䷀）二、三、五、上爻動，九五值宜變為大有卦（䷍），四爻齊變成震卦（䷲）。當然可以！「遇乾之震」，自強不息，自性生萬法，焉有定規？

●二〇〇九年七月中旬，我問《心經》的旨趣，為漸卦三、五爻動，齊變有剝卦（䷖）之象。循序漸進，層層解縛，剝極而復，以證天地之心。

●二〇一〇年八月下旬，我赴北大授《易》，問自己多年志業進行如何？為漸卦三、五爻動，有剝卦之象。由「鴻漸于陸」的內部罣礙，進至「鴻漸于陵」的得償所願，已有所成。

●二〇一一年十月中，我們一行六人赴西藏旅遊，至雅魯藏布江公定水葬處時，我臨江憑弔，占得漸卦三、五爻動，有剝卦之象。漸卦為艮宮歸魂卦，剝卦則棄置色身，期復天地之心，一批一批的藏民於此逝矣！

當時也算高雄《易經》課結束後，準備新開兩年的《春秋》課，應如規劃進行？為漸卦三、上爻動，上九值宜變為蹇卦，齊變為比卦（䷇）。循序漸進，講解《春秋》大義，引導諸生得識孔聖微言。

●二〇〇一年十月初，我占當時下野的國民黨最缺甚麼？為漸卦三、五爻動，有剝卦之象。九三為內部派系山頭，九五為中央領導，一者不和，欠缺團隊精神，小心資源繼續流失，逐漸剝蝕，「不利有攸往」。

●二〇一〇年十二月上旬，我問聞名台灣的85度C咖啡連鎖店的經營前景，為漸卦二、上爻動，齊變有井卦（䷯）之象。「鴻漸于磐，飲食衎衎，吉」，現狀穩定如意；「鴻羽可用為儀，吉」，未來可建立典範通則，連鎖店愈開愈多。

●二〇一二年三月上旬，台灣的林書豪在美國職籃NBA大展身手，掀起「林來瘋」的熱潮，我問他所屬的紐約尼克隊能否打入季後賽？為漸卦二、三爻動，九三值宜變為觀卦，齊變則有渙卦（䷺）之象。漸為雁行團隊，分工合作，循序漸進，六二「鴻漸于磐」，打下很好的基礎；九三「夫征不復，婦孕不育」，卻令人擔心會有狀況。後來尼克是勉強打進了季後賽，卻很快落敗，原先的教練先被迫離開，林本人也因傷到膝蓋，沒法參加決賽，最後還被休斯頓火箭隊高薪聘去，離開了紐約的團隊，占象一一應驗。

●二〇一五年九月上旬，我與四十多年老友曾國隆台北餐敘，他夫人馬湘東近年投資獲利，我清楚他們剝極而復的精采歷程。當時我的新書《劉君祖易經世界》一套十冊將上市，老友慨允購置百套贊助，我占出漸卦二、五爻動，齊變有蠱卦之象。「鴻漸于磐，飲食衎衎，吉」與「鴻漸于陵」，「終莫之勝，吉」相應與，「不素飽」配「得所願」，格局極佳。後來因受贈者反應好，還多訂了幾十套結緣。

三爻變占例

占事遇卦中任意三爻動，以本卦為貞、三爻齊變所成之卦為悔，稱貞悔相爭，合參兩卦卦辭卦象論斷。若其中一爻值宜變，為主變數，加重考量其爻辭。

●二〇〇二年十二月五日，高雄市長選前兩天，我在華新麗華焦家的授《易》課堂上，現占謝長廷的勝負，為漸卦初、四、五爻動，初六值宜變為家人卦，貞悔相爭成離卦。循序漸進，登頂成功，繼明連任，以照四方，一定勝選。

同時占黃俊英的勝負，為蒙、旅貞悔相爭，已於蒙卦三爻變占例中說明。

●一九九八年十一月中，台灣高鐵興工在即，富邦集團為股東之一，蔡明忠自占未來前景，為漸卦四、五、上爻動，九五值宜變為艮卦，貞悔相爭成小過卦（䷽）。漸為雁行團隊，工程太大，所以要組高鐵聯盟，而BOT的興建營運方式，廠商、銀行、政府三方面，也構成一更大的團隊，須密切分工合作，才能成功。卦名為漸，表示工期會拖長，變為小過卦，歷程中事故不斷，但非大過，不至於停擺。上卦三爻全動，團隊的領導階層可能會有極大異動，九五為主變數，君位的影響很大。「鴻漸于陵」，「終莫之勝吉，得所願也」，突破萬難，仍能完工。

結果高鐵施工期間狀況不斷，原始股東變動甚大，等於只有領頭的大陸工程董事長殷琪撐到最後，難怪卦辭稱：「女歸吉，利貞。」不僅廠商高層變動，連台灣政府都政黨輪替，國民黨下台，換民進黨上台。但領導人對高鐵的支持不變，李登輝到陳水扁都力挺到底，所以能堅持完工。

「鴻漸于陵」之後，又復「鴻漸于陸」，候鳥飛去飛回，也完全切合BOT的興工方式：民間興建、營運一段時間後，將產權還歸政府。易占預斷大事，信息如此豐富，真是神機妙算，令人讚嘆！此占為蔡明忠初學乍練所為，他雖不會斷，演卦卻精確無比，易占不欺生也！

●一九九九年八月中，時任華僑銀行董事長的戴立寧邀我餐敘，在中和的銀行總部見面，一方面接受某報採訪，一方面也請我看看銀行前途。他拿出的是五十枚一元硬幣作占具，我算出來，為漸卦二、四、上爻動，貞悔相爭成大過卦（䷛）。當時僑銀深陷財務困局，欲求人併購或併購人，組成團隊聯盟以脫困，正是漸卦之意。六四「鴻漸于木，或得其桷」才無咎，未得則遁，甚至變成大過卦瀕臨崩滅之局。算完後，他及財政部轉任的總經理都面色沉重，其後沒多久，真的沒找到恰當平台，兩人都離開了僑銀。

在銀行內以硬幣算卦，似乎就地取材，實則不便操作。所謂工欲善其事，必先利其器，還有些學生用牙籤、甚至迴紋針來請我占，這麼不體貼，算不出好結果，恐怕難以怨人。

● 二〇一一年十月初，我問自己當年第四季運勢，為漸卦三、四、上爻動，貞悔相爭成萃卦（䷬）。「遇漸之萃」，團隊精英相聚，人文薈萃，漸入佳境。當季奉元學會正式成立，我任常務理事，清華國學院劉東教授訪台；十月中下旬，六人赴青海、西藏一遊；周易學會秋研營於十一月中旬，在中壢渴望園區舉辦；《聯合報》第五屆《易經》課順利開班，人氣沸騰。

● 二〇一四年六月中，我的一位女學生患氣喘嚴重，我想介紹她去給樓中亮中醫師看診，占出漸卦初、四、上爻動，初六值宜變為家人卦，貞悔相爭成革卦。家人「利女貞」，漸卦「女歸吉，利貞」，上九「可用為儀，吉」，應該很好。她去看了病，革故鼎新，療效卓著。

● 二〇一〇年七月下旬，我問二十年內中國海軍實力的發展，為漸卦三、五、上爻動，貞悔相爭成坤卦。漸為雁行團隊的戰略部署，順勢發展壯大，前景相當可觀。

接著再問：東北亞風雲日緊，年內會出事嗎？為遯卦三、四、上爻動，貞悔相爭成比卦。北韓會遁退，仍用外交方式合縱連橫，以保其最佳利益，不會發生事端。

●一九九七年七月上旬，我問法家思想的定位，為漸卦三、五、上爻動，貞悔相爭成坤卦。法家重組織紀律，貫徹終始以成，不容許有離群亂紀的行為，「順相保、得所願、不可亂也。」

●二〇一一年八月底，我們家赴希臘旅遊，在伯羅奔尼撒半島的埃皮達魯斯（Epidaurus）古圓形劇場徜徉，其傳音效果絕佳，場內任一角落，皆可清晰聽到撕紙的細微聲響，幾千年前人看戲時，都得小心，不能竊竊私語，否則秘密會曝光。我問彼處尚有靈否？為漸卦三、五、上爻動，貞悔相爭成坤卦。漸卦為艮宮歸魂卦，又有成群結隊之象，這麼久了，還有這麼多人流連忘返，不忍離去？

●二〇一五年五月上旬，我長期在高雄長青文化中心講經，籌辦的林靜華女士跟我說，有位在台南看DVD的蘇姓女中醫認定我與《易》道有夙緣，給了我些資料參考云云，並自稱前世是安徽含山出土玉龜遺址的大墓中陪葬侍女，那是距今五千三百多年的新石器時代。姑妄言之妄聽之，我占出漸卦二、五、上爻動，九五值宜變為艮卦，貞悔相爭成升卦。漸卦為艮宮歸魂卦，卦辭「女歸吉，利貞」，「遇漸之升」，讓人浮想聯翩。

●二〇一六年八月下旬，我受邀牽線讓朋友與苗栗某藏傳文物蒐藏家晤面，評估贊助合作的可能性。因金額龐大，被詢問館中法寶真偽，占出漸卦二、四、五爻動，貞悔相爭成鼎卦。「漸」為經年累月循序漸進的蒐集庫藏，「鼎」為國之重寶，「遇漸之鼎」，純以卦象論，至少真品甚多，價值連城。

●二〇一五年三月中旬，我的學生林獻仁又策劃溫泰鈞夫婦上《易經》課，計畫七十二堂課上完。我問展望如何？為漸卦初、三、上爻動，貞悔相爭成屯卦。漸卦團隊學習，最後「其羽可用為儀，吉」，功德圓滿。復講數年以來，教學相長，時習之樂，樂何如之？

●二〇一〇年九月中旬，我在慕尼黑參觀兩百週年的啤酒節活動，自己占問何以夜夜多夢？為漸卦三、四、五爻動，九五值宜變為艮卦，貞悔相爭成晉卦（䷢）。九三「離群醜」、六四「順以巽」、九五「得所願」，在夢境中逐漸化解失意而償所願？漸卦為艮宮歸魂卦，晉卦為乾宮遊魂卦，或遊或歸，夢裡江山更好？

四爻變占例

占事遇卦中任意四爻動，以四爻齊變所成之卦的卦辭卦象為主，若其中一爻值宜變，稍加重考量其爻辭以論斷之。

●二〇一一年元月下旬，我問學生中可有人才萃出？為漸卦初、三、四、上爻動，九三值宜變為觀卦，四爻齊變成隨卦（䷐）。循序漸進，樹木樹人，可至於成，「隨時之義大矣哉！」當年確實有深具潛力、志向清新者出現，包括兩岸在內，總算功不唐捐。

●二〇一一年九月中旬，我在慕尼黑授課畢，主辦單位的李師傅有洋學生來求助，婦人罹患甲狀腺亢進多年，易躁怒不安，深以為苦。如開刀治療，為夬卦九四爻動，有需卦之象。夬為「剛決柔」，九四「位不當、聰不明」，不宜開刀。若服食碘藥，為漸卦二、三、四、五爻動，九三值宜變為觀卦，四爻齊變成未濟卦（䷿）。循序漸進，至九五「終莫之勝，吉」，應可成功，須有耐心長期服用。

●二〇一一年十二月中旬，我們夫妻倆南下高雄，住入某豪華旅館作「神秘客」，受學生招待，去暗訪旗下旅館的服務狀況。後二日順便授課，一切順利完成後問占，為漸卦二、三、五、上爻動，上九值宜變為蹇卦，四爻齊變成師卦（䷆）。循序漸進，由「不素飽、順相保、得所願」，至「不可亂」，功德圓滿，「能以眾正，可以王矣」！

當月底，我受邀去喝好茶，占茶的最高境界為「遇蠱之謙」、酒的至境為「遇无妄之豫」，已如前述。問咖啡至境，則為漸卦二、三、五、上爻動，上九值宜變為蹇卦，四爻齊變成師卦。「飲食衎衎」、登峰造極、「可用為儀」，相當可觀。

● 二〇〇八年元旦，我作一年之計，問自己全年應如何養生？為漸卦初、二、五、上爻動，四爻齊變成泰卦（䷊）。循序漸進，調整成身心通泰，卦象明確，關鍵在能否認真執行。

● 二〇一四年十一月下旬，我赴廈門、福州開會旅遊，應邀參觀退休的王副市長開設的奇石博物館，問氣場何如？為漸卦初、三、五、上爻動，上九值宜變為蹇卦，四爻齊變成復卦。「遇漸之復」，群行以序，往來以時，復見天地之心，佈局嚴整，氣勢宏大。館方入口處，為釣魚島的摹擬石雕，有志興復，壯哉！

54. 雷澤歸妹（䷵）

歸妹卦為《易經》第五十四卦，前為漸卦，後接豐卦。〈序卦傳〉稱：「漸者，進也。進必有所歸，故受之以歸妹。得其所歸者必大，故受之以豐。豐者，大也。」漸卦像黃河九曲，終向東流，最後匯歸大海。大海容受百川，故成其大，資源豐厚無比。

〈雜卦傳〉稱：「漸，女歸待男行也……歸妹，女之終也。」漸與歸妹相錯綜，皆以少女出嫁為喻。漸卦謹守禮法，循序漸進；歸妹則情慾衝動，急躁投奔，送上門的往往得不到尊重，容易一場空。《老子》第二十六章：「重為輕根，靜為躁君。」行事穩重沉靜，一定強過輕浮氣躁，為人君上者尤須如此。

䷵

歸妹卦卦辭：

征凶，无攸利。

懷春少女想出嫁，識人未明，擇偶不當，輕舉妄動招凶，沒有任何利益。漸卦卦辭也是五個字：「女歸吉，利貞」。歸妹「征凶，无攸利」，正好相對反。

〈象〉曰：歸妹，天地之大義也，天地不交而萬物不興。歸妹，人之終始也。悅以動，所歸妹也；征凶，位不當也；无攸利，柔乘剛也。

歸妹的〈彖傳〉著眼甚高，彌補且超越了卦辭的片面性，解釋卦辭之前，先肯定少女懷春為天經地義。天地交泰，才有萬物化生；男女相悅，人類才生生不息。歸妹卦內卦兌悅，外卦震動，內心歡喜就採取行動，正為歸妹之意。歡情雖屬自然，畢竟要仔細挑選，否則誤了終身。漸卦二至五爻全正，吉而「利貞」；歸妹二至五爻全不正，故而「征凶」。六三於九二、六五於九四，皆為陰乘陽、柔乘剛，象徵情慾蒙蔽理智，盲動躁動，不可能有收穫。

稱歸妹為「天地大義，人之終始」，還有象數上的意義。歸妹卦上震卦為春、下兌卦為秋，三至五爻互成坎卦為冬、二至四爻互成離卦為夏，《易》中僅此一卦，四時之氣俱備、東南西北四方之位佔全。

〈象〉曰：澤上有雷，歸妹。君子以永終知敝。

歸妹卦上震為雷、下兌為澤，澤上雷擊，水波盪漾不已。震為長男動之於上，吸引少女迷戀於下，亦合世間追星粉絲之情。戲台下看偶像，每每失真，輕易奔赴，難得善終。「敝」為破敗，世間花好月圓者少，凶終隙末者多。「永終」有二義，一是永愛至終，一是永遠結束，是好是壞，都得做最壞的打算。歸妹卦為兌宮歸魂之卦，也是京房八宮卦序的最後一卦，又稱「大歸魂卦」，終局的意義濃厚，確須審慎。外卦震為足，小心一失足成千古恨，再回頭已百年身！

《論語・堯曰》：「咨！爾舜，天之曆數在爾躬，允執其中，四海困窮，天祿永終。」堯傳位於舜，期許舜好好幹，四海之民一旦困窮，君祿隨之永絕。另解為為人君上，當念四海困窮，君祿期其永終，也說得通。

訟卦〈大象傳〉稱：「君子以作事謀始。」謀事初始，得做風險評估，以防不測；歸妹卦「永終知敝」，當心萬事成空。訟卦為離宮遊魂卦，歸妹卦為兌宮大歸魂，人生成事不易，必得戰戰兢兢，慎始成終。

占例

● 二〇一〇年四月十日，波蘭總統暨一干領導精英死於俄羅斯空難，弔喪者本身成了世人悼祭的對象，這是什麼因果？我占得不變的歸妹卦。「征凶，无攸利」，「君子以永終知敝」。歸妹卦為兌宮的大歸魂卦，同漸卦一樣，以群體同歸為喻，這可真是夙業糾纏、同歸於盡了！

● 二〇〇二年元月下旬，陳水扁任用宗才怡為經濟部長，以其經驗之稚嫩，如何能任繁劇？我占其政治前途，為不變的歸妹卦。「征凶，无攸利」。明顯「位不當」，果然沒多久，就左支右絀下台，成了誤入政治叢林的小白兔。

䷵

初九：歸妹以娣，跛能履，征吉。

〈小象傳〉曰：歸妹以娣，以恒也；跛能履吉，相承也。

初九為歸妹之初，地位不高，身價有限，須和睦處眾、敬慎應對，才能力爭上游而獲吉。歸妹卦以古代群婚制為喻，有地位的男子一娶多女，為妻為妾，大享齊人之福，也可能是禍，如家人成睽，即因「二女同居，而志不同行」。或如革卦，「其志不相得」，水火不容，而鬧家庭革命。「娣」為少女小妾，地位偏低，沒有甚麼行動力，就像跛腳的人一樣，勉強能走走不快，那為甚麼「征吉」呢？「以恒」，用長遠的眼光看問題；「相承」，好好跟其他姊妹配合，讓大家對她不防備，有好感，再徐圖發展。以爻際關係來說，初九上承九二「眇能視」，跛腳配上獨眼龍，正好殘缺互補，若合作無間，可像正常人一樣看路行走。兩爻齊變，有豫卦（䷏）之象，「利建侯行師」，成為頗有戰力的團隊。本爻變，為解卦（䷧），關鍵是須與別人和解，組成患難同盟。歸妹卦辭「征凶」，初九爻辭「征吉」，因合群而趨吉避凶。

占例

● 二〇〇三年初，我問連戰全年的氣運，為歸妹卦初九爻動，有解卦之象。「歸妹以娣，跛能履，征吉。」為了贏得翌年三二〇的選戰，連戰必須與宋楚瑜和解，促成國親合作，這就是「相承」。連戰眼光正確，行動卻嫌遲緩，似「跛能履」；宋楚瑜勤於政事，熱情衝動會干擾判斷，似「眇能視」，兩人搭配恰好互補，足與陳水扁一戰。

同年宋楚瑜的運勢為「遇履之困」，已於履卦二爻變占例中說明。宋有履行政務的實力，卻苦於無權位，與連戰合作正好。當年雙方確實合組聯盟，聲勢大盛，不想後來因三一九槍擊案，而飲恨落敗，結盟瓦解。

●二〇〇五年三月中旬，周錫瑋參選台北縣長，工商建研會許多學生支持他，我在課堂上占其勝算如何？為歸妹卦初九爻動，有解卦之象。周為親民黨出身，代表泛藍參選，當然得尋求與國民黨和解及合作。結果年底選舉揭曉，周真的當選，實現了「跛能履，征吉」。

●二〇〇四年初，我算當年美國經濟情勢，為歸妹卦初九爻動，有解卦之象。前一年美國發動伊拉克戰爭，雖迅速取得軍事勝利，卻也陷入戰後治理不易的泥沼。這時必得「跛能履」，與伊方配套相承，尋求解套撤軍，還能凶中求吉。結果後來的發展大家都看得到，四年多後，金融風暴爆發，嚴重拖累美國經濟。

●二〇一一年元月上旬，毓老師囑人聯絡我見面，又有近一年未面師，不知何事？自占日後與師門的機緣，為歸妹卦初九爻動，有解卦之象。「歸妹以娣，跛能履，征吉。」開始雖不怎麼樣，只要誠心與師兄弟姊妹們相承合作，前景會逐漸開闊。歸妹卦為兌宮遊魂卦，老師兩個半月後仙逝，奉元志業頓失中心，「君子以永終知敝」，卦爻之象全驗。

二〇〇七年元旦，我作一年之計，當年「謀道」為歸妹卦初九爻動，有解卦之象。「以恆也，相承也」，作學問上更長遠而堅定的佈局。以大易貫串四書群經、兵法養生及道經佛典，而期大成。往後幾年，這些都有落實。

●二〇〇五年七月上旬，我父親心疾復發，夜裡送醫急診，我問平安否？為歸妹卦初九爻動，有解卦之象。歸妹「征凶」，病勢來得驟急，初九「征吉、以恒、相承」，可獲解除而無咎。住院一陣之後果然療癒。

- 二〇〇六年六月中，一名學生想安排長子赴夏威夷讀高中，占得歸妹卦初九爻動，有解卦之象。卦凶爻吉，應屬可行，「以恒、相承」，又與其子之名巧合。後來他真去了夏威夷就學，一切順利愉快，
- 一九九七年十二月上旬，我問：《易》中之數好像很神秘，應如何看待為宜？得出歸妹卦初九爻動，有解卦之象。「天地大義人終始」，四時之氣、四方之位俱備，以恒相承，「永終知敝」。

䷵

九二：眇能視，利幽人之貞。

〈小象傳〉曰：利幽人之貞，未變常也。

九二陽居陰位，處下卦之中，剛而能柔，懂得忍耐而不妄動。六三陰柔不正，乘於其上，有欲望蒙蔽理智之象。獨眼龍看事不清，宜幽居固守常道。爻變為震卦（☳），震為足，為行動，可見把持不易。

歸妹卦初九看的清、行不得，九二看不清、勇於行，二者結合搭配，才有勝算。履卦九二爻辭：「履道坦坦，幽人貞吉。」〈小象傳〉解釋：「中不自亂也。」爻變无妄卦，不宜輕舉妄動，正與歸妹卦九二意同。履卦六三爻辭：「眇能視，跛能履，履虎尾，咥人凶。」看不清又行不得，所有缺陷集於一身，還冒險行事，自然沒救。

占例

● 一九九三年九月下旬，我在耗費幾年心力經營出版公司之後，重返毓老師處聽課，我問往後的機緣如何？為歸妹卦九二爻動，有震卦之象。「眇能視，利幽人之貞」，「未變常也」。天涯浪跡，遊子思歸，好好靜心聽課為是，不必想太多。八個多月後，公司出事，這裡更成了我蘊養自如之地。

● 二〇〇八年七月下旬，我問美國前總統約翰・甘迺迪其人其業，為歸妹卦九二爻動，有震卦之象。「眇能視」，甘迺迪性好漁色，做不到幽貞自守，未能獲吉。甘迺迪當年遭刺殺，真兇到底是誰？占出夬卦（䷪）四、五爻動，九五值宜變為大壯卦（䷡），齊變有泰卦（䷊）之象。「夬」為剛決柔，九五君位遭刺，「中未光也」，疑雲滿天；九四「其行次且，聞言不信」，高官重臣亦遭波及甚至懷疑。「大壯則止」，疑案難偵破；泰卦通泰，難道關鍵還在君側之人的身上？

䷵

六三：歸妹以須，反歸以娣。

〈小象傳〉曰：歸妹以須，未當也。

六三陰居陽位，不中不正，當內卦兌悅情慾開竅之口，感情用事，嚴重影響判斷。「須」為等待，因為有些必須的條件尚未俱足。「須」同「嬃」，古代楚地稱姊姊為「嬃」，正好與妹妹的「娣」區分大小。六三無自知之明，期待自己以大姊頭的尊貴身分出嫁，結果一再蹉跎，隨著年華老大，最後不得不降格以求，仍以小妹妹卑微陪嫁。這種過高預期的落差很難受，非常不適當。本爻變，為大壯卦（䷡），也是少不更事、情慾衝動之卦。

占例

● 二〇一二年五月中旬，我給學生上易佛課，講到《維摩詰經・法供養品》，經文記帝釋跟佛祖報告：「世尊！若有受持讀誦、如說修行者，我當與諸眷屬供養給事。」學生白某即以手機占問：現在道場中，有天人護法聽經嗎？為歸妹卦六三爻動，有大壯卦之象。歸妹卦為兌宮大歸魂卦，「反歸以娣」，現場有帝釋天人的眷屬。再確認一次，為復卦（䷗）六三爻動，有明夷卦（䷣）之象。「頻復，厲，无咎」，明夷卦為坎宮遊魂卦，有天人護法，只是我們看不見。最後問：有過路神靈停駐聽法否？為姤卦（䷫）九二爻動，有遯卦（䷠）之象。「包有魚，无咎」，不期而遇，有非人隨緣法喜，「姤之時義大矣哉！」

● 二〇一二年九月中旬，日本將釣魚台收購國有的動作，激怒了海內外華人，處處掀起抗日的狂潮，中國政府也強硬回應，一時風雲變色。我問此重大變故，對往後所造成的影響如何？對日本為恒卦初、上爻動，齊變有大有卦之象。對美國為歸妹卦六三爻動，有大壯卦之象。對中國為中孚卦初、二爻動，齊變有觀卦之象。

「恒」為長久穩定，釣魚台的問題已歷四十年，日相野田佳彥的冒進生事，打破了久習的格局，日本必將為此而付出慘重代價。恒卦初六「浚恒，貞凶，无攸利」，妄想一次搞定，絕不可能；上六「振恒凶，大无功也」，反致國本動搖，岌岌可危。

歸妹卦衝動行事，「征凶，无攸利」；六三「歸妹以須，反歸以娣」，預期過高落空，偷雞不著蝕把米，確實「未當也」！大壯卦「利貞」，「非禮弗履」，老美妄動欺人，誤判失算。中孚卦「議獄緩死」，不急著解決問題，觀卦冷靜觀察，卻絕不放棄主權。中國大致如此處理。

九四：歸妹愆期，遲歸有時。

〈小象傳〉曰：愆期之志，有待而行也。

九四陽居陰位能忍晦待時，上下為二陰爻包夾，局部有坎險之象，又為外震之初，暫時不動，遲早要動。「愆期」為日期延後，雖然遲了些，還可嫁得美滿良緣。本爻變，為臨卦（䷒），無窮無疆，自由開放。

「遲歸有時」，這是經文卦爻辭唯一提到「時」字之處，〈易傳〉中則大量出現「時」字。孟子稱孔子為「聖之時者」，《論語》開宗明義，教人「學而時習之」，可見〈易傳〉思想與孔子關係密切。歸妹卦六三不自知，等待沒結果；九四有自信，等待終償宿願。

占例

●二〇一〇年二月中，春節前我在家中接受某電視台記者採訪，發表對新的一年的看法。那位女記者順便問她自己的感情發展，占得不變的剝卦，「不利有攸往」。再問以後何時會有新的情緣，則為歸妹卦九四爻動，有臨卦之象。「歸妹愆期，遲歸有時」，一定會有，耐心等待吧！

●二〇〇二年十一月初，我因前些時受邀赴芙蓉社演講，結識李祖嘉女士，她想在工商建研會開為期兩年的易經班，預計十一月下旬開課，我問其展望如何？為歸妹卦初九爻動，有解卦之象。「以恆也」，「相承也」，長期配合佳。後來延期至十二月底開動，又得歸妹卦九四爻動，有臨卦之象。「歸妹愆期，遲歸有時」，還得再等一段時日。最後是在二〇〇三年三月八日才正式開課，一直延續至今。

●二〇〇四年五月初，我去拜望毓老師，聽他講三一九槍擊案後陳水扁連任的台灣新形勢，老師正要外出散步，我就陪同他老人家至附近小公園石凳處休憩。當晚燠熱不堪，蚊蟲肆虐，我被叮咬得很慘，老師卻渾然無覺，危坐不動。聽教兩小時後返家，調理思緒，占問百歲高齡的老師對我的看法定位，為歸妹卦九四爻動，有臨卦之象。「歸妹愆期，遲歸有時」，「有待而行也」。臨卦「教思无窮，容保民无疆」，大有發展空間。

䷷

六五：帝乙歸妹，其君之袂不如其娣之袂良。月幾望，吉。

〈小象傳〉曰：帝乙歸妹，不如其娣之袂良也；其位在中，以貴行也。

六五居君位，以泰卦六五出現過的公主下嫁為喻，泰卦九二為駙馬，「得尚于中行」，歸妹卦九二和六五應與，亦有此象。帝乙為殷紂王之父，將公主嫁與西伯姬昌，當然是政治聯姻，有其安撫穩定的用意。「其君之袂」和「其娣之袂」對比，有其策略上的深意。「君」指公主，「娣」為陪嫁的侍女們，「袂」為衣袖。婚禮上公主穿的禮服很樸素，反而不如丫嬛們穿的漂亮，為何要如此？「月幾望」，忌滿盈則虧，刻意低調行事，以免招搖惹禍。小畜卦上九爻辭中即有出現，往後中孚卦六四亦然，都是滿招損、謙受益的人生智慧。公主金枝玉葉，自然尊貴，不必藉外在裝飾突顯，故稱「其位在中，以貴行也」。

衣袖揮舞，見出古代女性的風采，以局部表現整體，這在爻辭中常見。例如，困卦九二「朱紱方來」、九五「困于赤紱」，訟卦上九「或錫之鞶帶」等等。習《易》尚知機應變，由局部即掌握整體的信息。

一般行銷學上的策略，有所謂組合銷售，整套產品不分售，統一定價，賣給消費者，或用花俏的贈品帶動主產品行銷，這就是歸妹卦六五的做法。本爻變，為兌卦（䷹），賞心悅目，引誘人忘勞忘死去追求。國會立法，政黨相爭，有所謂「一籃子方案」的協商，搞包裹式表決，要過全過，不然拉倒，都是此爻原理的運用。二〇〇四年，陳水扁為了贏得連任，搞所謂公投綁大選，其實公投是假，藉此炒作選票是真，其實也是「其君之袂，不如其娣之袂良」。

占例

● 一九九七年元月上旬，我受友人相託，問其官司初審宣判吉凶，為歸妹卦六五爻動，有兌卦之象。「帝乙歸妹，其君之袂不如其娣之袂良。」該案他是主涉嫌人，其他同僚都是配角，宣判出來他的刑期最重，其他皆從輕發落。

![hexagram]

上六：女承筐无實，士刲羊无血，无攸利。

〈小象傳〉曰：上六无實，承虛筐也。

上六為歸妹之終，描寫的是竹籃子打水、一場空的情景，六五主導的政治婚姻，成功則吉，一旦被識破虛情假意，則假鳳虛凰，難以收場。古代貴族婚禮，須獻祭宗廟，新娘承筐采蘋，新郎殺羊以實鼎俎，以成兩姓之好。「承虛筐」、「羊无血」，象徵婚禮不成，白費心機，無所利益。本爻變，為睽卦（䷥），家人反目，婚事難諧。泰卦六五「帝乙歸妹」，上六「城復于隍」，霸業成空，反致覆滅，與此類似。看來政治婚姻是個險招，不成功就成仁，棒球術語：高飛球就在全壘打的隔壁。信哉斯言！人生行事，能不慎乎？

《詩經・召南・采蘋》：「於以盛之，維筐及筥；於以湘之，維錡及釜。」又有長篇〈豳風・七月〉：「七月流火，九月授衣。春日載陽，有鳴倉庚。女執懿筐，遵彼微行，爰求柔桑。春日遲遲，采蘩祁祁。女心傷悲，殆及公子同歸。」詩中所言，即待嫁女兒承筐采蘋的情景。

占例

● 一九九一年七月上旬，我在出版公司督導的一份招牌雜誌，同仁鬧集體辭職，我不受要脅，全數批准。然後思考繼任接辦人選，是否讓某主管真除擔綱？得出歸妹卦上六爻動，有睽卦之象。「女承筐无實，士刲羊无血，无攸利。」實在睽違不合，過幾天再問對策，為不變的坤卦。沒其他籌碼，只能順勢包容，後來果不適任，沒幹太久，自動求去，我又得另尋人選。

多爻變占例之探討

以上為歸妹卦卦、彖、象及六爻單變之理論與占例之闡析，往下繼續探討多爻變的複雜變化。

二爻變占例

占事遇卦中任意二爻動，若其中一爻值宜變，以該爻辭為主，若皆不值宜變，以本卦卦辭為主論斷，亦可參考二爻齊變所成之卦的卦辭卦象。

● 二〇一〇年三月上旬，工商建研會的週末易經班課後，大家聚餐閒聊，有人開某同學玩笑，說他在外女友甚多，他當然辯解否認。我一旁默占，得出歸妹卦初、二爻動，齊變有豫卦之象。歸妹卦為少女歸屬，豫卦為熱情合歡，「以恒也、相承也」，不僅有，還有整個團隊，井然有序，配合無間。

● 二〇〇九年九月初，我遍尋不著三十多年前胡蘭成先生寫了送我的一幅字，捲軸上「星宿海」是我當年開的小書店名稱，取黃河與長江源頭之意。胡先生過世已久，他生前與我也幾無互動，完全是因朱西甯家的關係。他對自己的書法跌宕自喜，認為民國以來只有馬一浮的字堪與頡頏，儘管馬為謹嚴持正的理學家，胡則是風流浪子。二〇〇九年三月時，我從家中拿了卷軸交給學生去裝裱，她拖了甚久才送回，打開一看居然是另一幅字，為老友羅財榮寫的《尚書・秦誓》段落，就將錯就錯掛於學會講堂，砥礪大家要有容人器量。但胡先生的字到哪兒去了呢？當時先問卷軸是否還在家中，當時不慎拿錯？為不變的坎卦，應該是陷在哪個黑洞裡，就是翻箱倒櫃找不著。再問將來尋得回否？為歸妹卦初、二爻動，有豫卦之象。「豫」為未來遠景，「歸妹」物歸原主，大概還有機會吧！

二〇一二年四月中，我在找別的東西時，意外發現書櫃不常開的一層角落裡，有一幅卷軸，心想「不會吧」？拿出來打開一看，真的是胡蘭成的字！人找東西時可能有盲點，「眇能視」配上「跛能履」，才有機會找回？

二〇一二年六月中旬，我受邀赴美國三大城市演講，在紐約時收到學生黃瑩由台北傳來簡訊，說她家養的小貓不見了，自占能否找回？為不變的豫卦，而上網查那些失物占的網站，都說找不回云云。我回訊說沒道理，「利建侯行師」，未來應有可能才對。結果幾天後她再傳訊，興奮地說找到了！貓咪不慎跌進地下室，七天回應主人呼喚而救出，恰恰「七日來復」。網站諸般術數之說，沒學理根據，實在不可盡信。

● 一九九七年十月下旬，兩岸關係持續緊張不和諧，我問：二〇一〇年前，兩岸問題能解決否？為歸妹卦二、四爻動，齊變有復卦之象。歸妹「女之終」，九二「利幽人之貞」，不會輕舉妄動；九四「歸妹愆期，遲歸有時」，「有待而行」，不是不報，時候未到。應該解決不了，二十年一晃即過，果然如此。

● 一九九八年十月底，我還在出版公司沉潛讀書，轄下一位女同事患類風濕嚴重，我當時正在接受一位黃師傅的「鞍蹻」治療，遂問此法對她有效否？為歸妹卦二、四爻動，有復卦（䷗）之象。歸妹「女之終」，七日來復，「遇歸妹之復」，假以時日應該有效，正是「遲歸有時」。她太忙無暇前去，無法印證。本案例已於前文坤卦三爻變，以及屯卦二爻變占例中詳細說明，可參閱研究。

● 二〇一一年二月中旬，我們學會大幅改組後，召開新理監事會，我事先問會有什麼成效？為歸妹卦二、四爻動，有復卦之象。「遇歸妹之復」，應該可以漸趨正途。

隔天，我問開完會的結果呢？為訟卦（䷅）二、五爻動，有晉卦（䷢）之象。雖有爭議，由於君位的持正，可獲「元吉」，確實如此。

● 二〇一一年十月中旬，我在西藏長途跋涉的車程中，預占自己二〇一二年的總體策運，為歸妹卦二、四爻動，有復卦之象。「利幽人之貞」，「遲歸有時」，應該是前面大半時間沉潛不動，而後才海闊天空，「无窮无疆」發揮創造力。問往大陸的持續發展如何？為歸妹卦六五爻動，有兌卦之象。「帝乙歸妹，其君之袂不如其娣之袂良」，樸實而非炫耀，且配套行事。一個多月後再算，為歸妹卦初、四爻動，齊變有師卦（䷆）之象。「以恒、相承」，「遲歸有時」，等待時機成熟再行動。連續數占，皆得出歸妹卦，形勢不宜強為，非常清楚，也為後來確實的發展所印證。

當年「謀道」如何？為漸卦上三爻全動，九五值宜變為艮卦，貞悔相爭成小過卦（䷽）。學問仍繼續精進，「順以巽、得所願、不可亂」。漸與歸妹相錯綜，為學做事密切相關。

● 二〇〇九年八月上旬，我為了赴山東參加孫子兵法會議，比較兩岸兵學發展的過去現在未來，其中二十一世紀台灣兵學的發展為歸妹卦初、四爻動，有師卦之象。「以恒、相承」，「遲歸有時」，師卦正為治兵之意，應該頗有可觀。大陸為解卦九二爻動，有豫卦之象。「田獲三狐，得黃矢，貞吉」。「遇解之豫」，會有許多深入的研究探討，對大國的和平崛起有所貢獻。「解之時大矣哉！」「豫之時義大矣哉！」中華兵學的未來發展為不變的晉卦，已見前文晉卦占例。

● 二〇〇九年十一月中，我們學會在烏來辦秋季研習營，以「易經與養生」為題，其中安排樓中亮中醫師演講，大家反應熱烈。當時算易與中醫的關聯，為需卦初、五爻動，有升卦之象，斷卦已見前文。當時又算樓本身能否突破而有進益，為歸妹卦初、四爻動，有師卦之象。「以恒、相承」，「遲歸有時」，有望大器晚成。

● 二〇一一年元月上旬，我教佛經有感，問何謂「愛別離苦」？為歸妹卦二、上爻動，齊變有噬嗑卦（䷔）之象。歸妹「悦以動」，為愛而行，希望永終。九二「眇能視」，不易幽貞自守；上九睽違分離，「女承筐无實，士刲羊无血，无攸利。」「遇歸妹之噬嗑」，願欲難償，痛苦不堪。

● 二〇一一年八月底，我們全家赴希臘旅遊，在伯羅奔尼薩半島參觀麥錫尼文明遺跡，進入名王阿加曼儂的主墓穴時，我占問當地氣場，為歸妹卦三、上爻動，齊變有大有卦（䷍）之象。歸妹卦為兌宮大歸魂卦、大有卦為乾宮歸魂卦，名王已歸其位。六三「反歸以娣」，事與願違；上六「承筐无實」，情天遺恨。阿加曼儂因犧牲長女獻祭，為髮妻懷恨殺害，應該是魂魄不安吧！

● 一九九七年七月上旬，我在台出版的第三部書《易經與終極關懷》出書，與金石堂連鎖書店有配合的行銷企劃案，一再改動後，我問吉凶？為歸妹卦三、上爻動，有大有卦之象。預期過高可能落空，大大不妙。

如何調整應對呢？為漸卦初六爻動，恰值宜變成家人卦。還是老老實實，按部就班行銷，不搞花俏了！漸與歸妹相錯綜，又得一證。

● 一九九一年十一月上旬，我接任出版公司代行總經理的職務，對當時行銷主力的直銷部門積弱，很傷腦筋。有人建議讓其獨立，改為代銷模式，我占吉凶如何？為歸妹卦二、三爻動，六三值宜變為大壯卦，齊變有豐卦（䷶）之象。歸妹易放難收，九二「眇能視」，別看錯了！「利幽人之貞」，免得出事。六三「歸妹以須，反歸以娣」，「未當也」。寄望過高，一定落空，萬萬不可，遂作罷論。

●一九九八年八月下旬，我在出版公司潛心讀書已四年多，昔日襄助甚力的特助出去創業年餘，想突破困局，另辦兒童雙語月刊，請教我合宜否？先占得師卦（䷆）二、上爻動，齊變有剝卦（䷖）之象。「遇師之剝」，不是不行，兵凶戰危，不輕鬆就是了！若延後一年再辦呢？為觀卦（䷓）三、四爻動，齊變有遯卦（䷠）之象。「遇觀之遯」，多些進退餘裕，節氣約當陰曆六至八月，差不多剛好等一年，觀望觀望。再過幾天，最後確認為歸妹卦五、上爻動，齊變有履卦（䷉）之象。六五配套規劃得好，可以獲吉，就怕上六「承虛筐、无攸利」，弄巧成拙。他反覆思惟，最後還是放棄。

●二〇一〇年三月下旬，我赴北京授《易》，居中安排的友人正喬遷入新辦公室，我去參觀，並占問其未來二年的發展，為歸妹卦三、四爻動，六三值宜變為大壯卦，齊變有泰卦（䷊）之象。「歸妹以須，反歸以娣」，勿期望過高；「歸妹愆期，遲歸有時」，慢慢待時突破。爾後二年，大致如此。

●二〇一六年五月中旬，民進黨新政府又宣稱「新南向政策」，矚意由扁政府時期前外交部長黃志芳推動，黃也是毓門弟子，與綠營淵源甚深。我占有勝算否？為歸妹卦四、上爻動，齊變有損卦之象。「承虛筐无實」，「无攸利」，一場空啊！損耗嚴重。

占事遇卦中任意三爻動，以本卦為貞，三爻齊變所成之卦為悔，稱貞悔相爭，合參二卦卦辭卦象以斷。若三爻中一爻值宜變，為主變數，加重考量其爻辭。

● 一九九一年十月上旬，我在出版公司自創督責的團銷部業績無起色，負責的經理又與其他行銷部門紛爭不斷，相當煩惱，占問對策，為歸妹卦初、四、上爻動，貞悔相爭成蒙卦（䷃）。「歸妹之蒙」，外阻內險，形勢不明。初九、九四不無機會，上六「承筐无實」，最終還是可能落空。之後的發展是救不回來，宣告放棄。

● 一九九四年元月初，我問出版公司旗下一份幼兒刊物全年的經營策略，為歸妹卦二、五、上爻動，貞悔相爭成无妄卦（䷘）。九二「利幽人之貞」，六五配套若不當，小心上六「承虛筐、无攸利」。「无妄」則無所期望，況味不佳。這份刊物體質不錯，卻因五月中公司鉅變，斷了更好的發展機會，相當可惜。

● 二〇〇四年十一月初，我在蘇北淮安參加民進中央主辦的中華文化研討會，遇到認識的台灣女教授，她順便請我二占：其婚姻前景為歸妹卦二、四、上爻動，貞悔相爭成頤卦（䷚）。「歸妹」正是終身大事，「眇能視、遲歸有時、承虛筐」，不是太妙，如何頤養身心？她有政黨黨職，政治前景則為睽卦（䷥）初、二、上爻動，貞悔相爭成豫卦（䷏）。「遇睽之豫」，也得在不和氛圍中尋求突破，後來幾年裡，似乎未有成效。

● 二〇〇六年十一月上旬，北京某出版公司的負責人來電，希望爭取我《易經與現代生活》系列圖書出簡體版，由於我已授權上海三聯，沒法合作。但彼此印象不錯，遂占問日後配合的可能？為歸妹卦初、二、四爻動，九四值宜變為臨卦，貞悔相爭成坤卦（䷁）。「以恒、相承」，「未變常」，「遲歸有時」，「待而行」，順勢用柔，拓無疆。兩年半後，廈門晤面結緣，從此務實開展，完全落實了卦象。

● 二〇一二年五月下旬，我在富邦課堂上談起「失物占」之事，學生反應熱烈，幾乎每個人都有遺失重要東西的經驗。其中顏姓學生的一副黑珍珠耳環，幾年都找不著，極為懊惱，我占其能否找回？為歸妹卦初、二、四爻動，九四值宜變為臨卦，貞悔相爭成坤卦（䷁）。「歸妹愆期，遲歸有時」，應該以後會物歸原主。結果翌日，她翻找抽屜，居然就找到放置多時的首飾盒，裡面赫然發現那副耳環，高興極了，大嘆易占奇準！

● 二〇〇九年五月中旬，我與清涼音文化公司洪木興社長在台北見面，談進一步合作可能，占得歸妹卦初、四、上爻動，貞悔相爭成蒙卦（䷃）。「以恒、相承」，「遲歸有時」，也可能「承虛筐」，蒙卦形勢不明。爾後的進展有限，仍維持一定程度的配合。

● 二〇一〇年四月上旬，我教《心經》有感，問何謂「無智亦無得」？為歸妹卦初、二、上爻動，貞悔相爭成晉卦（䷢）。初九「跛能履」、九二「眇能視」，人的心智充滿缺陷，勉強搭配應世，最終仍可能「承筐无實」，歸於一場空啊！

● 二〇一一年十月中旬，我赴西藏旅遊，在拉薩參觀完布達拉宮後，問整體氣勢，為歸妹卦初、二、五爻動，六五值宜變為兌卦，貞悔相爭成萃卦（䷬）。「相承、以恒」，「帝乙歸妹」，道出了唐朝文成公主嫁入西藏的史實，因緣際會，出類拔萃。

占事遇卦中任意四爻動，以四爻齊變所成之卦的卦辭卦象為主論斷，若其中一爻值宜變，稍加重考量其爻辭。

●一九九三年九月初，我負責出版公司經營，店銷部門的經理進行一團購大案，我問能否奏功？為歸妹卦初、二、四、五爻動，四爻齊變成比卦（䷇）。「遇歸妹之比」，應能成功。再確認，為升卦（䷭）初、五、上爻動，貞悔相爭成小畜卦（䷈）。「允升，大吉」，「貞吉，升階」，「利于不息之貞」，也是可成之象。其後果然。

●二〇一二年元旦，我年近九十的老父親精神耗弱，照料他的二姊說，前夜他曾胡言亂語，說看到一些已往生的故人在旁，我占問確有其事否？為歸妹卦初、二、四、五爻動，四爻齊變成比卦。歸妹卦為兌宮大歸魂卦，非「媭」即「娣」，一大堆女性；比卦為坤宮歸魂卦，依附流連。「遇歸妹之比」，依卦象看，還真有所見。

55. 雷火豐（䷶）

豐卦為全易第五十五卦，前為歸妹卦，後為旅卦。〈序卦傳〉稱：「得其所歸者必大，故受之以豐。豐者，大也。窮大者必失其居，故受之以旅。」得到各方資源匯聚，可成其大，建立豐功偉業之後，若窮奢極欲、驕傲自大，必然盛極轉衰，甚至失去一切，流離出亡。

豐、旅二卦相綜一體，〈雜卦傳〉稱：「豐，多故也；親寡，旅也。」所謂「豐」，就是擁有許多既得的利益，大家為了爭奪資源，也會產生很多變故。「旅」為離開本鄉本土出外流亡，失時失勢失位，近乎舉目無親、孤苦無依。

〈雜卦傳〉有所謂「三親」、「三故」：「隨无故、革去故、豐多故」；「訟不親、同人親、親寡旅」。以「親」、「故」二字貫串六個卦，言簡意賅，值得玩味。

䷶

豐卦卦辭：

亨。王假之。勿憂，宜日中。

資源雄厚易致亨通，匯聚錢財人才，以成豐功偉業。大業的領導人須有高遠理念，能感召眾人追隨，本身還具備強大的行動力，說到就能做到。更重要的是，領導人主持大局勿存私心，宜光明磊落、公正不阿。「日中」代表事業如日中天，王者的胸懷坦蕩，也像中午的太陽一般正大光明。「王假之」，「假」即「格」字，為「感」為「至」。家人卦九五「王假有家」、萃卦「王假有廟」，皆為此意。

「亨」同「享」，也是祭祀天地鬼神，並與眾人分享之意，擁有豐厚資源而搞寡頭獨佔，造成貧富懸殊，強凌弱、眾暴寡的局面，必釀後患。豐極轉旅，即因此而生。豐的繁體字其實也有祭祀之象，下半的豆為祭器，所謂俎豆馨香，上半顯示盛的是鮮花素果。換言之，豐卦須有清心寡欲的吃素心情，不奢侈揮霍，才可大可久。資源豐厚須重布施行善、濟弱扶傾。鼎卦烹肉，引發噬嗑卦的殘酷鬥爭，或蠱卦的貪腐敗壞，足以為戒。

「勿憂」非泛語，是指領導人勿憂己私，意同升卦及晉卦六五的「勿恤」。「勿恤」即「有慶」，領導無私，即民眾受福，皆大歡喜。所謂「一人有慶，兆民賴之」，這是不變的道理。

〈彖〉曰：豐，大也。明以動，故豐。王假之，尚大也。勿憂宜日中，宜照天下也。日中則昃，月盈則食，天地盈虛，與時消息，而況于人乎？況于鬼神乎？

豐功偉業、資源雄厚，故稱「大」。內離明外震動，看清楚了再行動，有智慧有膽識，遂成豐大之局。王者用心經營事業，崇尚追求更高更大的成長，勿擔心個人私利，當如中午的太陽般光照天下。天地日月所顯示的自然法則為盛極必衰，中午過後，太陽就會偏西，月亮圓滿之後，必轉虧食，其他生生化化的現象亦復如是，人跟鬼神都不能例外。

豐滿招損，謙和受益，這是永恆不變的法則，天地人鬼神都得依循的真理。謙卦〈彖傳〉中亦提到天地人鬼神，全福祐有謙德之人，兩相對比，當可豁然了悟。懂得消息盈虛之理，並信受奉行者，即稱大人，見乾卦〈文言傳〉：「大人者，與天地合其德，與日月合其明，與四時合其序，與鬼神合其吉凶。先天而天弗違，後天而奉天時，天且弗違，而況于人乎？況于鬼神乎？」修辭語氣，與豐卦〈彖傳〉類同。

剝卦〈彖傳〉稱：「君子尚消息盈虛，天行也。」損卦〈彖傳〉稱：「損益盈虛，與時偕行。」剝極而復、損極轉益、豐極轉旅，消息盈虛之理，習《易》用《易》者必知。

《老子》第二十五章：「道大，天大，地大，王亦大，域中有四大，而王居其一焉。人法地，地法天，天法道，道法自然。」人間掌權的王者為宇宙四大之一，其行事正確與否，足以影響人天之際的種種互動與平衡，實在不可小視。

大國強國為豐，大企業大財團為豐，何以能豐？強盛之後能不能避免衰弱，甚至覆亡的命運？「明以動」就是答案，外震動，代表富國強兵的硬實力，內離明，象徵文明教化的軟實力。內明外動，軟硬實力均衡發展、配合無間，必成大國。沒有文化，而窮兵黷武，或財大氣粗，絕不能久；光有文化，貧困軟弱，當然也不行。

〈象〉曰：雷電皆至，豐。君子以折獄致刑。

豐上震為雷、下離為明為電，驚雷閃電同時到位，打擊力多麼強大。「折獄致刑」，進行公正的司法審判，據罪量刑，司法權的威嚴，令人震懾敬畏。現代國家三權分立，互相制衡，中國古代政法思想發達甚早，《尚書・周書》中已有明確記載，強調掌握最高行政權者，不可干涉司法審判，應尊重其獨立自主性。前文在噬嗑卦、賁卦的〈大象傳〉中已詳細說明：噬嗑卦「明罰敕法」，代表立法權；賁卦「明庶政」，「无敢折獄」，代表行政權。豐卦「折獄致刑」，代表司法審判權；旅卦「明慎用刑，而不留獄」，為行政權與司法權銜接的部分。噬嗑、賁一體相綜，豐、旅一體相綜，兩組相綜的卦，又為上下相交易的關係，循此思考，對三權分立的精妙制衡，更有深悟。

所謂審判斷人生死罪刑，不限於人間法庭，還有天地神明的終極審判，業報難逃。豐卦〈彖傳〉稱天地人鬼神，卦序又為天地之數的五十五，老天有眼，明察秋毫，惡性深重的大奸巨蠹，即便逃過國法、世法的制裁，也躲不掉天網恢恢，疏而不漏啊！

大衍之術的占法中，本卦算出有爻動，須以天地之數五十五減去卦的營數，由所得差值，決定宜變的爻位，做為斷卦的重要依據。司法審判，就是依據檢調所得做終極判斷，和易占斷卦類似，都和五十五相關。前文曾述革卦「治曆明時」、鼎卦「正位凝命」，正好呼應「大衍之數五十，其用四十有九」。革、鼎卦序恰為四十九、五十，皆非巧合，《易經》理氣象數的精微，真令人震驚。

占例

● 二〇一〇年三月初，我推算未來五年中國大陸的國運，為不變的豐卦。資源雄厚，如日中天，不必擔心憂慮。

之前幾日，台灣四席立委補選，我問朝野兩黨勝負。國民黨為不變的頤卦，民進黨為不變的豐卦。頤卦僅能自養，豐卦能成大功。結果國民黨僅獲一席，民進黨則當選三席，明顯勝出。

●二〇一〇年七月初，學會人事紛爭不斷，一位老學生跟理事長請辭理事職，我聽了問吉凶，為不變的豐卦。「亨。王假之，勿憂，宜日中。」不必憂心，公正裁斷即是，對學會長遠的發展來講，未必不好。

初九：遇其配主，雖旬无咎，往有尚。

〈小象傳〉曰：雖旬无咎，過旬災也。

初九居豐之初，希望發展壯大，「往有尚」，即〈彖傳〉稱「尚大」之意。上與九四相應，明之初與震之主配合，正合「明動相資」之義，可成豐功偉業。九四即為初九的配主，二者若有機緣相遇，雖歷經一旬十日之久才遇著，也能無咎。若超過十日仍無緣相遇，錯過時機，不能成功，反而獲災。中國以天干記日，一旬十日，正為十天干的循環週期，代表發展機遇的時限。初九若想成豐，必須在時限內找到九四支持。「遇」即是姤卦「不期而遇」之意，「時來天地皆同力，運去英雄不自由」，「姤之時義大矣哉！」

《說文解字》注中解「旬」為「均」，為「遍」，其義甚佳。「雖均无咎，過均災也。」教養與實力配合，均衡發展則無咎，偏重其一，畸形發展則釀災。以爻變理論來檢驗，豐卦初、四爻齊變，為謙卦（䷎）。謙卦〈大象傳〉稱：「君子以裒多益寡，稱物平施。」豐滿招損，謙和受益，以謙持豐，天地人鬼神都護祐，而得善終。只要均衡發展，再大都沒關係。豐卦初九單爻變，為小過卦（䷽）。謹小慎微，在認真學習中逐漸成長。

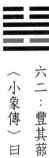

占例

● 一九九六年十二月下旬，我問中華文化在二十一世紀的氣運，為豐卦初九爻動，有小過卦之象。「遇其配主，雖旬无咎，往有尚。」中華文化資源豐厚，積澱在豐卦內離之底，正是所謂文化底蘊，須遇外震之主的富強政權提振，才能相得益彰。整個二十一世紀，才只是豐之初，正是方興未艾，若逢佳運，審慎操持，往後強盛個三、五百年，甚至一千年，都沒問題。天祐華夏，幸何如之？

● 二〇〇三年十月中旬，我帶三位學生赴安陽開會，又去了羑里文王廟，在八卦亭內一時興起，用新買的蓍草占問：我與周文王姬昌的淵源為何？為豐卦初九爻動，有小過卦之象。「遇其配主，往有尚」。以卦中卦觀之，豐卦初至四爻為家人卦（䷤），豐卦初九即家人卦初九，「閑有家，悔亡」，顯然為姬家一分子？豐內離外震，皆有繼往開來之義，無論血統或法脈，繼明照四方就是王道。

䷶

六二：豐其蔀，日中見斗。往得疑疾，有孚發若，吉。

〈小象傳〉曰：有孚發若，信以發志也。

六二中正，為內卦離明中心，與君位六五相應，有如日中天之象。九三、九四隔斷二、五爻的呼應接觸，有似發生日蝕現象，遮蔽了太陽光，白天變成像晚上一樣。「蔀」為障蔽，「豐其蔀」，指日蝕的陰影面積很廣，「斗」為北斗星，中午時分看到了夜間才見到的北斗星，可見日蝕嚴重。六二坦蕩之心，卻遭流言猜忌，越想解釋，越不得諒解。不如仍秉誠信，默默行事，終有一日雲開日現，釋疑而獲吉。本爻變，為大壯卦（䷡），「利貞」，暫止不動為宜。

占例

● 二〇一二年九月初，我問自己昔年「十年乃字」的宏願，進行得如何？為豐卦六二爻動，有大壯卦之象。「豐其蔀，日中見斗。往得疑疾」，仍有陰影不明；「有孚發若，吉」，繼續秉誠信發光，終有一日能突破而大成。

同時算多年累積的學生資源如何？為艮卦（䷳）三、上爻動，有坤卦（䷁）之象。還得奮力超越阻礙，以攀登至大山絕頂。

䷶

九三：豐其沛，日中見沬。折其右肱，无咎。

〈小象傳〉曰：豐其沛，不可大事也；折其右肱，終不可用也。

九三為離明將盡，日蝕進入全蝕的黑暗期，「沛」同「旆」，遮蔽的陰影像巨大的幡幔，完全蓋住了日光。「沬」同「昧」，指肉眼難見的小星星，中午時分能被看到，可見黑暗至極。在這種情況下，不可能成就大事，有時為了保命，還得斷去右臂，很難再發揮甚麼作用。本爻變，為震卦（䷲）。「震來虩虩」，「恐懼修省」，有時得學蜥蜴一樣斷尾求生。明夷卦六二「夷于左股」，豐卦九三「折其右肱」，都嚴重折損人的行動力。豐卦九三和上六相應與，上六為上卦震動之末，全無行動力可言，明之末配動之衰，當然不可大事。

占例

●二〇〇〇年三月十八日傍晚，台灣跨世紀大選開票，我問最後結果？連戰為豐卦九三爻動，有震卦之象。震為政權保衛戰，「豐其沛，不可大事也；折其右肱，終不可用也。」選舉揭曉，連戰慘敗，國民黨失去多年的執政權。

宋楚瑜為「遇蹇之遯」，已見前文蹇卦二爻變占例。陳水扁為小畜卦初、二爻動，齊變為漸卦。「復自道，吉」，「牽復，吉」，竟然脫穎而出，意外贏得政權，真是鷸蚌相爭，漁翁得利。

●二〇〇三年初，我問陳水扁的年運，為豐卦九三爻動，有震卦之象。「豐其沛，日中見沫」，為日蝕嚴重之象，陳執政無方，賄賂公行，出包後往往棄車保帥，朝政黑暗已極。

二〇〇四年初，逢大選年，我再問陳水扁年運，居然又是豐卦九三爻動，有震卦之象。震為政權保衛戰，「不可大事」，照講勝算不大，結果卻因三一九槍擊案逆轉險勝，「折其右肱」、腹受槍傷而獲無咎？

二〇〇三年連戰氣運為歸妹卦初九，「跛能履，征吉」，已見前文分析。若然，當年連宋和為跛腳配獨眼龍，合戰陳水扁的獨臂刀。台灣政壇要角，怎麼都似殘障，一個健全的也沒有？

●二〇〇七年七月下旬，我學生在宴席間介紹一位資深的廣播人跟我認識，希望能經紀我往後在大陸的志業。我占如何？為豐卦九三爻動，有震卦之象。「豐其沛，不可大事也；折其右肱，終不可用也。」應該不行，後來去其處錄音兩次，即無下文，機緣不足，不能強求。

●二〇〇六年初，我受邀上廣播電台談時事，女主持人順便請我算算她當年運勢，得出豐卦九三爻動，有震卦之象。「豐其沛，日中見沬。折其右肱，无咎。」結果當年十一月她出事，媒體大幅報導所謂的緋聞，捕風捉影，大肆渲染，公眾人物似昭昭天日，一有狀況，天下皆知，就像日蝕一樣。雖然瓜田李下，畢竟並無其事，鬧了一天之後，終獲無咎。前文坎卦九五爻變占例中，有關此事的分析，比照參看即知。

䷶

九四：豐其蔀，日中見斗。遇其夷主，吉。

〈小象傳〉曰：豐其蔀，位不當也；日中見斗，幽不明也；遇其夷主，吉行也。

九四為上卦震動之主，與下卦離明之初的初九相應，基層支持深厚。六五之君乘於其上，頗受威脅，君臣間關係緊張，難免疑忌，與六二相似，有如日蝕之象。這時也得善用初九謹小慎微的智慧，不妄動而獲吉。九四為初九的「配主」，初九為九四的「夷主」。「夷」為平等之意，兩者互為主，文明理念與行動實力密切配合，均衡發展，可成大業。

九四爻變，為明夷卦（䷣），日落昏黃，須韜光養晦，「利艱貞」，不僅避禍，還能實踐理想而獲吉。九四陽居陰位，功高震主，故稱「位不當、幽不明」，同困卦初六「入于幽谷」；「吉行也」，同困卦上六「動悔有悔」。困為資源枯竭，豐為資源豐厚，豐卦九四身居高位，居然處境與困始困終相同，真正發人深省啊！

占例

● 一九九一年十二月下旬，我問我們那家出版公司未來進軍大陸的發展性如何？為豐卦九四爻動，有明夷卦之象。「豐其蔀，位不當也；日中見斗，幽不明也」；若要突破困境，就得「遇其夷主」。公司產品特性是有可能發展到大陸，無奈內憂不斷，願景終成泡影。

● 一九九二年元月中，我問可能壯年得子否？為豐卦九四爻動，有明夷卦之象。「遇其夷主，吉行也」。豐卦內離外震，都有繼往開來之意，「離」為文明永續，「震」為血脈相傳。以卦中卦理論觀之，豐卦初至四爻，互成家人卦（䷤），豐卦九四相當於家人卦上九，爻辭稱：「有孚威如，終吉。」綜合來看，必然得子，果然下半年內人證實懷孕，翌年四月上旬，小兒降生。

● 二〇一二年元月上旬，我問全年的中日關係如何？為豐卦九四爻動，有明夷卦之象。「豐其蔀，日中見斗」，日蝕嚴重，必須「遇其夷主」才吉。當年釣魚台風雲緊張，東京都知事石原慎太郎籌議買下釣島主權，美日又在東海聯合軍演，都使兩國關係蒙上陰影。另一方面，中日韓簽訂自由貿易協定，人民幣與日圓開放直接交易，期以經濟因素，化解對抗衝突的危機。九月中，日相野田佳彥將釣魚台收購國有，再度引發華人抗日的狂潮，兩國關係陷入空前緊張。問中日關係，答「日中見斗」，爻辭巧合兩國國名，易占常常如此，是因為感應特別敏銳嗎？

● 二〇一二年元月上旬，台灣政壇頻傳緋聞，其中以蔡仁堅和璩美鳳的情事最為聳動，我問蔡能度過這場桃花劫否？為豐卦九四爻動，有明夷卦之象。「豐其蔀，日中見斗」，「位不當、幽不明」。豐卦〈大象傳〉稱「折獄致刑」，據此，審判對蔡相當不利。「遇其夷主，吉」，後來璩撤回告訴，終於和解。

六五：來章，有慶譽，吉。

〈小象傳〉曰：六五之吉，有慶也。

六五居豐卦君位，與六二、九四皆有疑忌，都像日蝕般陰影重重，這是典型的寡人有疾。霸國領袖、梟雄之主尤其嚴重。日中蝕既後，會逐漸恢復光明，為人君上者亦當如是，猜忌必致人心離散，須改過遷善，以重獲臣下信心。「來」有「來復」之意，爻向下向內運動稱「來」，六五誠心與臣下修好釋疑，故稱「來章」，「章」即光明。所謂「一人有慶，兆民賴之」，大權在握的領袖肯認錯調整，大家都蒙福報，不繼續怪罪，反而眾相稱譽而獲吉。本爻變，為革卦（䷰），洗心革面，與民更始。「豐，多故」，久享權力會滋生傲慢；「革，去故」，必須改革積習，以謀創新。

豐卦六二「往得疑疾」，六五「來章，有慶」，二爻相應，時機成熟，才能恢復正常往來。坤卦六三「含章可貞」，姤卦九五「含章」，而至「品物咸章」；噬嗑卦「雷電合而章」，豐卦六五「來章」。人生行事須有章法，態度光明磊落，抓準時機時勢，從善如流，可成大業。

《詩經・小雅・裳裳者華》：「裳裳者華。芸其黃矣。我覯之子，維其有章矣。維其有章矣，是以有慶矣！」可與豐卦六五爻辭相參證，對「來章，有慶」的意義會更清楚。

《論語・子張篇》記子貢曰：「君子之過也，如日月之食焉：過也，人皆見之；更也，人皆仰之。」同篇又記子夏曰：「小人之過也，必文。」居高位者動見觀瞻，一旦犯錯天下皆知，勇於改過，仍可恢復群眾對他的仰望，就像日蝕過去恢復光明。君子從善如流，善莫大焉；小人文過飾非，自遺其咎。

占例

● 一九九六年七月上旬，我去拜晤毓老師聆聽教誨，之前問得豐卦六五爻動，有革卦之象。「來章，有慶譽，吉。」當日下午，在老師家地下室請益兩個半小時，獲益甚豐，對周遭大小情勢的變化，也有豁然開朗之感，真是食既光明之象。我當時已半年未給李登輝上課，外界不明，多有猜測不實之詞，造成我一些困擾。老師說，既已虧了，就須設法賺回來！也不必跟外界解釋甚麼，做出實際成果，自然清者自清，順水推舟，以謀大業。當時他也看出李登輝與宋楚瑜關係會生變，提醒注意云云。

上六：豐其屋，蔀其家，闚其戶，闃其无人，三歲不覿，凶。

〈小象傳〉曰：豐其屋，天際翔也；闚其戶，闃其无人，自藏也。

上六豐極轉旅，已至盛極變衰、「窮大失居」之境。退休大老或仍在其位、已失民心的領袖，住在豐屋豪宅內，還用許多設施遮蔽隱藏其行踪，自高自大，自閉自藏，三年之久，都不與外界群眾接觸。「天際翔」，形容其高亢驕矜之象。乾卦上九「亢龍有悔」、坤卦上六「龍戰于野」之氣燄，兼而有之，必然引起民眾的強烈反彈。大家從外面窺視其門戶，只見一片死寂，毫無人氣活動的跡象。這是凶險不測、必將滅亡的前兆啊！本爻變，為離卦（䷝），人際網路已斷，溫情不再，殘陽夕照，難以永續矣！

困卦初六困於谷底，爻辭亦稱「三歲不覿」，豐卦上六高飛天際，居然處境相同，警世意味濃厚。

西漢末名士揚雄曾仿大易，作《太玄》一書，另建一套三的四次方的符號體系，頗具巧思，但成就與《易》差得太遠；又撰《法言》，想與《論語》比高下，當然也是慘敗。他的〈解嘲〉一文中，有類似豐卦上六的情境描述，詞曰：「炎炎者滅，隆隆者絕；觀雷觀電，為盈為實；天收其聲，地藏其熱；高明之家，鬼瞰其室。」氣勢薰天、強霸凌人者，不僅為眾人所棄，尚且天地不容，鬼神追魂索命。豐卦〈彖傳〉稱天地人鬼神，這是消息盈虛的自然法則。〈大象傳〉稱「折獄致刑」，不僅指人間法庭的審判，也指業因果報的終極審判啦！

占例

● 一九九七年十月中旬，我問過去一千年人類文明的發展，應如何總評？為豐卦上六爻動，有離卦之象。「豐其屋，天際翔也；闚其戶，闃其无人，自藏也。」科技發達，物質文明大幅提升，高樓大廈林立，人性卻汩沒於窮奢極欲之中，難以自拔，精神文明相對空虛，這是人類自己打造的樊籠，不易脫困。易占的批判相當嚴厲，卻也反映了文明發展的危機。

多爻變占例之探討

以上為豐卦卦、象、象及六爻的理論說明及占例，往下繼續探討多爻變的複雜情況。

占事遇卦中任意二爻動，若其中一爻值宜變，以該爻辭為主，若皆不值宜變，以本卦卦辭卦象為主判斷，亦可參考二爻齊變所成之卦的卦象卦辭。

二爻變占例

● 一九九五年十月中旬，我問未來三十年中國的走向，為豐卦三、四爻動，齊變有復卦之象。豐亨「尚大」，中國必成如日中天的大國；剝極而復，又有復始更新之象，三、四爻辭講的日蝕指何而言呢？兩岸的終極解決、大陸內部的貪腐、還是中美、中日關係的變化，都有可能，值得深入觀察。

二〇一五年四月初，我們工商建研會的易經班戶外教學，十幾人上坪林某別墅玩，我又算一次兩岸問題何時解決？為「遇豐之復」，時隔二十年，出現同樣卦象，日蝕指何而言？聰明的讀者當有所會心。

● 一九九八年元月上旬，我問台灣全年的政經形勢，為豐卦三、四爻動，有復卦之象。當時凍省廢省已歷一年，李登輝與宋楚瑜翻臉，國民黨開始走向分裂，青天白日蒙上陰影，「日中見沫、日中見斗」，「折其右肱、不可大事也」。

一九九七年九月下旬時，我就提前算過這個問題，為豐卦初、二爻動，齊變有恒卦之象。六二

「日中見斗。往得疑疾」，也反映出李宋關係惡化的情勢，如不能在一定時間內獲致和解，小心「過旬災也」。兩占前後差約百日，卦同為豐，爻從初、二動發展至三、四動，情勢持續惡化。後果如是。

● 二〇〇九年八月初，我問陳水扁最後會否判刑？為豐卦三、四爻動，有復卦之象。豐卦〈大象傳〉稱：「雷電皆至，豐。君子以折獄致刑。」三多凶，四多懼，日蝕嚴重，看來多半會判刑，

● 一九九八年十二月下旬，我問連戰一九九九年氣運，為不變的豫卦。「利建侯行師」，準備代表執政的國民黨，參加跨世紀選戰。又問二〇〇〇年能得大位否？為豐卦初、三爻動，齊變有豫卦之象。初九「遇其配主，雖旬无咎」；九三「豐其沛，不可大事也；折其右肱，終不可用也」。應無勝選之理，果然一年多後慘敗。

二〇〇〇年三月上旬，大選前十多天，我問宋楚瑜的勝算，也是「遇豐之豫」。連、宋真是難兄難弟，分裂之後，兩敗俱傷，雙雙落選。

● 二〇一一年十月初，美國民間發動「佔領華爾街」抗議運動，我問華爾街是否真為罪惡的淵藪？為豐卦初、三爻動，有豫卦之象。「豐其沛，日中見沫」，黑暗之極，掌握豐厚的資源，卻造成貧富懸殊，「過旬災也」，正是罪惡的淵藪！再問該運動對美國的影響？為隨卦（䷐）初、四、上爻動，貞悔相爭成觀卦（䷓）。「遇隨之觀」，應時變化採取行動，提出訴求，期能風行地上；隨卦上六「拘係之，從維之，王用亨于西山」，展現人心所向，應有相當的影響力。

● 二〇一〇年十一月初，我們在高雄澄清湖畔舉辦秋季研習營，以二〇一二年世界文明浩劫為題，我問地磁消長變動之說確然否？為豐卦初、三爻動，有豫卦之象。「豐其沛，日中見沫」，另有

一解，為太陽黑子的劇烈活動，確實會造成地磁消長。「過旬成災」，言之有理。

●二〇〇二年三月上旬，我問年底選舉，馬英九可連任台北市長否？為豐卦初、四爻動，齊變有謙卦之象。「遇其配主、遇其夷主」，剛好相應而獲吉，以謙持豐，亨通有終。初九為基層選民，九四為市長之位，必然當選連任，其後果然大勝。

●二〇〇七年二月中，我問二〇〇八年後的兩岸關係如何？為豐卦初、四爻動，有謙卦之象。兩岸相遇相配，謙和有終，前景風光無限。果然國民黨重新執政後，與大陸修好，占象完全應驗。

●二〇〇九年七月上旬，我開始給學生上佛經課，以易理貫串互證，占問這種會通方法的意義？為豐卦初、四爻動，有謙卦之象。相遇相配，持平有終，真如《金剛經》所稱：「是法平等，無有高下。」一道並行而不悖，萬物並育而不相害，一致而百慮，殊途而同歸，天下何思何慮？

二〇一一年元月下旬，我問佛教所談道理究竟否？為遇豐之謙。義理豐厚，圓融有終，質諸天地人鬼神而無疑。

●一九九七年八月上旬，我問量子論的歷史地位，為豐卦初、四爻動，有謙卦之象。豐「亨」謙「亨」，也是質諸天地人鬼神而無疑，成就極高。

同時問相對論的歷史地位，為「遇小畜之泰」，已於前文小畜卦二爻變占例中說明。至於統一場論能否成功，則為「遇益之剝」，詳見前文益卦二爻變占例。

●二〇一〇年十一月下旬，我們在高雄澄清湖畔舉辦秋研營，請人來講「秀明自然農法」，我問此法價值定位，為豐卦初、四爻動，有謙卦之象。「明以動」，開發培育，而不破壞自然生態的平衡，極有價值。

二〇一二年六月底，我在高雄持續上了三年半的全易課程結業，我問究竟有無功德？為「遇豐之謙」，質諸天地人鬼神皆亨通無礙，令人驚喜。

●二〇一二年四月上旬，台北市主辦第八屆漢字文化節活動，我受邀至徐州路市長官邸演講，題為「漢字與宇宙：易經八卦與天干地支裡的漢字」。備稿時，占問倉頡造漢字的貢獻，為「遇豐之謙」；問正體漢字未來的發展，也是「遇豐之謙」。顯然繁體字承續了中華漢字的優良傳統，豐美均衡有終，質諸天地人鬼神皆然。傳說倉頡造字成功時，「天雨粟，鬼夜哭」，還真是驚天地泣鬼神呢！

我同時問簡體字未來發展，為漸卦（䷴）三、五、上爻動，貞悔相爭成坤卦（䷁）。一代代廣土眾民相習成風，只能順勢推進，「鴻漸于陵，其羽可用為儀」，「不可亂也」。繁、簡字並行於華人地區，應無問題，可參照「遇觀之坤」的二爻變占例。

另問干支紀時的體系，是否為黃帝時大橈氏所創？為復卦（䷗）初、四爻動，有豫卦（䷏）之象。復卦顯現核心的原創力，初九、六四相應與，發揮極佳，「七日來復」也與干支有關，此說應正確無疑。

●一九九六年三月二十二日，台灣大選前夕，我問民進黨候選人彭明敏勝負？為豐卦初、上爻動，齊變有旅卦之象。「遇豐之旅」，「窮大失居」，顯然必敗，國民黨的李連配大勝。

●二〇〇一年四月下旬，我與一批老學生，長期在獅子會某處辦公室深入研習，當時考慮暫時中止或轉型，問合宜否？為豐卦三、上爻動，九三值宜變為震卦，齊變有噬嗑卦（䷔）之象。「日中見沫，終不可用」；「闚其戶，闃其无人」，豐屋已無人氣，確實得遷地為良了！沒多久，有朋友提供了新的道場，全體移駐，絃歌講習不輟。

●二〇一〇年八月下旬，我問往後十年德國的國運，為豐卦初、五爻動，齊變有咸卦之象。豐亨仍為大國，初九為厚實基底，六五為君位領導，「來章，有慶譽，吉。」帶領人民度過歐債難關，應該沒有問題。

往後二十年呢？為訟卦（䷅）三、四、五爻動，九四值宜變為渙卦，貞悔相爭成蠱卦（䷑）。「遇訟之蠱」，高度爭議中，仍能積極任事改革。九五「訟元吉，以中正也」，領導者的魄力非凡！

●二〇〇七年十一月下旬，我問以易道修行的特色為何？為豐卦二、四爻動，齊變有泰卦（䷊）之象。豐為「明以動」，泰為「天地交」，「遇豐之泰」，「財成、輔相」，「宜照天下」。

●二〇一〇年十一月下旬，兩位在兩岸合作的伙伴起意見衝突，我分別了解後，問我還能做什麼？為豐卦三、五爻動，九三值宜變為震卦，齊變則有隨卦（䷐）之象。「日中見沫」，疑忌深重；「來章，有慶譽」，公正化解以獲吉。後勢發展雖非盡善，大致還好。

三爻變占例

占事遇卦中任意三爻動，以本卦為貞，三爻齊變所成之卦為悔，稱貞悔相爭，合參二卦的卦辭卦象以斷。若三爻中一爻值宜變，為主變數，加重考量其爻辭。

●二〇〇〇年元旦，我作跨世紀的一年之計，問當年與大陸的機緣？為豐卦初、四、上爻動，貞悔相爭成艮卦（䷳）。「遇豐之艮」，顯然形勢未開，仍多阻礙。豐卦「明以動」，初九、九四配合不錯，上六「闚其戶，闃其无人，三歲不覿」，還得再等一段時間。現在回顧，真的約三年左右，才有突破。

●二〇一〇年九月上旬，我赴德前夕，問十月初改組學會理監事會順利否？為豐卦初、三、四爻動，九四值宜變為明夷卦，貞悔相爭成坤卦（䷁）。豐「亨。王假之。勿憂，宜日中」，這次改組當然是被迫整頓，「折獄致刑」，為裁斷下的舉措。初九、九四相遇相應，格局清正；九三「日中見沬，折其右肱」，以期「无咎」。十月初開會，順利完成改組。

●二〇一〇年二月上旬，我問西方塔羅牌斷事的精確性，為豐卦二、三、四爻動，貞悔相爭成臨卦（䷒）。豐亨，「天地盈虛，與時消息，而況于人乎？況于鬼神乎？」臨卦「元亨利貞」，「教思无窮，容保民无疆」。「遇豐之臨」，有一定的準確度。

同時占紫微斗數，為不變的比卦；八字為豫卦九四爻動，皆已詳於前文。

●二〇一〇年二月初，我問易道可能的弱點為何？為豐卦初、二、五爻動，初九值宜變為小過卦，貞悔相爭成大過卦（䷛）。豐「亨。王假之。勿憂，宜日中。」初九「往有尚」，六二「有孚發若，吉」，六五「來章，有慶譽，吉」。「天地盈虛，與時消息，而況于人乎？況于鬼神乎？」大過卦卓越非凡，「利有攸往，亨。」「遇豐之大過」，看不出有甚麼弱點，神而明之，存乎其人。

同時問佛法可能的弱點，為不變的解卦。「赦過宥罪」，解脫人生種種蹇難，遠離顛倒夢想，尋求究竟涅槃。道家智慧可能的弱點呢？為損卦初九爻動，有蒙卦之象。「懲忿窒欲」，「為道日損」，期望「損之又損，以至於無為，無為而無不為」。卦序解卦後為損卦，佛、道二家皆重視對欲望的克制與擺脫，是優點也是弱點。

● 二〇一一年十一月中旬，蘋果電腦創辦人賈伯斯過世後，世人甚多議論，我問其人其業如何？為豐卦三、四、上爻動，貞悔相爭成頤卦（䷚）。他以高明的創意建立豐功偉業，形構了一個便捷通訊的生態世界，然而「日中見沫」、「日中見斗」、「闃其无人」，又充滿了濃密的陰影，人人低頭玩iPhone、iPad，都不當面溝通了！窮大失居，其人已逝，他的事業將來會有這麼一天麼？

● 二〇一〇年十一月中旬，我赴常州授《易》，到淹城觀覽。懷想春秋時延陵季札其人，占得豐卦三、四、五爻動，六五值宜變為革卦，貞悔相爭成屯卦（䷂）。闔廬弒君奪位，季札終身不返吳國故土，「日中見沫」、「日中見斗」，政局黑暗無比，六五之君不會改過向善，「來章，有慶」，身為貴公子，當何以自處？屯卦棲身草莽，堅持清新之志，遂在淹城終老。

二〇〇四年四月中旬，台灣深陷於三一九槍擊案的陰影中，族群嚴重對立，人心猶疑渙散。我大學時即熟識的一對教授夫婦，為此也動念移居他鄉，我聽了他們的計畫後，占得「遇豐之屯」，竟然和季札的處境類似，台灣政局之亂，已至這步田地嗎？後來他們並未離台，仍在崗位上繼續工作。

四爻變占例

占事遇卦中任意四爻動，以四爻齊變所成之卦的卦辭卦象為主，若其中一爻值宜變，稍加重考量其爻辭。

●二〇〇一年十一月底，台灣立委大選在即，我問選後政局如何？為豐卦初、二、三、上爻動，九三值宜變為震卦，四爻齊變成未濟卦。「遇豐之未濟」，仍是陰影濃厚、朝野各行其是之局。民進黨雖成立法院第一大黨，仍未掌握過半優勢，政局繼續空轉。

●二〇〇二年十二月下旬，美伊戰爭一觸即發，我問若打起來對全球經濟的影響？為豐卦初、三、五、上爻動，九三值宜變為震卦，四爻齊變成否卦（䷋）。「遇豐之否」，負面影響極大，也多少種下了幾年後金融風暴的根苗。再問二〇〇三年的美國經濟情勢，為不變的旅卦。《焦氏易林》稱：「羅網四張，鳥無所翔；征伐困極，饑窮不食。」豐、旅相綜一體，豐極轉旅，因果歷歷不爽。

五爻變占例

占事遇卦中五爻動，以五爻齊變所成之卦的卦辭卦象為斷，若其中一爻值宜變，稍加重考量其爻辭。

●二〇一一年三月下旬，小兒參加大學學測，考的不夠理想，想去的政大商學諸系去不了，惟另一所大學約他去面試，我占去應試宜否？為豐卦初至五爻全動，齊變成坎卦（䷜），六五值宜變為革卦。「遇豐之坎」，並非佳象。若不去，再參加七月初的指考呢？為不變的升卦。幾月後，通過指考，上了政大會計系。

56. 火山旅（䷷）

旅卦為《易經》第五十六卦，在豐卦之後、巽卦之前。〈序卦傳〉稱：「豐者，大也，窮大者必失其居，故受之以旅。旅而无所容，故受之以巽。巽者，入也。」建立豐功偉業之後，若驕矜自滿，窮奢極欲，很快就會失去一切，掃地出門流亡於外。羈旅飄泊，居無定所，還不見容於當地民眾，長此以往很難生存。這時就得放低身段，入境問俗，做落籍的打算，這就是八卦中巽卦的意涵。

旅卦為相當淒苦的卦，失時、失勢、失位，寄人籬下，對大局沒有影響力，與稍前的豐卦落差明顯，人很難適應。

䷷

旅卦卦辭：

小亨。旅貞吉。

《易》例陽大陰小，飄泊異域，必須低調順柔才能亨通。出門在外，沒人看管，寂寞難耐，易有出格之舉，而惹出事端。若能固守正道行事，方可獲吉。《論語・里仁篇》記子曰：「君子無終食之間違仁，造次必於是，顛沛必於是。」旅卦之時正是顛沛流離，剛好考驗人的修為與操守。《中庸》則稱：「君子素其位而行……素夷狄行乎夷狄，素患難行乎患難，君子無入而不自得焉。」可為「旅貞吉」的註腳。

〈彖〉曰：旅，小亨，柔得中乎外而順乎剛，止而麗乎明，是以小亨，旅貞吉也。旅之時義大矣哉！

六五居旅卦君位，有「柔得中乎外」之象，上承上九，故稱「順乎剛」。內卦艮止、外卦離明，故稱「止而麗乎明」，皆應客居在外地之意。旅人想在當處落地生根，最好選擇光明有文化之地，並順從遵守其種種規範。天涯羈旅之時，人怎麼自處的智慧非常重要。豫、遯、姤、旅等卦，皆稱「時義大矣哉」！隨卦則稱「隨時之義大矣哉」，更具涵括性。

〈象〉曰：山上有火，旅。君子以明慎用刑而不留獄。

旅卦下艮為山、上離為火，故稱「山上有火」，為森林火災、很難救護之象。漸卦「山上有木」，十年樹木成功，經歸妹、豐二卦至旅卦，心血毀於一旦，建設艱難，破壞容易啊！豐卦「折獄致刑」，為司法審判；旅卦「明慎用刑而不留獄」，判刑後公正執行，不受政治力的干擾而有所淹留。現代法制的分際，審判前的檢調查案、審判後的各級獄政管理，皆屬行政權，即相當於「明慎用刑」的範疇。

占例

● 一九九五年十月中旬，我問當前兩岸形勢險惡，在台灣方面的對策當如何？為不變的旅卦。當年底推算一九九六年台灣的政經形勢，亦為不變的旅卦。大陸快速崛起，國力豐強，台灣統獨矛盾嚴重，失時，失勢，失位矣！豐、旅一體相綜，還真不是虛言。

● 二〇〇四年五月中旬，針對三一九疑案，將進行司法驗票，我問藍營的策運如何？為不變的旅卦。陳水扁險勝連任，國民黨持續在野，失時，失勢，失位，民與官鬥極為不利。「明慎用刑而不留獄」，道理如此，事實上卻很難免於政治干擾。果然驗票後，藍營不能挽回敗局。

二〇〇五年元月底，所有選舉訴訟藍營皆敗，但國會選舉獲勝，政局渾沌，我問全年國民黨的黨運如何？仍為不變的旅卦。失時，失勢，失位，仍處捱打逆境，相當辛苦。

● 一九九七年元月底，我問易占超過百年的長期預測的準確性，為不變的旅卦。失時，失勢，失位，似乎很難精確。

● 二〇〇一年五月初，《中國時報》招待我們幾位授課的老師赴蘇州一遊，當地藝術家葉放帶我們參觀園林，他有興建風雅小棧的企劃。我占其前景，為不變的旅卦。真是客旅風情，但恐怕難以落實，其後果驗。

初六：旅瑣瑣，斯其所取災。

〈小象傳〉曰：旅瑣瑣，志窮災也。

初六為豐極轉旅之初，「窮大失居」，出外流亡，甚麼生活瑣事都得自己打理，為此消耗大量心力，鴻圖大志難再。舉目無親，乏人照料，還可能遭受災眚。本爻動，恰值宜變成離卦（䷝），新的人際網絡尚未建立，孤單無所依附。豐卦初九「過旬災」，旅卦初六「志窮災」，都得小心謹慎行事。

占例

●二〇〇四年六月中旬，陳水扁在高度爭議下連任，有人建議連戰到南部去接觸基層，了解民意。我問其策運，為旅卦初六爻動，恰值宜變成離卦。「旅瑣瑣，志窮災也」，其實意義不大。

●二〇〇一年十一月中，我們學會剛成立，會址設於台中同學的汽車公司，有人也設計了logo掛牌，我問合宜否？為旅卦初六爻動，恰值宜變成離卦。「旅瑣瑣，志窮災也」，顯然不怎麼合適，遂未採用。

六二：旅即次，懷其資，得童僕，貞。

〈小象傳〉曰：得童僕貞，終无尤也。

六二中正，旅途中已找到館舍棲身，錢財還不敢露白，也雇用了當地的童僕，照料瑣碎的生活細務，算是暫獲安定。本爻變，為鼎卦（䷱），革故鼎新，開始過新生活。出門在外，對待童僕都得客氣，免生怨尤。

占例

● 一九九四年十一月下旬，台灣北、高兩市市長選舉在即，我問台北市黃大洲的勝算？為旅卦六二爻動，有鼎卦之象。旅卦就是離開本位，失時，失勢，失位。黃為原任市長，「旅即次」表示落選，就算「懷其資，得童僕，貞」，也是另有安排。後果如是，陳水扁選上台北市長。

䷷

九三：旅焚其次，喪其童僕，貞厲。

〈小象傳〉曰：旅焚其次，亦以傷矣；以旅與下，其義喪也。

九三過剛不中，對待童僕下人不和善，違反了「旅之時義」，住的旅舍被人放火燒掉，童僕也叛離而去，傷害甚重，這麼做事陷自己於危厲不安的情境。本爻變，為晉卦（䷢），沒人幫忙，一切又得自己來，君子以「自昭明德」。

六二「旅即次」，「得童僕貞」，九三「旅焚其次，喪其童僕」，一得一喪之間，何其快速？旅卦的不安全，由此可見，

●二〇〇三年五月下旬，我問未來三至五年的兩岸關係，為旅卦九三爻動，有晉卦之象。「旅焚其次，喪其童僕，貞厲。」「亦以傷」，「其義喪也」，顯然很糟。次年陳水扁連任，終其任期兩岸關係惡劣，卦象靈驗。

●二〇〇三年六月上旬，我問「通貨緊縮」的義涵，為旅卦九三爻動，有晉卦之象。「旅焚其次，喪其童僕，貞厲」。物價水平整體下滑，企業債務沉積，貨幣供應不足，工資、利率、購買力下降，長期會抑制投資生產，造成失業率上升，爻辭描述這些現象很貼切。

●二〇〇七年初，我問全年台灣政局，為旅卦九三爻動，有晉卦之象。「山上有火，旅。君子以明慎用刑而不留獄」，當年陳水扁與馬英九都有官司困擾，偶一不慎，累積多年的政治資源會付之一炬。「旅焚其次，喪其童僕」，「亦以傷」，「其義喪」，形勢相當凶險。馬英九後來雖不起訴，其台北市府舊僚屬余文卻為之坐了一年牢，真是「喪其童僕，貞厲」。

●二〇〇六年初，我作一年之計，問自己當年往大陸發展的策運，為旅卦九三爻動，有晉卦之象。「旅焚其次，喪其童僕，貞厲。」此為何意？從二〇〇二年起，我開始積極跑大陸，無論開會或參訪，都有不錯根基，怎會出現此象？當年八月十四日，我們學會執行長徐崇智不幸心臟病發去世，他是我多年的學生，跟我跑了幾年，貢獻厥偉，原來「喪其童僕」是指這個意外！我才想起年初深夜占完時似有幻象，渾身冰冷，冥冥中都有預示？九三爻變為晉卦，為乾宮遊魂卦，也是凶兆？晉卦〈大象傳〉稱「自昭明德」，深自倚重的輔弼既失，往後只能靠自己了。

●一九九〇年十二月初，我在出版公司籌畫創辦一份健康刊物，用了一位博士任總編輯，數月無成，她終於提了辭呈。我問對策，為旅卦九三爻動，有晉卦之象。「旅焚其次，喪其童僕，貞厲。」只能讓她離職，自己再設法善後，該刊物的出版計畫因而終止。

●二〇〇〇年三月上旬，台灣跨世紀大選前十幾天，我問連戰的勝算，為旅卦九三爻動，有晉卦之象。「旅焚其次，喪其童僕，貞厲。」顯然必敗無疑，其後果驗。

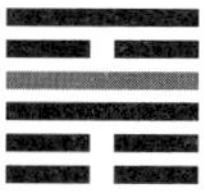

九四：旅于處，得其資斧，我心不快。

〈小象傳〉曰：旅于處，未得位也；得其資斧，心未快也。

九四陽居陰位，以羈旅之身晉身執政高層，有了辦公處所，卻難蒙君王真正信任，心裡很不愉快。「資」為財力資源，有了錢就得雇保鏢捍衛，就是「斧」，就是權。「得其資斧」，有錢有權，卻無歸屬認同感，精神上仍無所依。本爻變，為艮卦（䷳），重重阻礙，職位至此已到頭，不能真正當家做主。

占例

●二〇〇五年元月中旬，我問國、親兩黨進一步合作的可能性，占得剝卦上九爻變，成坤卦，已於前文詳述。當時再問對策如何？為旅卦九四爻動，有艮卦之象。旅卦失時，失勢，失位，艮卦障礙重重，「遇旅之艮」，機會已經不大。宋楚瑜後來去搞不倫不類的「扁宋會」，國、親合成泡影，親民黨也眾叛親離，就因宋個人的「我心不快」？

● 一九九五年九月中，《自由時報》副刊邀稿，開「時習易」專欄，我問前景如何？為旅卦九四爻動，有艮卦之象。「旅于處，得其資斧，我心不快。」有了固定發表園地，有酬勞有一定影響力，心裡卻不是很痛快，遇阻則止。果然每週一篇，持續約一年多休止，與《自由時報》相左的意識型態多少有些困擾。後來大田出版社邀我同意結集出書，就名《時習易》，總結了那段時日的所思所得。

● 二〇〇四年六月中，我的老友巫和懋教授面臨前途抉擇：一是赴北大專任，艮卦九三爻動，有剝卦之象；二是赴上海為其母校美國杜蘭大學設立管理學院，為旅卦九四爻動，有艮卦之象；三為續留台大國際企業系任教，為比卦九五爻動，有坤卦之象。北大「遇艮之剝」，「艮其限，裂其夤，厲熏心」，「不利有攸往」。杜蘭大學「遇旅之艮」，「旅于處，得其資斧，我心不快」，亦非上選。留台大「遇比之坤」，「顯比，吉」，做熟了無所不通，看來還是暫留台大為宜。兩年後，又有新的變化，北大變成可行，他終於去了中國經濟研究中心任職，見前文「遇觀之艮」占例。

● 一九九一年元月底，出版公司面臨艱險年關，從老闆到高幹都深感壓力沉重。我問能否強渡關山？為旅卦九四爻動，有艮卦之象。「旅于處，得其資斧，我心不快。」最後勉強週轉過關，辛苦難受已極。

● 二〇〇六年八月中，我們學會的執行長徐崇智心疾猝發過世，接任的邱雲斌占問其真正死因，為旅卦九四爻動，有艮卦之象。「旅于處，得其資斧，我心不快。」徐當時各方面的表現都不錯，為何心不快？他往生之後，我們才知道。另外，旅上卦離為心火，九四爻變成艮止不動，在外開車時出事，亦合此象。

䷷

六五：射雉，一矢亡，終以譽命。
〈小象傳〉曰：終以譽命，上逮也。

六五居旅卦君位，為上卦離明中心，在文明建設上有光輝燦爛的成就，擺脫了旅卦失勢失位的困境，獲致世人崇高的讚譽，完成其天賦的神聖使命。「離」為雉，「射雉」象徵得到文明的桂冠，人生追求理想，不要亂射箭，只要在終極關鍵的目標，一箭中的就成。本爻變，為遯卦（䷠），人生有了登峰造極的成就後離去，留給世人無窮的憶念。「遯之時義大矣哉！」「旅之時義大矣哉！」旅卦其他五爻，爻辭皆稱「旅」，獨六五無「旅」字，顯示在時光流逝中實現了永恆。

豐卦六五從善如流，「來章，有慶譽，吉」；旅卦六五「射雉，一矢亡，終以譽命」。豐、旅相綜一體，居君位者獲得榮譽的方式不同。大國領袖建立豐功偉業，切勿驕慢自大；文化巨人殫精竭慮，而有世界級的貢獻，不會有人再去計較他的國籍出身。孔子、老子、佛陀、耶穌，這些影響千秋萬世的教主，皆可如是觀。

豐卦有稱霸之意，旅卦則闡揚王道，所謂「王者無外」，終極理念沒有國界、種界的差別，放諸四海而皆準，百世以俟聖人而不惑。豐卦〈彖傳〉稱天地人鬼神，旅卦六五成就的境界，亦如《中庸》所稱：「建諸天地而不悖，質諸鬼神而無疑。」

占例

●二〇〇五年元月初，我問全年台灣經濟情勢，為旅卦六五爻動，有遯卦之象。「旅」為飄泊不定，前一年三一九槍擊案引發的朝野衝突暫告中止，年底結算，成長百分之四．〇九。「射雉，一矢亡」，狀況還好，台灣經濟就是有這種韌性。

●二〇〇三年元月中旬，美商惠普電腦的大代理商糾集同業，預備開半年《易經》課。我問前景如何？為旅卦六五爻動，有遯卦之象。「射雉，一矢亡，終以譽命。」雖然上不完六十四卦，也讓他們對易理的博大精深，有了概括的認識。課程結束時，差不多就在陰曆六月，正合遯卦的時節。

䷷

上九：鳥焚其巢，旅人先笑後號咷。喪牛于易，凶。

〈小象傳〉曰：以旅在上，其義焚也；喪牛于易，終莫之聞也。

上九為旅之終，徹底過氣，一樣不留。鳥巢被焚毀，旅人先笑而後號啕大哭，所謂「覆巢之下無完卵」，一輩子的心血經營毀於一旦。以旅之身，高亢過甚，違反了旅之時義，不亡何待？坤為牛，負重行遠，順勢用柔。「喪牛于易」，比喻喪失了柔順處世之道，輕敵致凶。旅卦「小亨」，柔順才是生存之道，強硬必然招禍。九三焚次喪僕，「以旅與下」，傷害殊甚；上九焚巢喪牛，「以旅在上」，更是徹底毀滅。本爻變，為小過卦（䷽），應謹小慎微，才有活路，驕狂自大必凶。

人生旅程，來去匆匆，資斧處次、童僕巢穴，皆身外之物，一概不會留存，權勢名利，轉眼成空，上九「終莫之聞」，多警醒人？六五「終以譽命」，流芳百世，才是王道正理。

大壯卦六五「喪羊于易，无悔」，羊喻陽剛；旅卦上九「喪牛于易，凶」，牛喻陰柔。二者皆戒剛躁猛進，逞強必然致凶。「同人，親也」，九五「先號咷而後笑」；「親寡，旅也」，上九「先笑後號咷」。人際親和與否，決定了人生最後的成敗。

我一位女學生罹癌多年，曾襄助學會料理過一段時日的財務，後於二〇〇五年春過世。依《河洛理數》本命卦的算法，其先天元堂為旅卦初六，「旅瑣瑣，志窮災也」，一生皆在旅卦飄泊無依中度過，實在可憐。往生之時，尚未走完上九大運，「喪牛于易，凶」，「終莫之聞也」。如果她熬過此關，接著就是後天本命元堂的離卦九四：「突如其來如，焚如，死如，棄如。」〈小象傳〉稱：「无所容也。」還是「旅而无所容」之象，恐怕更慘，怎麼命運這麼坎坷，令人不勝唏噓。

占例

- 一九九七年元月上旬，我再占問某友人初審吉凶？為旅卦上九爻動，有小過卦之象。旅卦「明慎用刑而不留獄」，「山上有火」，「鳥焚其巢」，「喪牛于易，凶」，真是糟糕透頂。結果一干人眾中，他的刑期最重，前文歸妹卦六五爻變占例中，已有說明。
- 一九九六年十月中旬，我南下高雄演講，商界學生引介與南部一位縣長晤面，他有官司纏身，我連占到幾個大過卦，凶象昭著，也直言不諱。事畢後再去台中上課，夜宿學生家，占測該縣長官司吉凶，為旅卦上九爻動，有小過之象。「鳥焚其巢」，「喪牛于易，凶」。沒幾天，該縣長赴台北板橋應訊，被裁定當庭收押，政治生命宣告結束。

● 一九九七年四月下旬，我問坤卦卦辭中「東北喪朋」究為何意？為旅卦上九爻動，有小過卦之象。「親寡，旅也」，「喪牛于易，凶」，人際失和、眾叛親離，正是「東北喪朋」。東北為陽剛方位，旅卦上九即因過剛遭凶。

● 二〇一四年十一月二十七日，台灣五都大選開票，我問自行參選的前高雄縣長楊秋興，能勝選大高雄市長嗎？為旅卦上九爻動，有小過卦之象。「鳥焚其巢」，「喪牛于易，凶」，必然落選。無論如何，認賭服輸，其脫黨競選的正當性不足，失敗是必然的。

● 一九九八年元月初，我問剛回歸半年的香港全年政經情勢，為旅卦上九爻動，有小過之象。「鳥焚其巢，旅人先笑後號咷。喪牛于易，凶。」結果真是如此，離開祖國多年，一旦回歸，初期表現卻讓人相當失望。

● 二〇一一年三月下旬，我問一位女學生在豪門的第一次婚姻，八年心酸如何定位？為旅卦上九爻動，有小過卦之象。豐、旅一體相綜，「豐」為豪門大戶，「旅」為出外流亡，焚巢喪牛，終莫之聞，人生滄桑如是。

多爻變占例之探討

以上為旅卦卦、彖、象與六爻理論及單變占例，往下探討更複雜的多爻變的情況。

二爻變占例

占事遇卦中任意二爻動，若其中一爻值宜變，以該爻辭為主，若皆不值宜變，以本卦卦辭卦象為主，亦參考二爻齊變所成之卦。

● 一九九二年九月底，我在運營出版公司，大家盛傳，大股東在股市中槓上了長榮海運的張榮發，搞得很狼狽，我問其真實處境為何？得出旅卦初、三爻動，九三值宜變為晉卦，齊變為噬嗑卦（䷔）。旅卦失時、失勢、失位，噬嗑卦為弱肉強食的商場鬥爭，在外的市場派踢到鐵板，志窮，取災，焚次，喪僕，應該受傷不輕。

● 二〇一〇年元月中旬，前亞歷山大會館的負責人唐雅君，託我算其官司再上訴的吉凶，可否由緩刑爭取到無罪？得出旅卦三、上爻動，上九值宜變為小過卦，齊變為豫卦。「山上有火」，「君子以明慎用刑而不留獄」，焚次、喪僕，初審已傷，再上訴恐遭焚巢、喪牛之凶！勸她切不可為，結果因檢方也不服上訴，難以撤回，終於不免牢獄之災。

● 二〇〇九年八月初，我看報上刊載專家的預測，目前舉世通行的一夫一妻制，很難持續到本世紀中葉。我問確然否？為旅卦三、上爻動，上九值宜變為小過卦，齊變為豫卦。焚次、喪僕，終至焚巢、喪牛，「終莫之聞」，看來預測會成真，至少名存實亡。「旅」為「親寡」，六爻全變為節卦（䷻），一夫一妻制失去節制人心、維繫婚姻的功效後，家庭社會又當如何？

● 二〇〇四年八月下旬，藍營所提選舉無效之訴換了法官，律師團問對策及勝算如何？為旅卦四、上爻動，上九值宜變為小過卦，齊變為謙卦。旅卦先天不利，九四「得其資斧」，上九「喪牛于易」，「明慎用刑而不留獄」，前景未可樂觀。後果敗訴。

● 一九九九年十一月上旬，社會大學基金會的高幹準備搞網路教學，提議配合。我問前景，為「遇旅之謙」。「得其資斧，我心不快」；「喪牛于易，終莫之聞」。該案果無下文，不了了之。

●二〇〇六年八月下旬，因學會原執行長徐崇智不幸心臟病去世，我得找接任人選。當時只能想到一位老學生，問能勝任否？為旅卦二、上爻動，齊變為恒卦（䷟）。旅卦不穩定，「旅即次……得童僕，貞」，可獲暫時安定。前文九三占例，徐崇智過世為「喪其童僕」，這回換人補位，「得童僕，貞」。然而上九「鳥焚其巢、喪牛于易」，似為隱憂。結果由執行長而接任理事長，至二〇一〇年中終於出問題，為止息學會人事紛爭，我決定再換人改組，讓他改任常務理事。由旅卦二至上爻，剛好時隔四年，一爻當一年之說可信。

●二〇一一年二月底，邀我前一年去慕尼黑授《易》的氣功師傅心疾復發，安心養病中。我問他應注意什麼？為不變的剝卦，「不利有攸往」，少外出為妙。一年內的病情，為「遇旅之恒」。「旅即次，懷其資，得童僕，貞」，若須出外旅行，一定得有人悉心照料；否則「鳥焚其巢，旅人先笑後號咷」，可就凶險萬分。為萬全計，最好還是照恒卦行事，「君子以立不易方」，長期靜養為佳。

最後問養病三年的前景，為履卦（䷉）初、四、上爻動，上九值宜變為兌卦，貞悔相爭成坎卦（䷜）。「履以和行」，謹慎小心，最後或可「其旋元吉」。坎卦自然還有不低風險，不宜掉以輕心。

●一九九七年十二月上旬，我已有一批老學生在繼續研習《易經》，我問其發展前景，為旅卦三、四爻動，齊變有剝卦（䷖）之象。「遇旅之剝」，或「焚次、喪僕」，或「得其資斧，我心不快」，總之不穩定，安心立命者少之又少。

●二〇〇四年初，我算李登輝全年氣運，為旅卦初、上爻動，齊變有豐卦之象。旅卦失時、失勢、失位，李已下台四年，影響力愈來愈小。初六「旅瑣瑣，志窮災也」；上九「鳥焚其巢」，「喪牛于易，終莫之聞也」。由初至終，真的是徹底過去了！

●二〇一〇年十月下旬，大陸旅遊團在蘇花公路出事，詳情見「小畜之蹇」、臨卦初九占例。當時我占問陸胞的生死，為旅卦二、三爻動，九三值宜變為晉卦，齊變為未濟卦（䷿）。他們就是在旅程中出事，前晚還「即次、懷資」，翌日即「焚次、喪僕」。晉卦為乾宮遊魂卦，未濟卦顯示滅頂已無希望，占象果驗。

●一九九六年五月初，我在出版公司沉潛已二年，兩套易書由公司代銷的貨款逾五十萬未結，我問最佳處理方式為何？得出旅卦初、四爻動，齊變有賁卦（䷕）之象。「旅瑣瑣」，為細務煩心；「得其資斧，我心不快」，書款其後都能收回，但催促令人不愉快。

三爻變占例

占事遇卦中任意三爻動，以本卦為貞，三爻齊變所成之卦為悔，稱貞悔相爭，合參二卦卦辭卦象以斷。若三爻中一爻值宜變，為主變數，加重考量其爻辭。

●一九九四年十二月初，台灣北、高市長選舉前夕，我問黃大洲勝負？為旅卦三、四、上爻動，九四值宜變為艮卦，貞悔相爭成坤卦。稍前幾日，占得旅卦六二爻動，已有落選後另做安排之意；如今再多動三、上爻，「焚次、喪僕」、「喪牛于易」，必敗無疑，次日揭曉，果然如此。

●二〇一〇年十月下旬，我在赴台中車程中，憶起平生故人不少已去世者，頗覺感慨。其中一位是我研究所學長，也是他引薦我去中興顧問社任職助理工程師，事後多年，竟聽聞他於郊區山林中自縊，沒人曉得真正原因。我占得「遇旅之坤」，人生逆旅，「焚次、喪僕」、「得其資斧」，卻「我心不快」，最終「鳥焚其巢……喪牛于易，凶」。

● 二〇一〇年初，我高雄班的許姓學生有一案例提供：他的好友家境富裕，獨子高中畢業後即赴美留學，名校畢業後，就職高科技公司，各方面似乎都很順利。那位先生欲赴美探視兒子，問占得旅卦三、四、上爻動，九四值宜變為艮卦，貞悔相爭成坤卦。由台赴美為「旅」，九三「焚次、喪僕」、上九「喪牛于易」，為何如此之凶？九四「我心不快」，又是怎麼回事？三個月後那位先生返台，告知許他的痛楚：原來其子為出櫃的同志，與一年長的白人同居，他力勸亦無效。旅卦二至五爻，互成大過卦（䷛），九四正當大過卦三爻、五爻，三爻「棟橈，不可以有輔」；五爻為「老婦士夫，亦可醜也」，為非常態的情感關係，無法憑勸說強加改變。

● 二〇〇九年底，台灣是否開放美國牛肉進口案，掀起軒然大波，時任國安會秘書長的蘇起因此下台。我問對台局的衝擊如何？為旅卦初、三、上爻動，貞悔相爭成震卦（䷲）。「遇旅之震」，一波未平，一波又起，三年後馬連任，再推此案，又遭民意強烈反彈。旅卦初六為基層民意，「旅瑣瑣，斯其所取災」；九三「焚次、喪僕」，傷害甚深；上九「喪牛于易，凶」，爻辭直接出現了牛肉為禍之象。豐、旅一體相綜，台局如此動盪，皆因美國「豐」強欺人所致啊！

● 二〇〇〇年二月下旬，我考慮停掉兩週一次在台中帶老學生的研習班，占得旅卦二、五、上爻動，貞悔相爭成大過卦（䷛）。由台北南下台中為旅，大過卦「棟橈」，有顛覆危機，「喪牛于易」不無可能。即次、懷資，「得童僕，貞」，「射雉，終以譽命」，其實平台已立，功不唐捐，放棄了也很可惜。大過卦「棟橈，利有攸往，亨」。遂決定繼續，課程一直綿延至今。

同時，在台北益生道場的研習班也面臨後續的問題，占得震卦（䷲）初、二、四爻動，貞悔相爭成師卦（䷆）。震卦也是檢討是否永續的問題，初九一鼓作氣、六二「震來厲」、九四「震遂泥」，有再衰三竭之象。「師。貞丈人吉，无咎。」「容民畜眾」，「可以王矣」！後來雖離開益生道場，台北的研習班仍易地而弦歌不輟，持續至今。

● 一九九六年二月下旬，丙子開春，出版公司又陷入內外交爭的險境，我問自己的吉凶，為旅卦三、五、上爻動，六五值宜變為遯卦，貞悔相爭成萃卦（䷬）。焚次、喪僕，焚巢、喪牛，周遭無論如何動盪，我只認定「射雉」為終生志業，全力以赴即是。精英薈萃，出類拔萃，燕雀安知鴻鵠志？

● 一九九五年三月中旬，《民生報》記者風聞我給國民黨高官上課之事，欲大幅報導，我覺得不妥，透過友人安排與《聯合報》總編輯張逸東餐敘，希望他能壓下來，免生困擾。事前占問有效否？為旅卦三、四、五爻動，六五值宜變為遯卦，貞悔相爭成觀卦（䷓）。「遇旅之觀」，關鍵在六五君位，「射雉，一矢亡」，找對人疏通高層即無事。張也是毓老師的學生，算是同門，之前我還請老師打過電話招呼，終於順利搞定。

● 二〇〇二年初，我的學生邱雲斌自占年運，為旅卦初、四、上爻動，貞悔相爭成明夷卦（䷣）。「遇旅之明夷」，既失勢位，又痛苦不堪。瑣事取災，「得其資斧」而「我心不快」，恰恰說中了他在《經濟日報》那年管理上出的問題；上九「鳥焚其巢」、「喪牛于易」，還可能打擊更重。

● 二〇〇五年六月下旬，我問三年內中國與日本會衝突否？為旅卦二、三、四爻動，貞悔相爭成蒙卦。旅為「親寡」，蒙為外阻內險、蒙昧不明，「遇旅之蒙」，關係頗不穩定。六二「旅即次，懷其資，得童僕，貞」，「終无尤也」，中日經貿往來密切，不會輕易衝突結怨；九三「焚次、喪僕」，小心擦槍走火；九四「旅于處，得其資斧，我心不快」，兩國政府交涉談判，雖能遏止事端，交往並不愉快。往下三年的情勢發展，全如占象，尤以釣魚台海域為甚。

●二〇〇八年十月下旬，我與學生溫泰均夫婦、林獻仁夫婦餐敘，順便幫他們判斷一下經營情勢。溫世仁留下來的甘肅黃羊川「千鄉萬才」計畫，也面臨轉型問題。這種教育產業功德固有，能否賺錢以自給自足呢？為旅卦上三爻全動，六五值宜變為遯卦，貞悔相爭成蹇卦（䷦）。台人投資大陸為「旅」，九四「旅于處，得其資斧，我心不快」；上九「先笑後號咷，喪牛于易，凶」，賺錢是不可能；六五「射雉……終以譽命」，目標是做功德，不在獲利。「遇旅之蹇」，外險內阻，自給自足很困難。「蹇之時用大矣哉！」「遯之時義大矣哉！」「旅之時義大矣哉！」時移勢轉，可能也要有新的考量了。

卦象既明，作為溫家後人，如何後續處置呢？為謙卦上六爻動，有艮卦之象，分析已見前述。

●二〇一〇年九月底，我一對老友夫婦回台，我與他們月前剛在北京見過，重拾話題，再問其妻要不要生育？占象為旅卦二、四、上爻動，貞悔相爭成升卦（䷭）。若決定不生，則為不變的否卦。「否」為天地不交，不生育自然為此象。「遇旅之升」，「得童僕，貞」，為生育子女，「我心不快」，何苦來哉？「喪牛于易，凶」，可能還有高齡生育的風險。他們本不傾向再生，正好就此作罷。

●二〇一六年十一月下旬，我在廬山旅遊，香港學生唐德清跟我說，上旬美國總統大選前，他太太占算希拉蕊為恒卦二、上爻動，齊變有旅卦之象。川普為旅卦初、四、五爻動，貞悔相爭成家人卦。旅卦失時、失勢、失位，川普原似沒機會，最後卻攀上君位巔峰，「射雉，一矢亡，終以譽命。」希拉蕊「振恒凶，大无功」，由恒而旅，失去權位。〈序卦傳〉稱：「恒者，久也，物不可以久居其所，故受之以遯。遯者，退也。」柯林頓夫婦縱橫美國政壇數十年，終於要退隱了！卦象精密至極。

四爻變占例

占事遇卦中任意四爻動，以四爻齊變所成之卦的卦辭卦象為主，若其中一爻值宜變，稍加重考量其爻辭。

● 二〇一二年二月中旬，中石化公司與力鵬紡織企業開始股權爭奪，你來我往，很是鬧騰。我的學生林文仲是力鵬總經理，夜間上課時，拿他占的卦來討論，作為市場派及下游採購商的力鵬集團，能成功入主中石化嗎？旅卦二、三、四、上爻動，上九值宜變為小過卦，四爻齊變成師卦（䷆）。羇旅在外，謀圖巽入落地生根，正是市場派的處境。六二「旅即次，懷其資，得童僕，貞」，九三「旅焚其次，喪童僕，貞厲」；九四「旅于處，得其資斧，我心不快」，仍難取得主導權；萬一硬幹不得，還須小心上九「鳥焚其巢……喪牛于易，凶」。師卦勞師動眾，一場大戰，並無獲勝把握啊！

他還有「再三瀆」之占，革卦（䷰）初、三、四、五、上爻動，九五值宜變為豐卦（䷶），五爻齊變成剝卦（䷖）。上下易位的革命即便成功，剝蝕掉許多資源，中石化的公司派會不會焦土抗戰、玉石俱焚？

往後熱戰半年，成了當年最紅火的股爭，八月中雙方宣布和解，繼續上下游的供需合作關係，雖然各有說詞，差不多都在占象的預料之中。

五爻變占例

占事遇卦中五爻動，以五爻齊變所成之卦的卦辭卦象為主，若其中一爻值宜變，稍加重考量其爻辭即可。

●二〇一〇年十一月中，我在常州授《易》，有人問中國勞力密集性產業的前景，占得旅卦初、二、三、四、上爻動，五爻齊變成臨卦（䷒）。旅卦失時、失勢、失位，所動五爻無一舒坦，得喪之間，難過得很，至少心裡不痛快。

57. 巽為風（䷸）

巽卦為全易第五十七卦，其前為旅卦，其後為兌卦。〈序卦傳〉稱：「旅而无所容，故受之以巽。巽者，入也。入而後說之，故受之以兌。兌者，說也。」異域流浪，無法見容於當地，長此以往絕對不行，必須設法入境問俗，落地生根。經過長時間的融入後，便能和悅溝通、打成一片。

以學問的深造來說，旅卦還徘徊在外，為門外漢，巽卦則沉潛深入下工夫研究，一旦融會貫通，有所創獲，發表出來就是兌卦。戰國時的縱橫家蘇秦，離開鬼谷師門，出去遊說天下為「旅」；飽受挫折後伏案苦讀，懸樑刺股為「巽」；揣摩深悟之後，再去遊說人主成功，則為「兌」。

巽、兌一體相綜，皆為八純卦。〈雜卦傳〉稱：「兌見，而巽伏也。」「巽」為隱伏深入，似風無形無相；「兌」為明白表述流露，似澤明亮照人。「震」為出為起，「巽」為入為伏，二卦相錯，人生或出或入、跌宕起伏，精采可觀。

豐、旅二卦，中間四爻互成大過卦（䷛），豐功偉業、出外流浪，皆非人生常態，對當事人往往造成難以負荷的壓力。巽卦初至四爻、兌卦三至上爻，亦互成大過卦，雌伏過度、滔滔不絕全無隱匿，也不正常。

巽卦當如何深入，方能如《中庸》所稱「無入而不自得」？首先得挑選一個最佳的打入點，撰擬好全盤的發展計畫，持續不懈地進行，終會有成功豐收、品嚐盛饌的一天。「選」、「撰」、「饌」三字都以「巽」為偏旁，也是「巽入有得」的心法。

〈繫辭下傳〉第七章：「巽，德之制也……巽，稱而隱……巽以行權。」憂患九卦中，巽卦為最終絕頂之卦，是處亂世的最高功夫。巽卦先深入了解問題，由被動漸轉主動，最後取得主導優勢，決定一切，故稱「德之制」。進行過程中，務求思慮周到而形迹隱密，為「稱而隱」。巽卦發號施令，權衡事理作最佳裁斷，「行權」為掌權行事，也是權變無方、慎謀而成之意。〈帛書易傳〉此章有所不同：「渙，德之制也……渙，稱而隱……渙以行權。」巽卦後為兌卦、兌卦後為渙卦，深入有得後，向天下四方傳播，發揮無遠弗屆的影響力，也說得通，而且似乎境界更高。

《易》中改革現狀、破舊立新的卦有三：蠱卦變法圖強，革卦改朝換代，巽卦先滲透發展壯大，掌權後再改弦更張，類似商場上的借殼上市，特別難防。清末戊戌變法為「幹蠱」，辛亥革命、中共革命為「革」，而李登輝對國民黨、陳水扁對台灣則為「巽」。巽卦與震卦相錯，震卦為捍衛所繼承的政權，巽卦則奪其非有，攻守異勢，精采紛呈，習《易》者宜深入比較研究。

䷸

巽卦卦辭：

小亨，利有攸往，利見大人。

巽為長女，以陰柔為上，低調隱伏方能深入有得。「旅小亨」，「巽小亨」，陽大陰小，小才進得去，柔順可致亨通。進去後順勢發展，漸至壯大，利於見到大人，從其處獲取資源，甚至有朝一日取而代之。

〈象〉曰：重巽以申命，剛巽乎中正而志行，柔皆順乎剛，是以小亨，利有攸往，利見大人。

巽卦內外皆巽入，故稱「重巽」，深入再深入，低調再低調，目的是體察天命，努力申張實現於人事。一旦成功居於九五君位，即可大行其志。屆時號令所至，天下無不順從，初六上承九二、六四上承九五，故稱「柔皆順乎剛」。「命」指天命，也指代天行道的君命，三令五申，務期各項施政體貼周到，福國利民。

體察天命，依順行事，方得遂志。人志與天命的辯證關係為習《易》重點，除巽卦外，前面已揭露許多。无妄卦「元亨利貞」，〈彖傳〉稱「天之命也」，初九「无妄之往，得志也」。姤卦九五「有隕自天，志不舍命」；萃卦「利有攸往，順天命」；升卦「南征吉，志行也」；困卦「澤无水，君子以致命遂志」；井卦開發自性，革命成功，九四「改命吉，信志也」；鼎卦除舊佈新，「君子以正位凝命」。

〈象〉曰：隨風，巽。君子以申命行事。

巽為風，風向隨時變化，合乎時宜為尚，不主故常。君子善體此象，申天命以行人事。「申」字有田地中栽種作物，往下深入紮根、往上順勢生長之意，人生行事亦當如是。

占例

●二〇〇一年八月中旬，我問年底立委選舉，李登輝實質的影響力如何？為不變的巽卦。背後吹風，隱匿無形，「巽以行權」，影響不宜低估。

初六：進退，利武人之貞。

〈小象傳〉曰：進退，志疑也；利武人之貞，志治也。

初六為巽入之初，有些進退難決，猶疑不定；這時應該堅定志向，似武人勇決行事，挺進即是。履卦「和而至」，六三「武人為于大君」，不合宜而致凶；巽卦多慮生疑，初六「利武人之貞」，適時勇決而「志治」。

占例

●二〇〇七年十一月上旬，我與學生溫泰鈞、林獻仁餐敘，他們設立新公司擬取佳名，期鴻圖大展。取名「聯展」為不變的蠱卦，顯然不好；「益聯」為巽卦初六爻動，恰值宜變成小畜卦，進退不果，形勢不明；「益群」則為「遇益之坤」，已於前文詳述。三者參決，選了「益群」為名號。

九二：巽在床下，用史巫紛若，吉，无咎。

〈小象傳〉曰：紛若之吉，得中也。

九二已經入門，開始做深入的探討研究，就像低伏到床底下做地毯式搜索一般，把該領域的來龍去脈、方方面面都徹底搞清楚，可大有所獲，吉而無咎。古代君王做決策，須參詢身邊史巫的建議，史官知曉過去的事故，巫官預測未來的發展，集思廣益，多次討論而定案。九二居下卦之中，剛而能柔，裁斷合乎中道。本爻變，為漸卦（䷴），循序漸進，為極佳的工作團隊。

史巫的典故，見《禮記・禮運》：「王前巫而後史，卜、筮、瞽、侑皆在左右。王中，心無為也，以守至正。」決策者多方聽取專家意見，做出最好決定，「紛若之吉，得中也」。

占例

● 一九九七年元月底，我問易占預測十年以內事態變化的準確性如何？為巽卦九二爻動，有漸卦之象。「巽在床下，用史巫紛若，吉」，「得中也」，應該可以深透掌握事態的來龍去脈，精確到位。

● 二〇〇八年間，有位學生占問：地球上有無外星人？為巽卦九二爻動，有漸卦之象。巽入隱伏、無形無相，還不時搞些花樣，甚至為整批團隊分工合作。巽卦之前為旅卦，看來地球上早有外星人滲透潛伏，彼此呼應，配合行事。這有些像前些年的電影《MIB星際戰警》（*Men In Black*），外星人借殼上市，以人的形象混跡人間，許多名人都是外星人！

同樣的問題，另一位學生問：宇宙中有無外星人存在？為震卦（䷲）初、四爻動，有坤卦（䷁）之象。「萬物出乎震」，震為眾生，初九是我們地球人類，腳踏實地；九四「震遂泥，未光也」，則是宇宙高天處的外星生命，但我們不易看見。

● 一九九八年十二月上旬，我教學生《人物志》，占〈七謬第十〉的主旨，為巽卦九二爻動，有漸卦之象。〈七謬篇〉講的是觀察人常犯的錯誤與偏差，「巽在床下，用史巫紛若，吉，无咎」，深入而動態地了解對象，合乎時中之道，即可避免識人不明。

● 二〇一一年元月下旬，我教學生《金剛經》，至佛祖自述「過去五百世作忍辱仙人」，問此為何境？為巽卦九二爻動，有漸卦之象。「巽在床下，用史巫紛若，吉，无咎。」謙卑低調至極，承受各種污辱，頻頻展現神通，而獲吉且無咎。

● 二〇一一年十二月上旬，我曠觀未來，豪氣頓生，一連三占自己十年後的奮鬥成績：台灣為巽卦九二爻動，有漸卦之象；大陸為艮卦上九爻變，成謙卦；世界為謙卦九三爻動，有坤卦之象。「巽」為深入本土紮根，徹底掌握其過去未來的脈動，組成工作團隊，獲吉而無咎，在台的成就可期。艮卦超越重重阻礙，攀登至巔峰，「敦艮吉」，「以厚終也」，大陸發展也令人激奮。「勞謙君子，有終吉」，世界各地的弘道雖辛苦，功不唐捐，順勢推行，可及於廣土眾民。

䷸

九三：頻巽，吝。

〈小象傳〉曰：頻巽之吝，志窮也。

九三過剛不中，不甘雌伏，頻頻出狀況，路子變得很窄，志向難伸。爻變為渙卦（䷺），心力渙散，可能就此垮掉。初六稱「志疑」、「志治」，九三稱「志窮」。「巽」為申張天命，人志須順天命方能成就，依〈彖傳〉所稱：「剛巽乎中正而志行。」顯然到九五才得行其志。

占例

● 一九九四年五月上旬，出版公司股爭即將攤牌，我身處多方夾縫間，難受已極，占得否卦初、二爻動，六二值宜變為訟卦，齊變有履卦之象。「遇否之訟之履」，爭訟必敗，「履虎尾，以和行」，只能忍氣吞聲以保平安。然後追問如何化解？為巽卦九三爻動，有渙卦之象。「頻巽之吝，志窮也。」渙則軍心渙散，人人自危。「遇巽之渙」，形勢已不可為，只有低頭接受安排。

● 二〇一〇年九月上旬，台灣廣告界名人孫大偉中風昏迷住院，我問吉凶，為巽卦九三爻動，有渙卦之象。「頻巽，吝」，「志窮也」，「巽」為風，三多凶，只怕有志難伸，遺恨以歿。爻變渙卦尤其不妙，抵抗病魔的心力渙散，難以持久。巽卦節氣當陰曆八月，剛好又是病發之時，他沒撐到兩個月就過世。

● 一九九七年四月下旬，我問師卦六三爻辭「師或輿尸」的真義，為巽卦九三爻動，有渙卦之象。「巽」為發號施令，「渙」為離心離德，「頻巽，吝」，軍中號令不一，將權不專，必然戰敗致凶。「輿尸」即眾人做主，殆無疑義。

六四：悔亡。田獲三品。

〈小象傳〉曰：田獲三品，有功也。

六四已突破九三的瓶頸，升至執政高位，巽入過程中的悔恨遺憾多已消亡。「重巽以申命」，六四正當深入再深入之時位，人生若如狩獵，此刻已斬獲豐富，各色品類的獵物一應俱全，再上層樓至九五，即可大功告成。六四爻變，為姤卦（䷫），就等時機成熟出手致勝，等於是聽牌了！

古代貴族田獵，獵物一箭穿心稱「上殺」，完整好清理，可供祭祀的犧牲奉獻之用；射中腿的稱「中殺」，稍有瑕疵，用來招待賓客；射得肚破腸流，難以清理稱「下殺」，給自己部屬食用。「田獲三品」，指六四廣結人脈、上下打點，積累了豐厚的政治資源。典故見《禮記・王制篇》：「天子諸侯無事，則歲三田，一為乾豆，二為賓客，三為充君之庖。」

品級檔次的劃分很重要，《易》卦中屢有強調：乾卦〈彖傳〉稱「品物流形」，坤卦〈彖傳〉稱「品物咸亨」，姤卦〈彖傳〉稱「品物咸章」，巽卦六四則稱「田獲三品」。《易》以田獵比喻人生的奮鬥追求，看看能否有所斬獲：乾卦九二「見龍在田」，師卦六五「田有禽」，恒卦九四「田无禽」，解卦九二「田獲三狐」，巽卦六四「田獲三品」。

占例

● 一九九四年六月初，出版公司鬥爭塵埃落定，我決心走自己的路，還定名「洞庭又一春」企劃，占其前景如何？為巽卦六四爻動，有姤卦之象。「悔亡。田獲三品」，「有功也」。「重巽以申命」，深入再深入，必可大有斬獲而成功！

九五：貞吉，悔亡，无不利。无初有終。先庚三日，後庚三日，吉。

〈小象傳〉曰：九五之吉，位正中也。

九五居巽卦君位，也是「申命行事」的最終目標，歷盡辛苦而成大功。既已大權在握，就不必再隱匿低調，按照自己既定的主張推行即是，不會再有人能反對阻擋，悔恨消亡，無所不利。前四爻隱藏得很好，無人識破，而今遂有了發號施令的結果。「庚」即變更，但有嚴密章法，變更前三日計畫周詳，變更後三日觀察反應，還可以再做調整，如此行事，必能獲吉。

九五爻變，為蠱卦（䷑），幹蠱改革成功，真是殊途而同歸。幹蠱雷厲風行，整飭紀綱，巽以行權，隱匿順勢，方法策略不同，及其成功一也。蠱卦「先甲三日，後甲三日」，巽卦九五「先庚三日，後庚三日」，都合乎剝極而復、「七日來復」的自然規律。以「身體易」觀之，人感染風寒患病，不吃藥打針，七天也會自然康復，所以復卦之後的无妄卦九五稱：「无妄之疾，勿藥有喜。」一元復始，萬象更新，「庚」即更，「辛」即新，革卦又稱「已日乃革」，這些天干紀日的寓意要深入體會。

巽卦前為旅卦、後為兌卦，先深入學習別人的東西，融會貫通後，再建立自己的體系，這叫能入又能出，人生求學做事證道，皆應如是。

帛書〈要〉篇有言：「後世之士疑丘者，或以《易》乎？吾求其德而已，吾與史巫同途而殊歸者也。」孔子習《易》，百占而七十中，也經過史巫象數的階段，最後卻唯德是尚，創建了宏闊精深的義理體系，「善《易》者不占」，正是入乎其中，又能出乎其外。巽卦九二「用史巫紛若」，為習數階段；九五「先庚三日，後庚三日，吉」，集大成而為宗師矣！益卦九五「有孚惠心，勿問元吉」；革卦九五「大人虎變，未占有孚」；恒卦九三「不恒其德，或承之羞，貞吝」，皆從正面或反面驗證了這個道理。

占例

● 一九九九年六月上旬，我因長期授課過多，喉嚨發聲艱澀，影響教學品質，問怎麼辦好？為巽卦九五爻動，有蠱卦之象。「先庚三日，後庚三日」，慢慢調整休復，應可獲吉。巽卦之後為兌卦，必可恢復正常，發聲宣道。

● 二〇一〇年九月中旬，我首次赴德授《易》畢，問成效如何？為巽卦九五爻動，有蠱卦之象。「貞吉，悔亡，无不利，无初有終。先庚三日，後庚三日，吉。」「隨風，巽。君子以申命行事」，「剛巽乎中正而志行」，成效相當可觀。巽卦前為旅卦，後為兌卦，我由台赴德宣講易道，正合此象。

䷸ 上九：巽在床下，喪其資斧，貞凶。

〈小象傳〉曰：巽在床下，上窮也；喪其資斧，正乎凶也。

上九為巽入之終，仍如九二「巽在床下」，能入而不能出，可謂不合時宜之至。「隨風，巽」，「中命行事」得隨時變化、與時俱進，揹舊包袱，條條框框丟不掉，只會喪失資源與掌權斷制的能力。這麼拘泥固守，不知變通必凶。本爻變，為井卦（䷯），自陷困境，無法改革創新。

巽卦前為旅卦，旅卦九四「得其資斧」，經過八個爻至巽卦上九，便「喪其資斧」，一得一喪之間，何其快速？人生行事，真得敬慎哪！

占例

● 一九九四年八月下旬，我被迫遁隱已百日，問日後在出版公司的前景？為巽卦上九爻動，有井卦之象。「巽在床下，喪其資斧，貞凶。」已經失位喪權，不可能再發號施令以改革積弊，就從吾所好、另闢新途吧！

● 二〇一六年十一月中旬，川普當選美國總統，我的學生陳輝遠立刻問其未來政績，為巽卦上九爻動，有井卦之象。「巽在床下，喪其資斧，貞凶」，巽卦強調深入本土的建設，正好是川普「讓美國再次偉大」、「美國優先」的民粹激情呼籲，一旦做過頭，必然折損美國的國際影響力。由其就任後的種種表現，看來真是如此。

多爻變占例之探討

以上為巽卦卦、彖、象及六爻的理論及占例說明，往下繼續探討更複雜的多爻變的情形。

二爻變占例

占事遇卦中任意二爻動，若其中一爻值宜變，以該爻辭為主；若皆不值宜變，以本卦卦辭卦象為主，亦可參考二爻齊變所成之卦的卦辭卦象。

● 二〇〇九年五月二十日，馬英九首任週年，我問他的政績如何？為巽卦九二爻動，有漸卦之象。「巽在床下，用史巫紛若，吉，无咎」，「得中也」。算是做的還不錯，循序漸進，調整前任民進黨政府的兩岸政策，開拓台灣生機。再問未來三年的政績預期，為巽卦三、上爻動，上九值宜變為井卦，齊變成坎卦。「遇巽之坎」，可能陷入執政危局，不符民意期待。九三「頻巽，吝」，老出狀況，路子變窄，還有些文過飾非，不明究理；隔三爻的三年後，「巽在床下，喪其資斧，貞凶」，「上窮」而「正乎凶」，真是糟糕。

如果這樣，怎麼改善呢？為復卦初、三爻動，有謙卦之象。「遇復之謙」，力圖回歸正道，發揮核心的創造力，並謙虛自省，行事兼顧各方感受與利益的平衡，才能減少犯錯而有善終。

結果不幸而言中，馬的後三年任期真的頻出狀況。二〇〇九年八八風災處置失宜，劉兆玄下台，吳敦義接手，亦乏耀眼政績。二〇一二年雖勝選連任，又因開放美牛進口、油電雙漲及復徵證所稅諸項政策，大失民心，搞得進退失據，狼狽不堪。重大改革案的推行，焉可如此輕率？輸得不冤！以此來看，馬的創造性不足，也欠缺同理心與虛心受教的修為。

- 一九九一年四月底，我在出版公司苦戰，險關不斷，占問大勢為巽卦三、上爻動，上九值宜變為井卦，齊變為坎卦。「遇巽之坎」，「頻巽，吝」，「喪其資斧，貞凶」，真正辛苦艱險啊！

  一九九二年六月中，老闆在外的負面消息不斷，我問他究竟能否過關？又是「遇巽之坎」。「頻巽，吝」，「喪其資斧，貞凶」，「上窮也」。

- 二〇〇六年六月上旬，親戚的女兒常年居美讀書就業，她媽媽關心她婚事，問三年內可有好姻緣？為「遇巽之坎」，顯然不順遂，姻緣難成，其後果驗。

- 二〇一〇年十二月上旬，維基解密網站連續爆料種種秘聞，我問對世局的衝擊如何？為巽卦二、上爻動，上九值宜變為井卦，齊變有蹇卦之象。「遇巽之蹇」，「巽在床下，用史巫紛若，吉，无咎」，深掘真相，適度爆料很好；「巽在床下，喪其資斧，貞凶」，過度渲染成習，招式用老，就不為世人所接受了！長此以往，蹇困難行。由後續發展看，大致如是。

- 一九九四年十一月底，我問台北市長選舉，新黨趙少康的勝算，為巽卦五、上爻動，上九值宜變為井卦，齊變為升卦。「巽」為發號施令，九五君位動，表示有機會，宜變爻位落在上九，「喪其資斧，貞凶」，可能高票落選。陳水扁則為不變的咸卦，「亨利貞，取女吉」，前文已述。結果扁上趙下，占象應驗。

- 二〇〇〇年九月下旬，老友來找我，他經營基金會失利，被學員控告有官非，我代占其未來前途如何？為巽卦五、上爻動，上九值宜變為井卦，齊變為升卦。九五君位行事招控，淪為上九「喪其資斧，貞凶」，情勢不大妙。往後幾年他為此困頓不已，還差點有刑責上身，算是人生一劫。

●二〇〇八年八月初，原美商 Cisco 公司台灣區總經理孫永祥來晤，我占其未來三至五年的事業運，為巽卦二、五爻動，有艮卦（䷳）之象。巽卦前為旅卦，他受聘台資企業赴昆山任總經理，推行改革績效不錯，「先庚三日，後庚三日，吉」。巽中有艮象，雖突破重重障礙，與老闆間仍有矛盾不易移除，二〇一二年春節後，跳槽另謀發展。

●二〇〇九年十二月中旬，我赴長春授《易》，仍由北京友人安排同行，我問翌年彼此進一步合作的展望，為「遇巽之艮」。我由台灣進大陸講學，為「旅」為「巽」，「用史巫紛若，吉，无咎」，「貞吉，悔亡，无不利」。翌年走南闖北幾回，彼此配合不錯。巽中有艮，一時間要大幅開展也不容易。

●二〇一四年六月底，我問幾月後台北市長改選結果，國民黨候選人連勝文為睽卦四、上爻動，上九值宜變為歸妹卦，齊變有臨卦之象。「睽孤」與民心不合，上九受疑忌嚴重，恐怕難以選上。柯文哲為巽卦二、五爻動，齊變有艮卦之象。「巽在床下」耕耘基層，「用史巫紛若」花招繁多，九五君位動，「先庚三日，後庚三日，吉」，成功取而代之。

●一九九一年十二月中旬，出版公司股爭熾烈，我算市場派大股東與公司的「緣分」，為巽卦三、五爻動，齊變為蒙卦（䷃）。市場派挾資金挹注，為「旅」為「巽」，九三「頻巽、志窮」，屢屢受挫；九五「先庚三日，後庚三日，吉」，侵入成功，借殼上市亦有可能。蒙卦外阻內險，情勢不明。後來幾年驚濤駭浪，大家皆有折騰消耗，公司倒閉，兩敗俱傷。

●二〇〇〇年元月初，我問全年與社會大學的後緣如何？為「遇巽之蒙」。「頻巽，吝」，已經出現配合上的瓶頸，老友創立多年的平台，經營有了問題；「先庚三日，後庚三日，吉」，又得企劃轉進。我們之後還勉強合作三、四年，到他結束營業前才終止。

- 一九九四年七月下旬，出版公司變天兩個多月，我雖心境已轉，旁觀種種措施，還是心氣不平，占問自己年底前的運勢如何？為巽卦二、三爻動，齊變有觀卦（䷓）之象。「遇巽之觀」，只有繼續沉潛低調，觀望形勢所有可能的變動再說。「巽在床下，用史巫紛若」，「得中也」；「頻巽，吝」，遭遇難堪瓶頸，再設法突破或超越吧！

- 二〇一一年十二月上旬，我一位豪門學生赴美返台，身心多有不適，懷疑是參觀教堂時，沾染上了什麼東西，折騰多日，不得解脫。她問是否夙世因果？占得「遇巽之觀」。巽風無形，巽入是有外物附身之意，所以其前為旅卦。觀卦〈彖傳〉稱「以神道設教」，還真和教堂有關，其後為噬嗑卦，須小心。「巽在床下，用史巫紛若」，外物動作很多，擾人安寧；「頻巽之吝，志窮也」，再肆虐也不容易。

  旁邊同學多獻策，提供各種可能的消解方法，占象總不宜，最後她發火了，宣稱什麼都不找，慨然自己承受便是。我聽了心中一動，占問有效否？為不變的乾卦。「元亨利貞」，「君子以自強不息」，自性能量一開，萬邪必消！果然，之後干擾終止。我曾問過佛家咒語的功能，即為不變的乾卦。自己若信受奉行「天行健」之道，實和念咒無異。

- 二〇一二年五月上旬，我收到一封電郵，說是同門，經師兄推薦買了我的書，他也知道《易經》經傳中談了很多人生的場景及經驗，想問我人生究竟的意義何在？《易》中有無明確答案？這種問題若遇到禪宗祖師，必遭棒喝，我還是耐心等了幾天後，簡單回函，請他自去書中參證，俯拾即是。未料他很快又回信，仍執著提問，我電話查證後，請師兄代為溝通，不想再糾纏下去。然後心中有感，占得「遇巽之觀」。對方深入程度不足，在「頻巽，吝」的瓶頸徘徊，再看機緣吧！

● 一九九二年九月中旬，我在出版公司苦心調護，國際部經理提出參加書展後的心得報告，力主開拓大陸市場。我占當時的進出對策，為巽卦初、三爻動，齊變有中孚卦（䷼）之象。巽卦繼旅卦之後，嘗試打進大陸市場，中孚卦寄望建立信譽。然而巽卦初六進退猶疑，九三「頻巽，吝」，不易突破，由「志疑」、「志治」到「志窮」，確實分析精準。

● 二〇一〇年三月下旬，我一位曾在《中國時報》任高幹、後來離職他就的學生，約我餐敘，她想離開辦業界教育訓練的現職，受邀赴另一文化基金會任執行長。我占得「遇巽之中孚」。「志疑」、「志治」到「志窮」，互信難以建立。後來她去了一年多，果然發生問題。若當時暫留現職不動，等待更好機會呢？為困卦（䷮）二、四爻動，有比卦（䷇）之象。「困于酒食」、「困于金車」，確實也是待得難過，但當時所謂新的機會也並不好啊！或許應該再等？

● 一九九四年六月上旬，出版公司鬥爭落定一月，大股東身邊某位術士論斷某人「短凶長吉」，我風聞後占其確然否？為巽卦三、四爻動，有訟卦（䷅）之象。「頻巽，吝」，短凶；「悔亡，田獲三品」，長吉？靠爭訟手段取得利益資源，確有可能。另外，當年十月中旬，我也問一位行銷協理兼董事往後運勢如何？同樣為「遇巽之訟」，他是被人操縱的一顆關鍵棋子，見風轉舵，合乎「隨風，巽」之象，真的也是短空長多，跟著升官發財。世情本如是，不足為怪，問題是長吉多長呢？再往後，其實皆已灰飛煙滅。

●二〇〇五年十二月中旬，我問《大學》一書的宗旨，為巽卦二、四爻動，九二值宜變為漸卦，齊變為遯卦（䷠）。「隨風，巽。君子以申命行事」，合乎《大學》「內聖外王」之旨。二與四同功而異位，「巽在床下，用史巫紛若」；「悔亡，田獲三品」，「有功」；內外兼修後，期能進至九五「中正而志行」之至境。「大學之道，在明明德，在親民，在止於至善。」

●二〇一〇年十一月，我準備寫作此書，初估近百萬字。因兩年後適逢六十生辰，想以此書為自獻禮紀念，問合不合適？為巽卦初、五爻動，齊變有大畜卦之象。「重巽以申命」，由初六「志疑」而「志治」，終至九五「中正而志行」；大畜卦則「多識前言往行，以畜其德」，都是能入能出、長期研習，而自有創獲之意。非常合適，當下敲定。

中國人有「男過進，女過滿」的習慣，可是書作一年難成。於是我又問：過虛歲如何？為屯卦（䷂）初、五、上爻動，上六值宜變為益卦（䷩），貞悔相爭成剝卦（䷖）。「屯」有新生之意，花甲後進入新的週期循環，但資源匱乏，上六「泣血漣如」，尤其不好，不宜之甚！到壬辰秋過實歲如何呢？為大有卦（䷍）二、三、上爻動，上九值宜變為大壯卦（䷡），貞悔相爭成震卦（䷲）。大有「元亨」，震「亨」，還「自天祐之，吉无不利」，當然選擇過實歲！

三爻變占例

占事遇卦中任意三爻動，以本卦為貞，三爻齊變所成之卦為悔，稱貞悔相爭，合參二卦卦辭卦象以斷。若其中一爻值宜變，為主變數，加重考量其爻辭。

●二〇一一年三月初，我問中國大陸全年的經濟情勢如何？為巽卦二、五、上爻動，九五值宜變為蠱卦，貞悔相爭成謙卦。「遇巽之謙」，低調審慎行事，可適時改革調整而獲吉，避免拘泥不變而「喪其資斧」。當年底結算，GDP成長百分之九．二，算是相當不錯。

●二〇一〇年七月上旬，我問男女交合，億萬精子何以獨一入卵受孕結胎？為巽卦二、五、上爻動，九五值宜變為蠱卦，貞悔相爭成謙卦（䷎）。卦序巽卦前為旅卦、其後為兌卦，眾多精子在外游動，企圖深入而至兩情相悅。多數「用史巫紛若」，最後只有君位九五達陣，「貞吉，悔亡，无不利。无初有終」，其他皆「巽在床下，喪其資斧，凶」。「蠱」為皿中有蟲，九五達陣完成受精成孕，「先庚三日，後更三日」，也是「七日來復」，母腹中有胎兒生育之象，真正妙極！

●二〇一〇年十一月二十七日，台灣五都大選開票，我問競選新北市長的蔡英文勝負？為巽卦二、三、上爻動，貞悔相爭成比卦。「巽」為長女，九二「用史巫紛若」不錯，九三「頻巽，吝」、上九「喪其資斧，貞凶」，結果不佳，確實未竟全功而落選。

國民黨的朱立倫為「遇小畜之震」，見前文小畜卦五爻變占例。「震」為長男，「巽」為長女，「震」為保衛延續國民黨的執政，「巽」為攻入企圖取而代之，全合雙方攻防之位。

●二〇一一年元月上旬，我問明朝的功過績效，為「遇巽之比」。明朝逐元而亡於清，剛開始「用史巫紛若」不錯，「頻巽，吝」後，終致「喪其資斧，正乎凶」，漢族發號施令的天祚不永。

●二〇〇三年二月中旬，老友來晤，他創辦社會大學多年，也曾經營得有聲有色，我在台授《易》講經，就從他邀約開始。後來財務失控，還被學員控告吃官司，也積欠我一筆束脩未償，搞得頗為狼狽。我知他要來，先算他的真實處境，為豐卦（䷶）初、二、四爻動，貞悔相爭成升卦

（䷶）。豐卦為「折獄致刑」的司法審判之象，初、四相配相應還不錯，六二遭遇日蝕黑暗，假以時日可能復明。升卦有機會再上來，「遇豐之升」，未來不會太糟。

再問找我且償債的真正企圖，為睽卦上九爻動，有歸妹卦之象。「睽孤」至極，希望能化解前愆，「往遇雨則吉」。那我最佳應對為何？歸妹卦六五爻動，有兌卦之象。「帝乙歸妹，月幾望，吉」，自然不必計較，朋友講習，言歸於好。

當天他償還了大部分債務，且提出新的合作建議。網路教學部分，我直接拒絕，整理過去《易經》課程的影音光碟可行，就成了後來《復見天地之心：決策易》CD全集。該案占象為「遇巽之比」，九二「用史巫紛若，吉」，九三「頻巽，吝」，上九「喪其資斧，貞凶」，銷售先強後弱，最後近乎停滯。確實如此，但庫存品加工，所增成本有限，還是幫了他周轉上的忙。

●二〇〇四年五月底，陳水扁在高度爭議下即位，我問年底前他能安坐大位否？為巽卦三、五、上爻動，九五值宜變為蠱卦，貞悔相爭成師卦。三吝上凶，但九五君位氣勢仍強，「无初有終」，這場藍綠間勞師動眾的抗爭，以拉不下扁而告終。

二〇〇九年元旦，我問己丑年的兩岸關係，為「遇巽之師」。雖有三吝上凶之象，九五君位篤定，「貞吉，悔亡，无不利」，進一步改善了關係。

●二〇一〇年八月中旬，近中元祭祖時節，週四下午、晚上我都有兵法課。下午我問可有「非人」來旁聽？為不變的歸妹卦。「征凶，无攸利」，而歸妹卦「永終知敝」，為兌宮大歸魂卦。晚上問也有嗎？為旅卦九四爻動，有艮卦之象，「旅」為神魂飄盪、無處棲身，「旅于處，得其資斧，我心不快」。然後我再問：這些好兄弟姊妹為何要聽兵法呢？為巽卦三、五、上爻動，九五值宜變為蠱卦，貞悔相爭成師卦（䷆）。巽卦前為旅卦，入室聽講，希望「先庚三日，後庚三日」，以脱胎換骨？蠱卦為巽宮歸魂卦，師卦為坎宮歸魂卦，又剛好為出師作戰之意。這些「非人」真對兵法有興趣？

●二〇〇四年初，我算當年的中美關係，為巽卦二、三、五爻動，九五值宜變為蠱卦，貞悔相爭成剝卦。「隨風，巽。君子以申命行事。」二、五篤定相應，雖一時有九三「頻巽，吝」，終能突破而獲吉。當時為了反恐，兩大國必須合作，抓大放小，邦誼穩定。

●二〇一一年十一月中，我在赴烏來溫泉浴的車程中，推算完未來十年世事的重大變遷，也包括平生志業能否「十年乃字」？得出「遇巽之剝」（䷖）。「重巽以申命」，由二而三而五，終於「剛巽乎中正而志行」，「貞吉，悔亡，无不利」。

●二〇〇九年十月上旬，我針對台灣幾位佛教界宗師，占算其修行境界，後有學生提起另一位中年自立山頭者如何？為巽卦初、三、上爻動，貞悔相爭成節卦（䷻）。顯然還不成境界，「巽」為深入求法，初六「志疑、志治」、九三「志窮」、上九「貞凶」，並無自得。

●一九九九年四月底，繼前一年成功的「易經溯源之旅」之後，社會大學籌劃辦「史記溯源之旅」，仍由我帶隊指導。我占得巽卦三、四、五爻動，六四值宜變為姤卦，貞悔相爭成未濟卦（䷿）。「遇巽之未濟」，由台灣赴大陸，為「旅」為「巽入」，「未濟」卻未能成行，確實如此，該案因招生不足而取消。

●二〇〇九年七月下旬，學會第一波人事紛爭啟動，高幹們大致處理止息。我針對關係人等人格特質占算，其中一位資深女生為巽卦下三爻全動，貞悔相爭成益卦（䷩）。「重巽以申命」，她初入、二奮發努力、三吝而「志窮」，不易貫徹終始。

● 二〇一二年三月中旬，台灣電子大廠 BenQ 與美國司法部的訴訟初審敗訴，還有刑責。李焜耀不服，繼續上訴，我問勝算如何？為巽卦三、四、上爻動，六四值宜變為姤卦，貞悔相爭成困卦（䷮）。九三「頻巽之吝，志窮也」；上九「巽在床下，喪其資斧，貞凶」。「遇巽之困」，幾乎全無勝算。七月中，被迫在民事部分花錢消災，卦象應驗。其實二〇一〇年六月時興訟，即為「遇艮之剝」，李為人剛愎自用，性格決定命運，一點不假。前文艮卦占例已詳述，可參看。

● 二〇一五年四月初，我問大陸推動「一帶一路」開發計畫的前景，為巽卦二、四、上爻動，六四值宜變為姤卦，貞悔相爭成咸卦。巽卦之前為旅卦，藉著深入異域爭取合作開發互利雙贏，九二紮實調研做好基礎建設，六四「田獲三品」，一網打盡而建功，只要當心別過頭，陷入上九「喪其資斧」的窮境即可。姤卦為千載難逢機遇，咸卦則「虛受人」，廣納各國加入，必有極大的感染力。

四爻變占例

占事遇卦中任意四爻動，以四爻齊變所成之卦的卦辭卦象為主，若其中一爻值宜變，稍加重考量其爻辭。

● 二〇〇七年九月下旬，我們在富邦課堂上，又談起二〇一二浩劫的傳聞，我占問屬實否？為巽卦初、二、三、五爻動，四爻齊變成頤卦（䷚）。頤卦為一生態系統，依數位觀象法，可視為剝卦加復卦，任何生態系統，隨時都在剝極而復、新陳代謝，有的物種消滅，有的物種渡過劫難重生。「巽」為風，隱伏無形，不易發現，下卦三爻暗中醞釀，九五轉暗為明爆發，「先庚三日，後庚三日」，徹底改變了世景。這是指何而言呢？用推理消去法，再問是否金融風暴？現代的金融活動以電訊快速進行，錢流根本看不見，確實無形如風。結果為比卦六三爻變，成蹇卦，已於比卦單爻變占例中，詳細説明。

《焦氏易林》「遇巽之頤」的斷詞為：「歲暮花落，陽入陰室；萬物伏藏，利不可得。」詞意明確，翌年九月十五日金融風暴爆發，肆虐全球，提前應驗占象。風暴後，英國受災甚深，據説有次英國女王與一些得過諾貝爾經濟學獎的學者專家晤面，問他們何以沒有一人事先測知預警？大師們個個啞口無言。而我們透過易占，早一年半準確預測到金融風暴。

● 一九九九年二月上旬，我與近二十年不見的朋友韓良露喝下午茶，她曾去英國修習所謂「宇宙占星學」，斷言了我不少未來紀事。我問這門學問有無道理？為巽卦九二爻動，有漸卦之象。「巽在床下，用史巫紛若，吉，无咎」，「得中也」。占星探測天命，「隨風，巽。君子以申命行事」，探討過去未來，有一定道理。

我再問對我未來的預言可信否？為巽卦初、二、三、五爻動，四爻齊變成頤卦。「遇巽之頤」，九五「巽乎中正而志行」，相當可信。

● 一九九九年元月初，我有心呼應毓老師成立奉元書院的想法，問應有的籌劃為何？得出巽卦初、三、五、上爻動，上九值宜變為井卦，四爻齊變成臨卦（䷒）。「遇巽之臨」，長期深入擘劃，以「教思无窮，容保民无疆」。上九「喪其資斧，貞凶」，當時畢竟未成。

再問我投注心力合宜否？為觀卦六二爻動，恰值宜變成渙卦。「闚觀，亦可醜也。」了解太片面，投入亦無所得。

最後問求見老師請益如何？為訟卦（䷅）初、二、上爻動，貞悔相爭成隨卦（䷐）。訟卦三個爻皆不佳，「隨時之義大矣哉」，暫時擱置為宜。

當月下旬，仍去謁師請益兩小時半，之後問老師對我的定位如何？為需卦上六爻動，有小畜卦之象。「有不速之客三人來，敬之終吉。」未來用得著，也得群體配合行事，正是：「無欲速，無見小利；欲速則不達，見小利則大事不成。」

●二〇〇三年八月中旬，我問十月中、下旬再赴安陽，參加易學會議順遂否？因年初算自己全年運勢，為不變的剝卦，正值陰曆九月，擔心有什麼事，結果占出巽卦二、三、五、上爻動，九三值宜變為渙卦，四爻齊變成坤卦（䷁）。由台赴大陸為「旅」為「巽」，二、五爻很好，三、上爻「吝、凶」得小心，坤卦順勢用柔就好。結果雖僅四人同行，收獲仍算不淺，平安無事。

二〇〇九年六月中旬，馬英九首任已滿週年，欲再任黨主席以強化威信，我問看好否？為「遇巽之坤」。「重巽以申命」，二、五爻好，三、上爻須小心，大致六四分。前一月算其政績為巽九二動，未來三年預期，為「遇巽之坎」，以結果論，威信強化有限。

●二〇一一年十二月中，我占問：歸妹六三爻辭「歸妹以須」的「須」為何意？得出巽卦三至上爻全動，上九值宜變為井卦，四爻齊變成解卦（䷧）。「須」同「嬃」，楚人稱長姊為「嬃」。巽卦正是長女，四爻齊變為解卦，是指此為正解嗎？

●二〇一五年七月中旬，我參加華夏始祖文化之旅，到岐山縣拜謁周公廟，問周公其人其業，為巽卦初、三、四、上爻動，四爻齊變成兌卦。巽卦發號施令，兌卦金口玉言，留下好多治理政務、有益世道人心的箴言，《尚書．周書》中收存不少。然而巽卦君位九五爻未動，始終代理輔政而不僭越，最後還政成王而榮退，真是光明磊落大丈夫！

●二〇一六年十一月九日，美國總統大選，我問希拉蕊勝算如何？為巽卦二、三、四、上爻動，上九值宜變為井卦，四爻齊變成萃卦。巽卦發號施令，君位九五沒動，反而上九大動，「巽在床下，喪其資斧，貞凶」，應該肯定落選了！當時算川普則為「遇坤之節」，君位「黃裳元吉」有動，成為廣土眾民的大國元首，已在坤卦三爻變占例中說明。有意思的是，當年初算歐巴馬年運，也是「遇巽之萃」，輸掉了民主黨的執政權。

五爻變占例

占事遇卦中五爻動，以五爻齊變所成之卦的卦辭卦象為主，若其中一爻值宜變，稍加重考量其爻辭。

●二〇〇二年元月下旬，我問宋楚瑜全年的運勢，為巽卦初、三、四、五、上爻動，六四值宜變為姤卦，五爻齊變成歸妹卦。「隨風，巽」，宋雄心猶在，欲「申命行事」；歸妹卦「征凶，无攸利」，躁動難成大業。結果翌年連戰與宋楚瑜合作，正副配競爭一年後的大位。二〇〇四年仍然敗選。

58. 兌為澤（䷹）

兌卦為基本八卦之一，全《易》中排序第五十八，在巽卦之後，渙卦之前。〈序卦傳〉稱：「巽者，入也。入而後說之，故受之以兌。兌者，說也。說而後散之，故受之以渙。渙者，離也。」「巽」為深入以期自得，一旦融會貫通，建立一家之言，便會公開表述宣講，這就是兌卦。宣講之後，產生往四處擴散的影響力，這就是渙卦。渙卦風行水上，造成漣漪或波瀾，離開風力切入水面的圓心，傳播至天下四方。

〈雜卦傳〉稱：「兌見，而巽伏也。」巽卦深入潛伏，不易察覺；兌卦正好相反，公開表露，明顯可見。巽、兌一體相綜，藏於中者多少會洩漏於外。中醫有舌診，「兌」為口舌，由舌苔顯示的種種跡象，可以判斷內部臟腑的情況，那就是「巽」。人內心懷有鬼胎陰謀，外面也會發現某些徵兆，《大學》稱：「人之視己，如見其肺肝然。」兌卦與艮卦相錯，艮卦為止欲修行，「不獲其身，不見其人」。「兌見」為感情自然流露，恰恰與「艮」相反。

䷹

兌卦卦辭：

亨利貞。

「兌」為少女純情，卦辭有「亨利貞」，而無「元」字，與咸、恒、萃等重情之卦相同。感情用事，可能蒙昧理智，進而影響創造力。兌卦又和這些卦不同，沒有任何但書條件，純粹之至。乾卦「元亨利貞」，四德俱全，亦無任何但書。以此觀之，全《易》中僅此二卦，最純而不雜，彌足珍貴。

〈彖〉曰：兌，說也。剛中而柔外，說以利貞，是以順乎天而應乎人。說以先民，民忘其勞；說以犯難，民忘其死。說之大，民勸矣哉！

「兌」為說、為悅、為脫、為銳，都是自然流露、心直口快之象；為口舌、為毀折，又當小心多言賈禍。卦象皆陽剛居中，而柔包其外，易給人有親切感。發言表述若固守正道，可順乎天理，應乎人心，而產生極大的感染力。要動員民眾，須以言語號召說服，一旦喚起衷心的認同，赴湯蹈火，在所不辭。人情貪生畏死、好逸惡勞，兌卦的鼓舞激勵，竟然讓人忘勞忘死，冒險犯難，實在值得注意。受感召的民眾，不僅自己奮不顧身，還會積極勸別人一起投入，宗教上的法喜充滿、傳播福音，或渡化眾生，皆可做如是觀。革卦外兌，〈彖傳〉即稱：「湯武革命，順乎天而應乎人，革之時大矣哉！」《易》中搞群眾運動的卦有豫、萃及兌三卦，萃卦外卦亦為兌，豫卦則熱情激奮。總之，動眾以情，而非以理喻，可以斷定。

〈象〉曰：麗澤，兌。君子以朋友講習。

「兌」為澤，兩澤相附麗，故稱「麗澤」。「兌」為兩口相對，好朋友間互相切磋琢磨，共學適道，情景亦溫馨動人。《論語》開篇：「學而時習之，不亦悅乎？有朋自遠方來，不亦樂乎？」就是「朋友講習」的境界。

占例

●二〇〇一年八月下旬，我以易占透視宋楚瑜其人，為不變的兌卦。宋能說會道，有群眾魅力，但也容易感情用事，對形勢的判斷失準。

●二〇〇二年三月上旬，台灣經濟連續兩年重挫後，陳水扁宣稱要拼經濟，卻又鬧出宗才怡不堪任經濟部長之事。我問他真正的障礙是什麼？為不變的兌卦。扁也是典型的民粹政客，能說會道，甚至尖酸刻薄，選舉能激起熱潮，搞經濟卻外行，往往口惠而實不至。任內八年，讓台灣內耗空轉，付出慘重代價。

●二〇一一年三月初，我因受邀赴基隆海洋大學演講，推算了未來十年的台海形勢。其中中國大陸為不變的兌卦，日本及台灣都是否卦上九爻動，有萃卦之象。兌為澤，坎為海洋，大陸海權發展看好，有可能台海實同內海，控制力大增。日本及台灣態勢不佳，如何「傾否」？美國則為大過卦二、三、上爻動，貞悔相爭成否卦。「遇大過之否」，負荷過度而走下坡，九二「枯楊生稊」，九三「棟橈」，上六「過涉滅頂」，真會如此嗎？假設情勢如此演變，台灣海洋資源開發的最佳戰略，應如何訂定？為不變的謙卦。已見前文分析。

初九：和兌，吉。

〈小象傳〉曰：和兌之吉，行未疑也。

初九居兌之初，欲說服別人讓其高興，首先得心平氣和，創造和平互動的氣氛，以和顏悅色化解敵意，容易獲吉，行為不遭疑忌。本爻變，為困卦（䷮），若做不到「和兌」，必然碰壁受困。

占例

●二〇〇三年十月下旬，我問次年三二〇大選勝負：連宋為兌卦初九爻動，有困卦之象。「和兌，吉」，基層公開支持的力度不錯。陳水扁則為巽卦初至四爻齊動，九二值宜變為漸卦，四爻齊變成无妄卦。扁明的較量不過，檯面下會有些動作，九二「巽在床下，用史巫紛若，吉」，終至六四「悔亡，田獲三品」而成功。其後扁果以三一九槍擊案倖獲連任，巽、兌相綜一體，藍綠各佔一面，反映台灣政局的實情。

九二：孚兌，吉，悔亡。

〈小象傳〉曰：孚兌之吉，信志也。

九二居內卦之中，陽居陰位，剛而能柔，以誠信與人交往，獲吉而悔恨消亡。「信」通

「申」，人能誠信，可申其志。本爻變，為隨卦（䷐），隨和應變，先「和兌」創造氣氛，再「孚兌」說明內容，易為人所接受。

占例

● 一九九九年八月中，我在南部商界學生介紹下，至林口宋楚瑜家，與其見面午餐，宋已決定參選二〇〇〇年的大位，問了一堆問題。其中問到大選可不可能因故延期，例如有人故意挑起兩岸關係緊張等等。占得兌卦九二爻動，有隨卦之象。「孚兌，吉，悔亡」，應該不會。

● 一九九二年六月中，出版公司董事會後，我真除總經理一職，問當急之務何在？為「遇兌之隨」。「孚兌，吉，悔亡」，「信志也」。以誠信待人，消弭禍患，喚起鬥志，全力以赴。

● 二〇一二年七月下旬，我為學生開講《楞嚴經》，此經義理甚深，文辭極美，傳入中土最晚，過去一直有學者懷疑為偽作。我乾脆占算真偽，為兌卦九二爻動，有隨卦之象。「孚兌，吉，悔亡」，「信志也」。隨卦「元亨利貞，无咎」，「隨時之義大矣哉！」釋迦說法，金口玉言，絕對真實不虛，妄加猜疑者可以休矣！

䷹

六三：來兌，凶。

〈小象傳〉曰：來兌之凶，位不當也。

六三不中不正，居內兌開竅口，下乘九二陽剛，為感情用事、極不恰當之時位。易例爻向下為

「來」、向上為「往」，六三取悅於九二，故稱「來兌」。說話討論的過程中急於表態，想趕快敲定，會引起對方警覺設防，反而失敗遭凶。六三爻變，為夬卦（䷪），「不利即戎，利有攸往」，躁進必然失敗。

占例

● 二〇〇四年九月底，當時三一九槍擊案後的朝野爭議不休，大選官司尚未了局。藍營的主打律師問我，選舉無效之訴可有勝算？為兌卦六三爻動，有夬卦之象。「來兌之凶，位不當也」，急著攤牌辯說，以民訟官，多半敗訴。接著又問那應如何？為兌卦九四爻動，恰值宜變，成節卦。「商兌未寧，介疾有喜。」九四上承九五不誠信之君，壓力甚大，必須徐圖商議，找出善策，才能勝訴。此疑案中，陳水扁就是「孚于剝」的九五啊！

䷹

九四：商兌未寧，介疾有喜。

〈小象傳〉曰：九四之喜，有慶也。

九四陽居陰位能忍，為執政高層，行事審慎持重，與六三恰相反。上承九五「寡人有疾」，為免猜嫌不安，須一再商議討論，找出合適的對治方式，才能藥到病除。一旦領導人改過遷善，組織所有成員都蒙受福報。本爻動，恰值宜變成節卦（䷻），說話表態合乎節制，恰到好處而獲喜慶。

占例

●二〇〇二年六月中旬，我當時腰背僵直，右手臂酸麻，頗以為苦。學生介紹到永和一位張先生處治療，他的正骨法很特殊，就是在身上輕輕碰碰，就好像矯正過了。我去了兩次後，占問能解我痼疾否？為兌卦九四爻動，恰值宜變成節卦。「商兌未寧，介疾有喜。」六四又當腰關節之處，上承背脊連動僵直，病症恰如其象，治療似乎也能奏效，但不會太快。我去了幾次，因緣不繼中斷。

九五：孚于剝，有厲。

〈小象傳〉曰：孚于剝，位正當也。

九五中正，居兌卦君位，上六陰柔乘於其上，情慾蒙蔽理智，恰為所謂的「寡人之疾」，好權好色，好名好利，且不循正常管道發露，造成九四重臣傷透腦筋，亦難防治。久而久之，威信嚴重剝損，領導出現重大危機，政局動盪不安。雖然如此，不會輕易垮台，因為「位正當也」。這與履卦九五類似，雖然「夬履，貞厲」，與眾不合，〈小象傳〉亦稱「位正當也」。履卦九五爻變成睽卦，兌卦九五爻變為歸妹卦，典型的感情用事之象。

上六與九五間不正常的關係，在古代封建皇朝中輪迴上演，好戲不斷。九五為君，上六就是君側小人，可為專寵后妃，可為太監閹宦，可為大老或外戚，與君王關係曖昧，常常實際主宰了朝政。現代政商學界的高階領導，每有私情曝光亦然，美國前總統甘迺迪、柯林頓即為顯例，這是怎麼回事呢？

其實領導日理萬機，動見觀瞻，雖掌大權，未必過得舒服，他也是人，有人情的種種欲求，若正常管道不能滿足，就可能尋隱密的方式解決。兌卦其他五爻，爻辭皆言「兌」，唯獨九五不言「兌」。為君者不說、不悅，內心真實的感情，不能自然發露，怎不積鬱成疾？

占例

●二〇〇七年初，反扁的紅衫軍運動已告止歇，我問年底前，陳水扁還可不可能提前下台？為兌卦九五爻動，有歸妹卦之象。「孚于剝，有厲」，「位正當也」。君位的誠信已近乎破產，危險動盪不安，但把他拉下來還是不容易。隨著翌年新的大選日近，大家的注意力也逐漸轉移，扁總算不名譽地熬完了任期。

●二〇一〇年三月中旬，《聯合報》舉辦的《易經》班第三屆快上完，又開始籌劃第四屆招生，我問開得成否？為兌卦九二爻動，有隨卦之象。「孚兌，吉，悔亡。」應該沒有問題。報方又想同時開兵法班，占為兌卦九五爻動，有歸妹卦之象。「孚于剝，有厲。」似乎有問題，歸妹卦「征凶，无攸利」，後來以招生不足打消，兩年後另行開新班則成功。「麗澤，兌。君子以朋友講習」，兌卦就是講經說法，九二「孚兌，吉」，九五「孚于剝，有厲」，「孚」為開班的先決條件。六月下旬，第四屆《易經》課開班，在《聯合報》文化基金會這個道場，也開創了一段機緣。

●二〇一一年十月中旬，我在西藏拉薩大昭寺參觀，見到紅教蓮花生大士法相，問其修境，為兌卦九五爻動，有歸妹卦之象。「孚于剝，有厲」，「位正當也」。「兌」為法喜，也是兩情相悅，歸妹卦「悅以動」，紅教有雙修的法門，「遇兌之歸妹」，相當切合。有些紅教的廟宇前兩側，還擺著木製的男根、女陰的雕塑，正是「一陰一陽之謂道」。

上六：引兌。

〈小象傳〉曰：上六引兌，未光也。

上六為上兌之極，乘於九五君位之上，對他產生致命的吸引力，而這種暗中的關係又不宜曝光，一旦揭露，會造成很多人重大傷害，故稱「引兌，未光」。上六爻變，為履卦（䷉），領導只聽信他的話，他說的才算數，立可付諸實行。

「引兌」才兩個字，引而未發，卻蘊藉無限風流，比六三「來兌」的粗陋，要高明的多了！爻辭不稱吉凶，代表可吉可凶，領導後面有高人，亦可福國利民，後面有壞蛋，必然禍國殃民。

兌卦全部爻辭才二十六個字，還沒有睽卦上九一個爻的爻辭長，可謂精簡之極。「兌」為無言之說、無心之悅，人情互動貴乎相通，不必長篇大論，囉哩囉嗦。縱橫家的遊說、現代行銷的話術，皆可於其中得到莫大啟示。《論語・為政篇》記子夏問孝，子曰「色難」，和顏悅色很難，兌卦初九強調「和兌之吉，行未疑也」。韓非子有〈說難〉名篇傳世，司馬遷大起共鳴，在《史記・老子韓非列傳》中近乎全文轉載，可見說服領導有多困難？上六「引兌」，才是君心所欲，曚曨未光，不易揣摩；九五「孚于剝」，領導猜忌心重，不會輕易相信人。所以九四才須「商兌未寧」，以期「介疾有喜」啊！

兌卦九五和上六的曖昧關係，所謂大人物的私情，影響世務甚大，值得深入注意。兌卦為「原型」，其他只要上卦為兌的七個卦，也有類似情境，大可參閱比較。大過卦上六「過涉滅頂，无咎」、九五「枯楊生華，亦可醜也」；咸卦上六「滕口說」、九五「志末也」；夬卦上六「无號，終有凶」、九五「莧陸夬夬，中未光」；萃卦上六「齎咨涕洟，未安上」、九五「匪孚，志未光」；困卦上六「困于葛藟，未當也」、九五「劓刖，志未得」，都明示上六對九五的深刻影響，折損領導威信。隨卦上六「拘係之，從維之，王用亨于西山」、九五「孚于嘉，吉」；革卦上六「君子豹變」、九五「大人虎變，未占有孚」，顯然例外。威信卓著，全無負面影響，這是何故？隨、革二卦「元亨利貞」，四德俱全，「无故」、「去故」的偉大創造力，徹底突破了人情的魔咒，驚才絕豔，私行不礙公義。

多爻變占例之探討

以上為兌卦卦、彖、象、六爻之理論及占例之說明，往下繼續探討更複雜的多爻變的情形。

二爻變占例

占事遇卦中任意二爻動，若其中一爻值宜變，以該爻辭為主；若皆不值宜變，以本卦卦辭卦象為主，亦可參考二爻齊變所成之卦的卦辭卦象。

● 一九九一年十月下旬，出版公司股爭正面啟動，大股東提案老闆退出現場經營，由我擔綱。我占問老闆的私人債務能否解套？為兌卦四、五爻動，有臨卦（䷒）之象。九五居君位，「孚于剝，有厲」，老闆信用在破產邊緣，但「位正當」，外人欲扳倒不易；九四為重臣之位，「商兌未寧」，就是我們這些高幹惶惑不安、傷透腦筋。臨卦為面對管理，無從逃避，「遇兌之臨」，還真是切合實情。由於茲事體大，經往復商議，最後確認吉凶，為兌卦五、上爻動，齊變有睽卦（䷥）之象。九五「孚于剝」不變，上六「引兌，未光」，睽則離散終不能久，「遇兌之睽」，債務解套相當困難。而今回顧，上六「引兌」，也是九五「孚于剝」的原由，做為九四，難以「介疾有喜」啊！世間梟雄之主成敗興亡，其「未光」隱微之處，得慎之又慎。

- 二〇〇一年十月下旬，台灣立委選舉在即，選後組聯合政府、以改善朝小野大的施政困境的呼聲甚熾，我問民進、國民兩黨合組內閣可能嗎？為「遇兌之臨」。九五為民進黨陳水扁執政，「孚于剝，有厲」，領導威信糟透；九四為朝野兩黨拼湊而成，「商兌未寧」，天天爭議不休。以此君臨天下，推動政務極為困難，應不可行。結果那回選舉民進黨大勝，一躍成為立院最大黨，根本也否決了合組內閣的可能。
- 二〇〇五年五月下旬，《中國時報》原老闆余建新遷新辦公室，頗思振作，下令高幹們尋思恰當的座右銘，請名書法家董陽孜女士書寫，裱褙於背後牆壁。結果諸多提案皆不愜意，他一位高級女助理請我幫忙，我答應一試。先占《中時》營運問題何在？為小畜卦九三爻動，恰值宜變成中孚卦。「輿脫輻，夫妻反目」，「不能正室也」。「密雲不雨」，內部互信不足，爭鬥不息。再問當如何「補壁」？「遇兌之臨」。九五「孚于剝，有厲」，九四「商兌未寧」，領導威信不足，仍是關鍵。既然如此，必須鼓舞士氣，提振互信，遂擬出八字一對：「中行有孚，時乘六龍。」從中孚卦與乾卦的〈彖傳〉切入，並暗扣《中國時報》之名號。余老闆欣然採用，還請董陽孜寫好，置於寶座後壁，可惜並未生效。三年半後，金融風暴爆發，《中國時報》易手，轉由旺旺集團承接經營。

●二〇一一年十月中旬，我們一行六人結伴赴西藏，在青海西寧參觀藏醫博物館。藏醫之祖名為宇陀寧瑪・元丹貢布，享壽一百二十五歲，有重要醫典傳世。我問其修境，為「遇兌之臨」。「兌」為學而時習後的法喜，前接巽卦的深入研究，後為渙卦的散發影響力。四、五爻為領導管理中心，九五「孚于剝」，九四「商兌未寧，介疾有喜」，似乎對治疑難疾病，頗有一套心得。臨卦的影響「教思无窮，容保民无疆」。

●二〇〇三年十二月中旬，我給一群台灣IBM公司高幹上易經課，教占時大家問：二〇〇四大選，兩岸會不會發生戰事？占出兌卦初、四爻動，齊變為坎卦。「兌」為對口談判之象，初九「和兌，吉」，基層民眾希望和談；九四「商兌未寧，介疾有喜」，執政高層設法解決衝突。「遇兌之坎」，雖有風險，應該無礙。結果陳水扁連任，兩岸關係雖糟，仍然理性地避免了戰爭。

●二〇〇三年十一月中旬，我的岳母肝上長水泡，是否該動手術移除？為兌卦初、五爻動，齊變有解卦（䷧）之象。九五「孚于剝，有厲」，初九「和兌，吉」，「遇兌之解」，症狀既見，動手術解除還是比較好，後果如是。

●二〇〇六年八月上旬，我問年底高雄市長選舉，國民黨候選人黃俊英的勝負，為「遇兌之解」。初九「和兌，吉」，基層有一定的支持；九五「孚于剝，有厲」，領導威信不足。結果黃以極微差距落敗，民進黨的陳菊獲勝。

陳菊為「遇家人之明夷」，上九「有孚威如，終吉」，苦戰獲勝，已詳前文。

- 二〇〇九年九月中旬，我們學會與公關公司籌議合辦易學國際會議，討論要不要納入術數組？占得兌卦二、上爻動，九二值宜變為隨卦，齊變則有无妄卦（䷘）之象。兌卦有親和力，上六「引兌」可知，「未光」還具神祕性；九二「孚兌，吉，悔亡」，隨眾有喜。无妄卦則提醒路子得把持正，差之毫釐，謬以千里，切勿搞成怪力亂神、烏煙瘴氣。該計畫後來停辦，自然一切中止。
- 二〇一〇年十一月中，我問下月底開講的《論語》一百小時課程順遂否？為兌卦初、上爻動，齊變有訟卦（䷅）之象。兌卦〈大象傳〉稱「君子以朋友講習」，由初九「和兌，吉」，至上六「引兌」，宣講開示，必能貫徹始終，也正合《論語》首章開宗大義：「學而時習之，不亦悅乎？有朋至遠方來，不亦樂乎？人不知而不慍，不亦君子乎？」一年多後，課程圓滿結束，還多講了《中庸》一書的重要內涵。
- 一九九七年四月下旬，我問：師卦九二爻辭「王三錫命」為何意？得出兌卦二、五爻動，齊變有震卦（䷲）之象。九二「孚兌，吉，悔亡」，「信志也」，似師卦九二領兵大將建立功勳；九五「孚于剝，有厲」，似師卦六五國君猜忌提防，多次下令表示關懷。「遇兌之震」，功高震主，為將者宜以為戒。
- 一九九七年八月中旬，我問《詩經》的價值定位，為「遇兌之震」。「兌」為誠於中、形於外的自然表露之情，九二在野，似〈國風〉，九五在朝，似〈雅〉、〈頌〉，「信志」、「正位」，涵蘊豐富動人。

●二〇一二年四月下旬，我剛寫完一篇論文：〈觀民設教，行地無疆——簡論全球化時代中華易經思想的傳播〉。問德國文豪赫曼・赫塞對中華易道的了解如何？為兌卦初、三爻動，有大過卦之象。「兌」為心中有感，發抒於外，初九「和兌，吉」、六三「來兌，凶」，文學家的理解偏於感性，不夠深刻。「遇兌之大過」，易理艱深，對不諳中文的老外來說，實在負荷過重啊！我同時又算，大心理學家榮格對易理的了解如何？則為井卦（䷯）的三、四、五爻動，九五值宜變為升卦（䷭），貞悔相爭成解卦（䷧）。「井」為深入研發，由三而四至五，井水泉湧而出，得其正解。其實榮格也不通中文，他是閱讀衛理賢的德文譯著，並與之密切交往而臻此境界，文哲的浮泛，畢竟不如理哲的清明。

●二〇一六年十月中，中華奉元學會在台大文學院國際會議廳舉辦首屆夏學國際學術研討會，暨毓老師百歲晉拾誕辰紀念會，議程兩天，論文數十篇，我也做了主題演講的論述：「因貳以濟民行——倚易傳貫通大易與春秋」。次日主題演講則邀請了同門的前閣揆江宜樺，講題為「儒家政治思想何去何從？」會議結束後，我總結成果，為兌卦初、二爻動，齊變有萃卦之象。菁英薈萃，朋友講習，和兌、孚兌，是個好的開始。

三爻變占例

占事遇卦中任意三爻動，以本卦為貞，三爻齊變所成之卦為悔，稱貞悔相爭，合參二卦卦辭卦象為斷。若其中一爻值宜變，為主變數，加重考量其爻辭。

●二〇〇八年六月中旬，我問兩岸文化交流，往後三至十年的展望，為兌卦下三爻全動，貞悔相爭成咸卦（䷞）。兌卦「朋友講習」，「亨利貞」；咸卦「以虛受人」，「亨利貞，取女吉」。「遇兌之咸」，交流順暢歡愉，互得其益。馬英九代表國民黨贏回政權後，兩岸關係確實改善很多，貞我悔彼，兌卦內三爻全動，表示台灣方面可以更積極主動，熱切開展文化領域的交流。

●二〇〇九年元旦，我問當年台灣政局，為兌卦二、三、五爻動，貞悔相爭成豐卦。馬英九上台後，台灣經濟並未振興，加上金融風暴肆虐，更往下掉；他的人事安排，也讓很多人不滿意，這都是兌卦九五「孚于剝，有厲」。九二「孚兌，吉，悔亡」，六三「來兌，凶」，瑕瑜並見，整體來說，頗多爭議。當年八八水災處理失宜，劉兆玄辭職下台，政局確實不平靜。《焦氏易林》「遇兌之豐」的斷詞為：「後時失利，不得所欲。」講得可真切！

●二〇一一年六月上旬，我前月去武漢大學國學院演講，有哲學系研究生李連超請益，談吐見解不俗。後來電郵聯繫，多少有些隔海函授的味道，我占得兌卦初、二、四爻動，貞悔相爭成比卦（䷇）。兌卦「朋友講習」，「和兌」、「孚兌」、「商兌」，比則相親附，互動的因緣不錯。

●二〇〇六年中，我的學生邱雲斌問：易占解卦的原則為何？得出兌卦初、二、四爻動，貞悔相爭成比卦。兌卦前為巽卦，深入研判後清晰解說；比卦「原筮，元永貞，无咎」，也有類比取象之意。兌卦初九「和兌」、九二「孚兌」、九四「商兌未寧，介疾有喜」，心平氣和誠意論占，針對困難處商榷推敲，必可判斷不差。

●二〇一〇年十一月初，我問台灣朝野有關蘇花公路改興建的決策爭議，如何為是？得出「遇兌之比」。兩造之間應以「和兌」、「孚兌」的良好態度溝通，「商兌未寧，介疾有喜」，商議出福國利民的共識。比卦重視互助合作，而不是搞非此即彼、你死我活的政治鬥爭。

●二〇〇二年七月下旬，我因學生介紹，去士林一位翁先生處作正骨治療，問於我痼疾有效否？為兌卦二、四、五爻動，九五值宜變為歸妹卦，貞悔相爭成復卦（䷗）。「遇兌之復」，樂觀來看有復健的機會。九五「孚于剝，有厲」，轉歸妹卦，「征凶，无攸利」，又當脊椎部位，則不太妙。九二「孚兌，吉，悔亡」，九四「商兌未寧，介疾有喜」，嘗試找出病原根治，可能功虧一簣。治療一段時間，未見宏效，遂暫時放棄，醫病關係也得靠緣份。

●二〇一二年元月上旬，台灣大選前五天，我問下週三早就約定的餐聚氣氛如何？為「遇兌之復」。九五「孚于剝，有厲」，馬的威信不足、光環消退是事實，許多人因怕民進黨再執政，而含淚投他票。我再確認馬英九能連任否？為兌卦初、二、五爻動，九五值宜變為歸妹卦，貞悔相爭成豫卦。豫卦「利建侯行師」，「遇兌之豫」，應為熱情勝選之象。蔡英文為屯卦九五爻動，有復卦之象。屯卦為草野奮鬥，資源匱乏，九五居君位，「小貞吉，大貞凶」，「施未光」，恐怕不成，後果如是。

●二〇一〇年七月上旬，我的學生首都客運董事長李博文，欲併購大都會客運公司，占得兌卦初、四、五爻動，九五值宜變為歸妹卦，貞悔相爭成師卦（䷆）。師卦為「容民畜眾」的商戰，兌卦為和議談判，整體來看，應有相當勝算。後來果然併購成功，他的客運事業達到新的巔峰。

●二〇一〇年十一月下旬，我問同人卦六二爻辭「同人于宗，吝」的真意，為「遇兌之師」。九五「孚于剝，有厲」，偏信君側的上六，誠信不通於眾，這和同人卦二、五相應與、不夠開闊博愛相似。「同人于宗」引起九三、九四與九五間的爭鬥，「遇兌之師」亦然。

占事遇卦中任意四爻動，以四爻齊變所成之卦的卦辭卦象為主，若其中一爻值宜變，稍加重考量其爻辭。

●二〇一一年十一月初，我在《聯合報》第五期《易經》班教占，大家問的還是次年一一四的大選，馬英九能連任否？結果合占出兌卦初、二、四、五爻動，四爻齊變為坤卦。兌卦有極大的動員能力，「和兌」、「孚兌」，基層的支持還夠；高層執政不盡讓人滿意，九五「孚于剝」，馬的光環已失，在留校察看邊緣；九四「商兌未寧，介疾有喜」，儘量設法彌補。整體來看，坤卦廣土眾民，順勢用柔，應該可以取勝。

為求確認，中休時我到樓梯間暫憩，以手機再占，為同人卦五、上爻動，九五值宜變為離卦，齊變有豐卦之象。同人「先號咷而後笑，大師克相遇」，離卦為「繼明照于四方」，豐卦也是大權在握之象，連任沒問題。

二〇〇〇年元月下旬，我問三月大選陳水扁的勝算，亦為「遇兌之坤」。結果他也是勝選，造成台灣首次的政黨輪替。

二〇〇八年九月上旬，我占問中華文化的普適性如何？為「遇兌之坤」（䷁）。「兌以利貞，順乎天而應乎人」，「說之大，民勸矣哉！」坤為廣土眾民，厚德載物，普適性不成問題。

●二〇一〇年八月中旬，我問上海作為中國亟欲發展壯大的國際金融中心，往後二十年的運勢？為「遇兌之坤」。「和兌」、「孚兌」、「商兌」，以改善強化九五的「孚于剝」，影響及於廣土眾民。再確認，為坎卦（䷜）二、五爻動，九五值宜變為師卦（䷆），齊變為坤卦（䷁）。坎卦九二「坎有險，求小得」；九五「水流而不盈，行險而不失其信」，「行有尚，往有功」，成功機會相當大。

同時問香港「境外中心」未來二十年的運勢，為旅卦（䷷）初、三、上爻動，貞悔相爭成震卦（䷲）。旅卦正是境外，初六「旅瑣瑣」、九三「焚次、喪僕」、上九「旅人先笑後號咷」，不大妙，比上海差得太多。

● 二〇〇九年五月中旬，我與友人餐敘，一位在外各地演講輔導別人的朋友，私下跟我透露了心事：他的老母親管教過嚴，至不合情理，還常打年逾五十的兒子，他因此而有憂鬱症，不知如何是好。我算他未來五至十年的前景，有無化解的可能？為「遇兌之坤」。貞我悔彼，上兌為老母親、下兌是他自己，以「和兌」、「孚兌」去面對「商兌」、「孚于剝，有厲」，順勢用柔，應該還是可以化解。這並不是要他捱打，古人稱：「小杖則受，大杖則走。」真正孝順並非愚昧啊！蠱卦九二稱：「幹母之蠱，不可貞。」〈小象傳〉解釋：「得中道也。」

● 二〇一二年十一月，我過六十歲生日，回顧既往一甲子的學行生涯，占出巽卦二、五、上爻動，九五值宜變為蠱卦，貞悔相爭成謙卦。深入探索自己天命所在，精窮志業以期不負平生，「先庚三日，後庚三日，吉。」謹記能入得能出，勿陷「喪其資斧」的窮途。謙亨有終，令人欣慰。「周易文化研究會」那時已創辦十二年，我問成績，為兌卦初、二、三、四爻動，四爻齊變成蹇卦。朋友講習，反身修德，倒還存誠務實，循序漸進。道場新掛上「咸臨書院」的牌子，旗幟鮮明講經，為不變的豫卦。雷出地奮，建侯行師，「豫之時義大矣哉！」

六爻變占例

占事遇卦中六爻全動，以全變所成之錯卦的卦辭卦象為主。

●一九九三年三月初，我在出版公司全力經營，各方面皆有起色，唯獨直銷部門始終不穩，二月底的業績低落的可怕，嚴重影響財務調度。我要去參加月初檢討會議前，占問如何重整旗鼓，駕馭這幫業務人員？得出兌卦六爻全變，變成艮卦（䷳）。兌卦是拚命說教，艮卦則沉默不言，由「兌」變「艮」，此時無聲勝有聲，多言無益，不囉嗦，可能更有震懾之效。果然他們都感受到極大壓力，次月的業績就有大幅改善。

59. 風水渙（䷺）

渙卦為《易》序中第五十九卦，前接兌卦、後續為節卦。〈序卦傳〉稱：「兌者，說也。說而後散之，故受之以渙。渙者，離也。物不可以終離，故受之以節。」學習有心得後，開始講經說法，由中心往四處散播理念。傳播久了，邊陲跟中心的發源地可能會產生差異或偏離，需要設計一套儀節制度來規範，這種標準化的作業程序就是「節」。世界幾大宗教皆然，散佈在各地的天主堂、清真寺，廟宇外觀及禮拜儀式都差不多，信眾不必到中心朝聖，亦可依規範入教，超越克服了時空的隔閡，享受信仰的快樂。不僅宗教如此，文化傳播亦然，為了飲水思源，全世界的華人區還過春節、端午與中秋節，這些重要的節日慶典，均保留了民族文化的豐富憶念。又如今日許多跨國公司的經營，如遍佈世界各地的麥當勞、沃爾瑪超市等，都有一套放諸四海皆準的管理制度，說明了渙卦後為節卦的意義。

人情深藏內心為巽，外發為兌，發須求其中節，即為渙與節。《中庸》稱：「喜怒哀樂之未發，謂之中；發而皆中節，謂之和。致中和，天地位焉，萬物育焉。」

〈雜卦傳〉稱：「渙，離也；節，止也。」渙、節相綜一體，離開中心發散四方的，必須有所節制收斂，否則氾濫無歸，不成體系。

䷺

渙卦卦辭：

亨。王假有廟，利涉大川，利貞。

渙發中心理念，為天下共享，能創造亨通。「王」為政教領袖，知行合一，使核心理念傳佈四方，偉大的精神感召信眾，利於度過重大危難，利於固守正確的王道。渙卦卦辭有「亨利貞」，無「元」，與蒙卦卦辭絕似，傳道弘法，正是為了啟蒙教化，開發眾生自我的創造力。家人卦九五「王假有家」、豐卦卦辭「王假之」、萃卦卦辭「王假有廟」，「假」音「格」，為感為至，提出理念，並繼之以行動，為領導者必備的素質。

「萃」為聚，卦辭除「王假有廟」外，還強調「用大牲，吉」，以物力配合精神，可收精英薈聚之效。「渙」為散，卦辭只稱「王假有廟」，不須物力支持，精神即可周流四方。渙卦的負面意義為離心離德，組織分崩離析，這時須重振中心理念，喚起信眾認同，給再多財物，也難挽回人心。「精氣為物，遊魂為變」，生命就是一氣的聚散而已。占人生死，最好別碰到不變的渙卦，多半身殞魂消，精靈入廟啊！

豐、渙二卦相錯，卦性徹底相反，又有旁通之意。豐功偉業、如日中天，往往流於霸道，企圖宰制天下不成，而為失時失勢的旅卦。渙卦則不求宰控，充滿自信，敢於放開身邊人物至遠方，涵蘊有深遠弘大的王道精神，遂能千秋萬世立節，為人崇仰。「渙」有文化傳播之意，「豐」則資源雄厚、國富民強，威望所至，也有助於文化的傳播。方今的美國、古代亞歷山大建立的馬其頓帝國，皆為顯例。

〈彖〉曰：渙，亨。剛來而不窮，柔得位乎外而上同。王假有廟，王乃在中也。利涉大川，乘木有功也。

傳播理念可創造亨通，大眾的信心不足時，當局者須趕緊鞏固加強。〈彖傳〉中點出三個爻的重要性：首先是九二，奔赴下卦坎險之中，以穩定基層；然後是六四，在外卦承應九五，協助宣揚教化；最後引領大眾，觀仰九五中心王道的境界，提升巨大的精神能量。三者兼備後，必可普渡慈航，冒險犯難，而獲成功。渙卦上巽為風為木，行於下卦坎水之上，故稱「乘木有功」。〈彖傳〉稱「有功」者，多半與坎險、艮阻有關，前已多次述及，於渙卦又得明證。

渙卦二、四、五爻齊變，貞悔相爭成晉卦（䷢），宜變爻位落在九五，文化傳播喚醒自性，使人人「自昭明德」，這正是王道的真義。

〈象〉曰：風行水上，渙。先王以享于帝立廟。

渙卦上巽風、下坎水，有「風行水上」之象，代表教化專濟渡眾生的坎坷險難。先王立教，建廟以供奉宇宙的主宰，期離亂的人心有所依歸。《易》卦的〈大象傳〉稱「先王」者，有比、豫、觀、噬嗑、復、无妄、渙等卦，其他六卦皆在上經，唯有渙卦在下經，涵意耐人尋味。豫卦〈大象傳〉稱先王「殷薦之上帝」，益卦六二爻辭稱「王用享于帝」，皆與渙卦〈大象傳〉的意境類似。

觀卦「風行地上」，與渙卦「風行水上」，有何不同呢？兩卦皆有宗教傳播、關懷眾生之義，觀的對象，為下卦坤所象徵的廣土眾民，渙則為下卦坎所代表的眾生陷溺險難，亟待緊急救護，所以初、二、上爻皆有急救之象。佛教的觀世音菩薩，大慈大悲，尋聲救苦，地藏王菩薩「地獄不空，誓不成佛」的宏願，皆為此境。

風水渙有風生水起之象，卦爻結構中，確實蘊藏中國風水學的重要原則。二至五爻互成頤卦（䷚），有山有水，圍成一極佳生養休息之地，至爻時再詳細解明。人的身體內亦有風水，「渙」中有「頤」，表示經常運動，血氣流通，關節不致淤塞，可保身心康健。節卦二至五爻，亦互成頤卦，渙、節相綜一體，還有養生上的涵意。

占例

●二〇〇一年八月中旬，我妻辛苦在高職任校長多年，卻因高層鬥爭，而被迫提前退休，當時有去台北市另一所高職面談，對方邀她任二把手的位置，我問她合不合適赴任？為不變的渙卦。離也，散也，應不合適。若勉強嘗試一學期，看情況再決定去留如何？為豫卦（䷏）六二爻動，有解卦之象。「介石知機」，「上交不諂，下交不瀆」，在私校職場恐不容易，遂作罷。沒太久，那所高職就出了問題，還好閃得早！

●二〇一一年九月中旬，我碰到某件有失信之嫌的事，心中很不痛快，也納悶人心難料，決定親自出馬協商善後，占得謙卦（䷎）三、上爻動，齊變有剝卦（䷖）之象。「勞謙」與世無爭，上六忍無可忍「鳴謙，利用行師，征邑國」。「遇謙之剝」，不反擊不行。不久，對方來函解釋，仍避重就輕有閃躲，我問他說的是真心話嗎？為不變的渙卦。心魂散漫無主，虛言無實。再問他究竟怎麼想的呢？為噬嗑卦（䷔）初、五爻動，有否卦之象。噬嗑卦為生存壓力下的鬥爭，「否之匪人，不利君子貞」，「噬乾肉」卻妄想「得黃金」，哪有這麼便宜的事兒？遂周旋到底，爭回至少該有的權益。世道人心難測啊！

●二〇一一年七月中旬，我在北京授《易》，傳媒誇張報導政要病情，影響換屆人事云云。我問某位地方大諸侯有望脫困否？為不變的渙卦。樹倒猢猻散，大勢已定，無法脫困。

●二〇〇八年四月初，我問台灣過去推行的「十年教育改革」績效如何？為不變的渙卦。推廣傳播的結果，離心離德，民力渙散，負面效應居多。

●二〇〇九年十一月下旬，我問六經中《樂》與《詩》的關係，為不變的渙卦。渙卦之前為兌卦、後為節卦，發乎情的正言配上音樂，播揚天下四方，合乎人心節律，潛移默化民心民行。《樂》與《詩》一體，關係密不可分。

䷺

初六：用拯，馬壯，吉。

〈小象傳〉曰：初六之吉，順也。

初六當人心渙散之初，處基層民眾之位，又在下卦坎險之底，最易陷入惶惑慌亂。這時九二就像匹健壯的馬，緊急奔赴救援，發揮極大功效，初六順承九二，即可解脫危難而獲吉。初六爻動，恰值宜變成中孚卦（䷼），恢復信心，安定承教。

《易》象乾為馬、為心，所謂心猿意馬，壯馬象徵心力堅強，可給初六加油打氣。明夷卦六二上承九三陽剛有實，爻辭亦稱：「用拯，馬壯，吉。」〈小象傳〉解釋：「順以則也。」與此類同。六二爻變，恰值宜變成泰卦（䷊），黑暗受苦中，心境變得開闊，從容應對，天地交泰矣！

占例

●二〇一〇年八月下旬，我赴北大授《易》一日，末堂歡迎學員提問，有位學員在紙條上寫：「台灣同胞何時回歸祖國？」我為此一占，為渙卦初六爻變，成中孚卦。「用拯，馬壯，吉」，「順也」。初六為台灣基層民眾，渙有離散之意，統獨問題不少也是緣於彼此信任不足。大陸希望和平統一，必須於此下深工夫，尤其是台灣南部民眾，所謂鐵桿綠的區塊，若能爻變，建立中孚卦親情般的互愛互信，大業自然水到渠成。中孚卦〈大象傳〉稱：「君子以議獄緩死。」其實，渙卦「風行水上」，水波由圓心往四處擴散，就像兩岸同文同種，因移民及內戰而漸行漸遠，久處邊陲，自然會有回歸與認同的問題。統獨即繫於向心力與離心力的拉鋸角力，如何強化中心的吸引能量，使天下四方近悅遠來，值得仁人志士深思。

●二〇一〇年九月中，我首次受邀赴德授《易》，經營道場的女主人很精幹，我問她往後應注意的事宜為何？為渙卦初六爻動，恰值宜變成中孚卦。弘法的志業有渙散的危機，必須誠心經營以鞏固之，爻辭稱：「用拯，馬壯吉。」警訊明確且急迫，一年多後危機浮現，易占識機察微的功夫，真正不同凡響。

九二：渙奔其机，悔亡。

〈小象傳〉曰：渙奔其机，得願也。

九二當渙散之時，緊急奔赴下界坎險之中，建立一座救難的平台，將禍患悔恨降到最低，貫徹完成普濟眾生的大願。九二下乘初六，平實有底撐，似几台之象，故稱「渙奔其机」。九二爻變，為觀卦（䷓）之象，普觀眾生，何處受苦，何處現身救援，恰似觀世音菩薩，大慈大悲，聞聲救苦、尋聲救苦的偉大精神。

占例

●二〇一〇年中，有學生問耶穌是否有子嗣？占得渙卦九二爻動，有觀卦之象。本占絕妙，須以卦中卦觀象才明晰。渙卦初至五爻，互成蒙卦（䷃），渙卦九二相當於蒙卦九二，「包蒙吉，納婦吉，子克家」，「剛柔接也」。顯然確有子嗣，如此「渙奔其机，得願也」，就有開枝散葉、繁衍不息之義。兩千年下來，應該後嗣相當可觀，小說《達文西密碼》所言並非虛構。

●二〇〇九年十一月中旬，我在台中的《春秋》課考慮暫停，改講佛經，問合適否？為渙卦九二爻動，有觀卦之象。再占確認，為不變的既濟卦。「渙奔其机，悔亡」，「既濟，定也」，「利涉大川」。遂改講佛經。

●二〇一二年六月下旬，我在美國洛杉磯巡迴演講，前場在休斯頓時，有位華僑跟我說美債不會有任何問題，只要沒有擠兑等波動就沒事。其實我也是這麼看，美元的貨幣優勢更讓美國有恃無恐，占問是否如此？為蠱卦（䷑）三、上爻動，上九值宜變為升卦，齊變為師卦（䷆）。蠱卦為積弊，九三「幹父之蠱」，「小有悔，无大咎」，上九幹蠱成功，「終无咎」。至於險象環生的歐債呢？為渙卦九二爻動，有觀卦之象。「渙奔其机，悔亡。」歐盟疲於奔命救市，竭盡所能安定基層，辛苦啊！

●二〇一一年五月初，一名學生的先生約我到君品酒店飲下午茶，想切磋一下中西文化的精髓。我問如何？為渙卦九二爻動，有觀卦之象。「渙」為文化傳播與交流，「渙奔其机」，看看能否建立有效的討論平台？當天談後，回顧效果為困卦（䷮）二、四爻動，有比卦（䷇）之象。「困于酒食」，「困于金車，來徐徐，吝有終」，雖相比互動，一時難深入有得。由小可以窺大，知識界交流研習，往往各說各話，難獲共識。

六三：渙其躬，无悔。

〈小象傳〉曰：渙其躬，志在外也。

六三在九二緊急救援之後，現實的人生苦痛已獲紓解，往後須謀自知自救。人生諸般苦難，源於自私自利之情，種種顛倒夢想，難證究竟涅槃。「渙其躬」，就是化散自我的執著，與「艮其身」以「止諸躬」類似，如此可於九二「悔亡」之後，進一步得獲「无悔」。人能超越自私，便可志在身外眾生，關懷群眾，服務社會。六三爻變，為巽卦（䷸），深入體會天命，積極行事以證道。

咸卦九四「貞吉，悔亡」，九五「咸其脢，无悔」；大壯卦九四「貞吉，悔亡」，六五「喪羊于易，无悔」；未濟卦九四「貞吉，悔亡」，六五「貞吉，无悔」；渙卦九二「渙奔其机，悔亡」，六三「渙其躬，无悔」。「悔亡」為處理問題得宜，「无悔」為徹底解決問題的根由，使其無從發生。

占例

●二〇〇七年十二月下旬，因為將給老學生開講《春秋經》，我問此經的真實價值為何？得出渙卦六三爻動，有巽卦之象。「渙其躬，无悔」，「志在外也」。渙卦實即弘揚王道，化私就公，博施濟眾，六三之義在此。

●一九九一年十一月底，出版公司股爭初起，大股東為了穩定高幹經營層，提出含老闆在內的多人聯貸二千五百萬台幣、給公司周轉的要求。這形同綁票賣身，對我們受薪階層威脅甚大，大家憤憤不平，我占問吉凶，為渙卦六三爻動，有巽卦之象。「渙其躬，无悔」，強迫我們為公司賣命，反而造成離心離德。該案持續兩年後解除，在過渡時期有一定的功能。

六四：渙其群，元吉。渙有丘，匪夷所思。

〈小象傳〉曰：渙其群元吉，光大也。

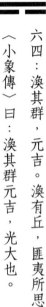

六四繼六三之後，更進一步化解更大的執著，「渙其躬」，再「渙其群」，超越人群團體的利益謀劃，為更多的眾生謀福，如此可獲充滿創造性的「元吉」。坤卦〈彖傳〉稱：「含弘光大，品物咸亨。」渙卦六四發揮大愛，突破族群囿限，足以當之。「丘」為眾，古代的行政區劃，四井為「邑」，四邑成「丘」，孟子曾言：「得乎丘民而為天子。」正是以民為貴的王道思想的弘揚。「渙有丘」，卻連這種境界也能化散超越，其德行智慧的高深，不是平常人所能想像及了解。本爻變，為訟卦（䷅），類此神通的意境，總是引發爭議，若真正做到了大公無私，則可弭平人際、國際乃至人破壞自然的爭端。

艮卦以止欲為尚，卦辭稱：「艮其背，不獲其身；行其庭，不見其人，无咎。」先除我見，再除人見，內外兼修，動靜皆定而獲無咎。《金剛經》明示：「無我相，無人相，無眾生相，無壽者相，無一切諸相，即證如來。」艮卦意旨如是，渙卦不強行壓抑，以妙智慧從根底化散，意境更深邃。「渙其躬」為「無我相」，「渙其群」為「無人相」，「渙有丘」為「無眾生相」，九五「渙王居」則是「無壽者相」，已超越時空的束縛，而得證永恆。

二與四同功而異位，都是為九五的究竟理念服務。九二「渙奔其机」，先解除眾生的現實痛苦，六四逐步化解大家內心的根本執著，有時要適時展現不可思議的神通，以開眾生眼界，悟入大道之門。耶穌行於水上，療癒民眾夙疾；佛經中種種超乎常情的奇蹟，皆如是。神通並非修行的目的，而是宣教的方便法門，賣弄神通或以之招搖撞騙，當下地獄，絕非正道。

九五：渙汗其大號，渙王居，无咎。

〈小象傳〉曰：王居无咎，正位也。

九五中正居渙卦君位，為王道理想的中心，也是修行的極境。「大號」為震聾發聵、有益世道人心的偉大號召，由中心傳揚至天下四方，就像人做劇烈運動，大聲吶喊，汗如雨下，體內積鬱盡消一般，暢快無比。「王居」以宗教來說即神殿，或宇宙主宰所居之處，「渙王居」，表示無定在又無所不在，本尊有無限分身化身，各處隨宜渡化眾生。此即「無壽者相」，超越時空，得證永恆，放諸四海皆準，「百世以俟聖人而不惑」，故稱「无咎」。

九五爻動，恰值宜變成蒙卦（䷃），渙卦初至五爻，又互成蒙卦，渙卦九五正當蒙卦上九「擊蒙」之位，啟蒙眾生，當頭棒喝，而為獅子吼。渙卦九二當蒙卦九二「包蒙」之位，如父母愛顧子女，見其受難，遂全力救援。

孔子創作的《春秋經》為王道思想的寶典，其中有「大居正」的觀念，即與王居正位、教化廣被之意相通。孟子闡發《春秋》大義相當精確，稱許大丈夫為：「居天下之廣居，立天下之正位，行天下之大道。得志與民由之，不得志獨行其道。富貴不能淫，貧賤不能移，威武不能屈。」「居」為固守，天下眾生散居四方，王者無外，以四方民生疾苦為念，哪有痛楚必行王化與之解決。守住天下廣土眾民散居之處，無時地種界之異，「居天下之廣居」，不正是「渙王居」嗎？

以渙卦中的風水而論，九五即北有靠山，三、四、五爻合成艮卦（䷳），九五正居艮山之頂，所謂北玄武；下卦坎為水環繞，九二似案山，所謂南朱雀，南有照明；其他左青龍、右白虎，東西仍有大山餘脈綿延，二至五爻互成頤卦（䷚），圍成一生養自如的靈動空間。若渙卦似廟宇神殿，九五即諸天神佛之像，九二則為香案前的拜墊。

「渙王居」與豐卦上六「豐其屋」的精神意態及做法完全不同，「豐其屋」財大氣粗，迷信有形的硬體建設，強橫霸道，終致失勢覆亡；「渙王居」解脫自在，盛德智慧蘊養深厚，教化流佈以至無窮。二〇〇六年寒假我去埃及遊覽，看到底比斯高大巍峨的神殿，驚嘆其偉大，稍後一想又不盡然，禪宗六祖慧能肉身成聖，不須勞民傷財，本身就是王居神廟，金剛不壞之身啟發人精進修行。「富潤屋」難期永恆，「德潤身」天長地久，萬里長城都可能崩毀傾頹，將廟蓋在人心深處，億萬眾生頂禮不忘，無形的東西永遠無法摧毀。

以政治或企業管理來看，「豐其屋」似中央集權，有號令天下的總部大樓，一旦遭斬首摧毀，則全局覆滅；「渙王居」似地方分權，不需要威重的總部，各地分處自主營運，中央有變仍能維持活力。「豐其屋」似「飛龍在天」過頭的「亢龍有悔」，「渙王居」則有「群龍无首，見天則」的意境。美商ＩＢＭ的組織結構似「豐其屋」，要大象跳舞不容易；沃爾瑪超市則似「渙王居」，散佈在天下四方，依標準程序運作。由豐卦六爻全變成渙卦，「豐其屋」變為「渙王居」，好有一比：「昨日王謝堂前燕，飛入尋常百姓家。」

渙卦初六不言「渙」，待人拯救，本身無教化散播之功；六四、九五雙言「渙」，居高位者負教化重責，必須嚴格要求，不斷精進提升。

占例

●二〇〇四年四月下旬，陳水扁僥倖連任，台局陷入混亂，我問中國大陸對此變局會如何因應？為渙卦九五爻變成蒙卦。「渙汗其大號，渙王居，无咎。」兩岸同文同種，雖暫時隔離，仍屬中華領域，堅持號召江山一統。此占須以卦中卦的理論深察，會了解更全面。

渙卦九五相當於初至五爻所成之蒙卦的上九，「擊蒙，利禦寇，不利為寇。」實在迫不得已，大陸會以武力解決問題。九五又相當於二至五爻所成頤卦的上九，「由頤，厲吉，利涉大川」，大陸為台灣經濟存活的靠山；又相當於二至上爻所成益卦的九五，「有孚惠心，有孚惠我德」，可讓利益給台灣示好；又相當於三至上爻所成漸卦的九三、九五爻，大陸將台灣視為雁行團隊的一員，全球戰略佈局不可分割的要點，絕不允許孤雁離群，突破萬難，也要達成統合的目的。另外，渙卦初至四爻所成的解卦，與渙卦九五無關，換言之，大陸沒有說兩岸一定要和平解決。

●二〇一〇年十月上旬，我問翌年辛卯兔年，自己在進德修業上還能否有重大突破？為蠱卦上九爻動，有升卦之象。「不事王侯，高尚其事」，「志可則也」。幹蠱成功，改除過去積習，再往上升。另問如何強化我在《春秋經》上的功力？為渙卦九五爻動，恰值宜變成蒙卦。「渙汗其大號，渙王居，无咎。」此爻正是《春秋》王道思想的核心，多加揣摩精研，庶幾有成。

●二〇一一年三月二十日清晨，我們所敬愛的毓老師以一百零六歲高齡過世，三月底在殯儀館附近喪棚做七，我偕妻去全程誦經，紙灰飛揚中，我暗問老師英靈今夜蒞臨否？為乾卦（䷀）初、二爻動，齊變有遯卦（䷠）之象。遯卦地位成虛，老師雖然離世，由「潛龍勿用」而「見龍在田」，果然至矣！再問老師可有感應？為渙卦九五爻變，成蒙卦。「渙汗其大號，渙王居，无咎」，無時無刻不在啟蒙教誨我們繼續精進。

●二〇〇六年初，我做一年之計，自己當年往大陸發展的策運，為旅卦九三爻動，結果應了學會執行長徐崇智於八月十四日不幸往生之事，已於旅卦單爻變占例中說明。元旦隔天，於困惑下接著問：如果這樣，怎麼突破呢？為渙卦九五爻變，成蒙卦。「渙汗其大號，渙王居，无咎。」傳道啟蒙，不一定要親自到現場，立於定點，也可以渙發出無遠弗屆的影響力，如出版著作、電訊往來等。

重大凶事似乎有其預兆，二〇〇五年十一月中旬，我們學會已成立四年，我問第五年的展望如何？為巽卦（䷸）三、上爻變，上九值宜變為井卦，齊變有坎卦（䷜）之象。九三「頻巽，吝」，上九「巽在床下，喪其資斧」，「正乎凶也」。「遇巽之坎」，深入發展的過程中出現瓶頸，損失重要資源，何其險陷！

●二〇一〇年四月底，我剛從湖北旅遊返台，收到一位學生的電郵。她說我以前宣稱有生死交關大事，可請老師斷占，她弟弟因血癌作骨髓移植手術，併發胰臟癌，情況危急。她占得渙卦九五爻變，成蒙卦。我回覆占生死遇渙卦很不妙，果然幾天後，其弟即過世。

●二〇一一年八月中旬，我核算大衍筮法多爻變的「宜變爻位」之確定方式，一為高亨天地之數的解法，一為傳統朱熹的說法，想辨別孰優孰劣？結果二者皆為渙卦九五爻變，成蒙卦。「渙汗其大號，渙王居，无咎」，「正位也」。渙、節相綜，文化源遠流傳，「制數度，議德行」，各有規範傳世，看來都有道理及淵源依據，無分軒輊。

䷺ 上九：渙其血，去逖出，无咎。

〈小象傳〉曰：渙其血，遠害也。

上九居化散之極，又在二至五爻所互成的頤卦之外，有化外之民、不堪救藥之象，爻變為坎卦（䷜），害群之馬必須鏟除，否則會危及整體安全。爻辭所稱，類似中醫急救時常用的針刺放血，將體內有毒的瘀血放出，遠離體外，而獲保全無咎。「損以遠害」，減損組織內不需要的成分，反正去除敗血後，還可再造新血。渙卦上巽為「厥陰風木」，人體的肝臟有造血功能。上九為過氣大老之位，若不識時務，新陳代謝，本屬自然。

占例

● 二〇一一年十一月上旬，我問翌年元月十四日大選後，執意參選的宋楚瑜的出路？為渙卦上九爻動，有坎卦之象。「渙其血，去逖出」，「遠害也」。落選後，宋將徹底被逐出台灣政壇，這無法怪任何人，戀棧流連，不識時務，非俊傑也！

同時預測蔡英文選後命運，為恒卦九三爻動，有解卦之象，已於恒卦單爻變占例中說明。當時算馬英九選後，則為夬卦下三爻全動，貞悔相爭成萃卦。「夬」為集思廣益作決策，「萃」為菁英薈萃，大位必是他得，絕無疑問。以上三占全驗，清楚明白。

● 一九九〇年八月下旬，出版公司由台北市區遷徙至近郊新店，當時老闆為了解決財務周轉的問題，向數年前離職的社長兼總編輯借了一筆錢，讓其再度掛名於雜誌上，虛往而實來，互相滿足需求，亦無足怪。我占問公司與這位先我而任職的老同事的後緣如何？為渙卦上九爻動，有坎卦之象。「渙其血，去逖出，无咎」，「遠害也」，沒有後緣了！確實如此，過去的風雲聚會，隨著時移勢轉，俱往矣！

●二〇一〇年七月底，我們周易學會人事紛爭嚴重，我準備大調人事，與預定的新任理事長晤談後，問成效如何？為渙卦上九爻動，有坎卦之象。「渙其血，去逖出，无咎。」如中醫針刺放血般遠害，再補充新血。再問預計的調整腹案如何？為謙卦六二爻動，有升卦之象。「鳴謙貞吉，中心得也。」安排妥當後，績效必能改善提升，事後果驗。

多爻變占例之探討

以上為渙卦卦、象、象及六爻單變的全部理論及占例說明，往下繼續探討更複雜的多爻變的情形。

二爻變占例

占事遇卦中任意二爻動，若其中一爻值宜變，以該爻辭為主，若皆不值宜變，以本卦卦辭卦象為主，亦可參考二爻齊變所成之卦的卦辭卦象。

●二〇〇三年初，我問當年陳水扁跟李登輝的關係，為渙卦五、上爻動，上九值宜變成坎卦，兩爻齊變有師卦之象。九五為居君位的「老大」陳，上九為過氣的「大老」李，兩人關係緊張，隱隱形成師卦的對抗之勢，當然於李比較不利。

●二〇一二年八月上旬，倫敦奧運網球男子單打冠亞軍賽，年逾三十的瑞士名將費德勒，與象徵英國希望的莫瑞對陣。前一個月，兩人才在溫布頓大賽中較量過，費德勒老當益壯獲勝。賽前一日，我問費的勝算，為旅卦六二爻動，有鼎卦之象；莫瑞則為渙卦五、上爻動，上九值宜變為坎卦，兩爻齊變成師卦（䷆）。英國為主辦的地主國，費德勒前往為「旅」，六二「旅即次，懷其資」，僅得安身；莫瑞渙卦君位九五動，「王居、无咎」，「正位也」，應該奪冠，上九「渙其血」，指擊退了網壇大老費天王。費另一占為大過卦（䷛）三、五、上爻動，貞悔相爭成未濟卦（䷿）。「棟橈」、「滅頂」、「枯楊生華，何可久也」，前二日與阿根廷選手鏖戰四小時半，勉強獲勝，已耗盡體力，再難撐持矣！果然費德勒賽日疲態畢露，失誤連連，莫瑞以直落三大勝，如願以償，為英國贏回睽違百年之久的奧運金牌。

●二〇一〇年初，我問當年底台灣五都首長大選，國民黨的勝算為渙卦二、五爻動，有剝卦之象；民進黨則為恒卦二、五爻動，有咸卦之象。渙中有剝，鬥志渙散，「不利有攸往」，原因在少了承上啟下的六四這個環節，必須補強黨中央的能量，三爻齊變，才成晉卦。金溥聰臨危授命，出任國民黨秘書長為正確的安排。民進黨恒中有咸，「亨利貞，取女吉」，恒卦六五又稱「婦人吉」。蔡英文時任黨主席，頻創勝績，立於不敗之地。年底選舉結果，國民黨維持北中三都，民進黨仍據南部二都，算是平分秋色。

●二〇〇六年元月上旬，我在元大京華證券公司開《易經》班，已一段時日，他們當時面臨權證稅積案的法規困擾，問當年內有解否？為渙卦二、五爻動，有剝卦之象。「遇渙之剝」，當年不易有解，主要是少了承上啟下的六四這個環節，亦即中央政府的施政失能，不能三爻變成晉卦。

●二〇一〇年十一月底，我與妻結婚三十週年，赴日本京都慶祝，行前值台灣五都大選畢，我不慎感冒，抵日後病情仍未痊癒，我問可儘快安好否？為渙卦初、五爻動，有損卦（䷨）之象。初六「用拯，馬壯，吉」，九五「渙汗其大號……无咎」，出汗後，症狀應可減輕而痊癒。兩天後氣血復通，安心享受賞楓假期。

●二〇一一年二月上旬，台灣發生將級軍官洩密案，我問對台軍情的影響，為「遇剝之臨」，已於剝卦三爻變占例中說明；續問對兩岸關係的影響如何？為渙卦二、上爻動，上九值宜變為坎卦，齊變有比卦（䷇）之象。渙卦有擴散之意，九二「渙奔其机」、上九「渙其血，遠害」，都是急救措施，迅速排除危機，不致影響兩岸互動交流。

●二〇一一年十二月中，我的老友巫和懋教授由北京返台，到我家一晤，談起世界大事，他們一票經濟學者認為當前的經濟情勢很糟，極可能是一波大衰退的起點。我當下占得渙卦二、上爻動，上九值宜變為坎卦，齊變有比卦（䷇）之象。渙卦為金融風暴後的災情擴散，九二「渙奔其机」、上九「渙其血，遠害」，疲於奔命急救。坎卦有風險，比卦「建萬國，親諸侯」，國際加強合作，以謀解決問題。九二企圖穩定慌亂的基層民心，上九針刺放血，希臘等國萬一不可救藥即切割，讓其退出歐元區，以免拖垮大家。

●二〇一一年十一月中旬，我們學會在宏碁集團的渴望園區辦秋研營，學生劉慶平談到全球貨幣戰爭的問題，我當下占問：貨幣的本質是甚麼？為渙卦二、上爻動，上九值宜變成坎卦，齊變為比卦。「渙」為國際流通，「坎」有流動風險，也會相互套牢，「比」則密切連動、休戚與共。

●二〇〇一年元月下旬，我問辛巳年台灣社會的世景，為渙卦四、上爻動，有困卦（䷮）之象。「遇渙之困」，民進黨執政，兩岸不通、朝野不合、經濟不景，難以脫困。

●二〇一一年初，我問當年與兵法學會的互動關係，為渙卦初、上爻動，有節卦（䷻）之象。「渙者，離也」，初、上爻皆在核心圈外，當年確實相當疏離，和前些年情境大異。

●一九九一年八月中旬，我在出版公司鏖戰，問老闆另一家關係企業的前景，尚堪救藥否？為渙卦初、三爻動，有小畜卦之象。渙卦在分崩離析邊緣，初六迫切待援，六三又忘身往外發展，「密雲不雨」，生存堪虞。

一九九二年二月下旬，老闆引進大陸史豐收速算法，做兒童教學，我問前景如何？為渙卦二、四爻動，齊變有否卦（䷋）之象。「渙」為推廣文教，「否」則天地不通，條件不具備，難成大事。後果如是，績效有限。

●二〇一〇年五月下旬，蕭宏慈來台灣推廣他的「拉筋拍打治百病」，我問「醫行天下」往後十年的發展如何？為渙卦三、上爻動，六三值宜變為巽卦，齊變則有井卦之象。「渙」為推廣文化，在養生上又有氣血流行、化散積鬱之意。六三「渙其躬，志在外」，上九「渙其血，遠害也」，應會遭遇不少阻礙。二十年的發展，為「遇同人之噬嗑」，已見同人卦二爻變占例。三十年後呢？為遯卦上九爻動，有咸卦之象。「肥遯，无不利」，就此急流勇退，消聲匿跡？二〇一一年終，蕭在台灣受挫，禁止入境幾年，已見端倪？

●一九九八年中，我問中醫所稱的「氣」究竟是什麼？為渙卦初、上爻動，齊變有節卦之象。「渙」為氣血流行，化散積鬱，由初至上，周行全身，且有節律度數，渙、節一體相綜，渙中有節之象，形容體中之氣，精妙之極。

● 二〇〇五年的元月中旬，陳水扁三一九槍擊案的官司都已打贏，連戰雖想推動國親合，宋楚瑜的意態卻很曖昧。我問民親合的可能性？為渙卦二、三爻動，六三值宜變為巽卦，齊變有漸卦之象。人心渙散中謀求整合，六三陰柔乘於九二陽剛之上，關係不正，由「悔亡」而至「无悔」，漸漸趨近並非沒有可能。果然，稍後兩黨搞出所謂的「扁宋會」，都想在亂局中取利，卻很快破局，宋的政治生命遭致重挫。

● 二〇一一年十一月底，北京李克先生對我的易學著作有興趣，而我與友人已有長期合作關係，這種情勢怎麼處理為宜？為渙卦四、五爻動，有未濟卦（䷿）之象。「渙」為推廣文化，六四上承九五，可相互配合行事，就算一時未大成也不壞。次年他們二人晤面，建立某種分工合作的關係，竭力推廣優質的文化出版品。

三爻變占例

占事遇卦中任意三爻動，以本卦為貞，三爻齊變所成之卦為悔，稱貞悔相爭，合參二卦卦辭卦象為斷。若三爻中一爻值宜變，加重考量其爻辭。

● 一九九五年十月中旬，我問兩岸問題在十五至二十年內能解決否？為渙卦初、三、四爻動，六四值宜變為訟卦，貞悔相爭成乾卦。渙卦風行水上，波瀾由中心往四處擴散，兩岸同文同種，因移民及內戰而漸行漸遠，時日久了，有離散的可能，呈現離心力與向心力的拉鋸，就是統獨抗爭。為了整合離散的傾向，三陰爻全變，成純陽的乾卦，有江山一統的意涵。渙卦六四為兩岸負責談判的行政高層，討價還價，故有爭訟之象。「渙其群，元吉。渙有丘，匪夷所思」，「光大也」。超越小群體的利益，以全民長期福祉為念，和平共榮應有可能，且拭目以待吧！二〇二五年中國氣運為「遇豐之復」，已見前述。豐、渙相錯旁通，兩占合參，當有所悟。

●二〇〇七年九月中旬，一位女強人學生找我，她的愛犬罹患癌症，獸醫宣布只有兩個月可活。她自己先占得不變的旅卦，也曉得不妙。我再幫她算出渙卦二、五、上爻動，貞悔相爭成坤卦，節氣恰為陰曆十月。生死病痛占到旅卦、渙卦，幾乎確定沒救，變坤又有陽氣喪盡、歸陰入土之意。獸醫也診斷只有兩月可活，撐過陰曆十月很難。最後她再問：如果真的氣數已盡，她的愛犬在彼岸果報如何？我算出為不變的豐卦。「亨。王假之，勿憂，宜日中」，這成狗大王了！地位崇高，如日中天。豐卦〈彖傳〉稱：「天地盈虛，與時消息，而況于人乎？況于鬼神乎？」豐、渙相錯，豐、旅相綜，一連三卦錯綜其數，實非偶然，冥冥中有其氣數。

本案例的後續發展，已於屯卦九五占例中説明，可以對照參看。老狗多延一月壽命，還是往生極樂，我的學生有位上師説，他在打坐時去了另一世界，看到狗已得道，名曰「善犬菩薩」。我聽了哈哈大笑，真佩服他有這討人歡喜的口才啊！

●二〇〇八年六月中旬，我問馬英九上任開放兩岸交流，往後十年內，在社會制度方面的影響，為渙卦上三爻全動，九五值宜變為蒙卦，貞悔相爭成解卦。「渙」為文化交流，「解」為和解，占卦貞我悔彼，渙上卦全動，表示大陸在制度上可能會有進一步的改變，「解之時大矣哉！」

●二〇一二年元月中，馬英九剛贏得大選連任，我的老學生傳簡訊告知，他太太不幸罹患乳癌，心思很亂，請我代占往下治療諸決策。年底前開刀，為頤卦初九爻動，有剝卦之象。「舍爾靈龜，觀我朵頤，凶」，當然不好，過年醫院照顧不周，真不是動手術之時。年後開刀呢？為渙卦二、三、上爻動，貞悔相爭成蹇卦。九二「渙奔其机」、上九「渙其血」，都是急救，六三與上九相應與，無悔、無咎，蹇卦難行卻不太妙。後來決定年後開刀，持續在治療中，五年多來復健良好。

渙卦轉為蹇卦，亦有另一例：二〇一五年七月下旬，我們參加華夏始祖文化之旅，在河北邯鄲參觀趙王城遺址公園，遇突如其來的雷暴雨，十幾人躲到公廁中半小時才脫身，可大遊覽車繞更久進不了邯鄲城，幾處入口淹大水不退，折騰幾個鐘頭才狼狽入城。我占得「遇渙之蹇」，「渙」是發大水，「蹇」則行路難，完全切合實情。

● 一九九八年八月上旬，我因李登輝幾年前介紹，到一位黃師傅處接受「鞍蹻」的復健治療，占問修練這種功法，對我合宜否？為旅卦初六爻變，成離卦。「旅瑣瑣，斯其所取災」，顯然不合適。若本身不練，此法治療有實效否？為渙卦二、四、上爻動，貞悔相爭成萃卦（䷬）。「遇渙之萃」，渙散的體內真氣得以萃聚，應有一定療效。

● 二〇一〇年底，我聽說老學生花鉅資開的新型養生餐廳經營不順利，雖早在意料中，還是問他未來一至三年事業的發展如何？為渙卦二、五、上爻動，貞悔相爭成坤卦（䷁）。渙散有危機，九二、上九急救調節，九五主持整合，若能順勢用柔處置，應該還好。

● 二〇一〇年三月初，我妻娘家聘僱的看護狀況不穩，照顧老人家堪虞。我問加強溝通勸說，仍續聘如何？為「遇渙之坤」。渙散無紀律，一再要求很辛苦。若毅然決然換人呢？為大有卦（䷍）二、三、上爻動，上九值宜變為大壯卦，貞悔相爭成震卦（䷲）。「大有之震」好得多，上九

「自天祐之，吉无不利」，遂決定換新人。

● 二〇一〇年四月初，我給學生開的《金剛經》課告一段落，問以佛理通《易》的成效如何？為「遇渙之坤」。渙卦教化流行，以化散人心執著為要，全合《金剛經》主旨，無我、無人、無眾生、無壽者，離一切諸相，即名諸佛。

● 一九九六年十二月中，我問如何看待人志與天命的關係最佳？為「遇渙之坤」。渙卦上巽風，「君子以申命行事」，象徵無形的天命；下坎水，「行險而不失其信」，象徵人堅定的志向。坤卦為廣土眾民，宜順天命行人志，方易成功。

● 一九九九年五月中旬，我在社會大學開了一班高層決策的《易經》課，我問前景如何？為渙卦初、二、上爻動，貞悔相爭成屯卦（䷂）。「渙」為講經傳道，「屯」則草莽開創，前途多艱。渙卦初六上承九二有關聯，上九「渙其血，去逖出，无咎」，多人難受教化，進不了大易的殿堂。其中幾位日後還多有聯繫，其他則機緣較淺。

四爻變占例

占事遇卦中任意四爻皆動，以四爻齊變所成之卦的卦辭卦象為主，若其中一爻值宜變，稍加重考量其爻辭以判斷吉凶。

● 二〇一二年五月下旬，我問自己後半生與美洲大陸的緣分，為渙卦初、二、五、上爻動，上九值宜變為坎卦，四爻齊變成復卦（䷗）。「渙」為講經弘法，「復」為返本開新，「遇渙之復」，相當正面，渙卦中四個爻動，經歷也很完整，令人期待。六月中下旬，即受邀赴美三大城市巡迴演講，算是好的開始。

- 二〇一一年元月上旬，我問佛教所稱的人生八苦，「五陰熾盛」為何象？當如何離苦得樂？得出「遇渙之復」。「五陰」即「五蘊」，「色受想行識」涵蓋盡心物現象，《心經》說空五蘊，才能渡一切苦厄。「渙」為化散積鬱，「復」見天地之心，「遇渙之復」，正是空五蘊見真心，徹底消解五陰熾盛之大苦。
- 二〇〇〇年四月中，我在寫〈繫辭傳〉的專書，占問上傳第六章的主旨，為渙卦二、三、五、上爻動，上九值宜變為坎卦，四爻齊變成謙卦（䷎）。「夫《易》廣矣大矣！以言乎遠則不禦，以言乎邇則靜而正，以言乎天地之間則備矣！」這正是渙卦擴散無邊之象，亨通而利貞。「易簡之善配至德。」謙亨，君子有終，正是至德。「遇渙之謙」，多好的卦象啊！
- 一九九六年七月下旬，社會大學基金會有意辦暑期「易文化之旅」，請我策劃帶隊云云。我問其定位，為渙卦二、三、四、五爻動，六三值宜變為巽卦，四爻齊變成旅卦（䷷）。「渙」為文化交流，「遇渙之旅」，恰為寓教於樂的文化之旅。當年未成，兩年後辦成二十一人的「易經溯源之旅」，揭開兩岸互動的新頁。
- 二〇一〇年十二月中旬，學生聊藝人八卦，某銀色夫妻其實各行其是，結婚只是掩人耳目云云。占女方泛愛眾，為渙卦二、四、五、上爻動，上九值宜變為坎卦，四爻齊變成豫卦（䷏）。「渙」為化散，處處開花，「豫」為熱情合歡，真正是普渡眾生；男方性向特殊，為小畜卦（䷈）初、二、三、上爻動，齊變成比卦（䷇）。小畜卦「密雲不雨」，比卦與人親比，卻不能生育後代，亦說中其間關竅。

五爻變占例

占事遇卦中任意五爻動，以五爻齊變所成之卦的卦辭卦象為主，若其中一爻值宜變，稍考量其爻辭。

●二〇一〇年五月上旬，我因赴湖北旅遊腰疾發作，在武漢旅館中被迫休憩數日，未能隨學生出遊，返台後各方尋求治療。有位學生介紹我穿日本專利的足墊，我問有效否？為渙卦二至上爻全動，九二值宜變為觀卦，五爻齊變成小過卦（䷽）。渙、節相綜一體，化散積鬱，氣血流行，足墊在初爻處，穿了效力由二爻傳透至上爻，小過卦矯枉過正，以期得中，應該有一定療效，我穿用至今。

60. 水澤節（䷻）

節卦為《易經》第六十卦，剛好為天干地支一甲子循環之數，節令、節氣、時節、節候，到了甚麼時就出現甚麼現象，精確無比，無過與不及。竹子生長到一段高度，即磐桓收束成竹節，而非一衝到底，人生奮鬥亦宜效法，節節上升。《中庸》稱：「喜怒哀樂之未發，謂之中；發而皆中節，謂之和。致中和，天地位焉，萬物育焉。」言行節制、恰到好處為節。

〈序卦傳〉稱：「渙者，離也。物不可以終離，故受之以節。節而信之，故受之以中孚。」節卦之前為渙卦，其後為中孚卦，「渙」為喜怒哀樂已發，必須發而期其中節，人群才能和睦相處，互信互愛。「渙」若為傳播教化，必須建立儀法制度為「節」，然後才能代代相傳，信受奉行，即為「中孚」。

〈雜卦傳〉稱：「渙，離也；節，止也。」艮，止也；大壯則止；節，止也。〈雜卦傳〉有三卦稱止，意義各有不同：大壯卦血氣方剛，易躁動惹禍，必須防範制止；艮卦為止欲修行，意圖徹底遏止與生俱來的情慾衝動。節卦內兌外坎，承認情慾的自然存在，不強制壓抑，只要求恰到好處，發而中節，適可而止。

「節」為信物，古代剖符為節，雙方各執一半，將來若合符節，代表徵信無誤，節卦後為中孚卦，亦含此意。外交官遠派國外，代表國家進行交涉，稱為使節，須不卑不亢，堅守志操，所謂「在漢蘇武節」。節慶、節日、節氣、節操、節儉、節約，「節」在中國文化的傳統中，有特別重要的涵意。

人體直立身軀有六大關節：踝、膝、胯、腰、椎、頸。若生活失節，關節處會藏污納垢，氣血不通，引起發炎疼痛等症狀。節卦下三爻全變，成蹇卦（䷦），風濕寒氣侵足，不良於行；上三爻全變，為睽卦（䷥），身心上下內外不協調；六爻全變，成旅卦（䷷），近似遊魂腳不沾地，身心病變嚴重。節卦六爻不僅象徵人體六大關節，連陰陽動靜，皆符合正常人關節運作的功能。初九陽居陽位，為腳踝，堅實穩重；九二剛而能柔，為膝蓋，硬朗且能旋轉；六三、六四為胯腰鬆柔；九五脊柱中正，為全身運轉中樞的主心骨；上六陰居陰位，為頸關節，能前後俯仰，左顧右盼。以易占測病，看哪爻動，即知何處產生病變或錯位。

䷻

節卦卦辭：

亨。苦節不可貞。

人懂得節制嗜欲、言行中節，必獲亨通。若壓抑情慾過度，禁欲苦行，實非大多數人所能忍受，必難通行，不宜固守。損卦「懲忿窒欲」，卦辭稱「无咎可貞」，適度減損欲望，可行亦當行，過火則不可行「不可貞」。无妄卦九四爻辭稱「可貞无咎」，收攝妄念妄行，可改過無咎。合乎中道，可貞；過猶不及，不可貞。

〈彖〉曰：節亨，剛柔分而剛得中；苦節不可貞，其道窮也。悅以行險，當位以節，中正以通。天地節而四時成。節以制度，不傷財，不害民。

〈彖傳〉以結構面解釋節之所以亨通之道，「剛柔分」的「分」字，似春分、秋分之分，為半的意思。節卦三陰三陽各半，遂稱「剛柔分」，雖然陰陽總量相當，九二、九五分居上下卦的中位，故稱「剛得中」，表示關鍵的位置仍為陽剛有實者居之，大局不致失控。「苦節不可貞」，即顯示在上六爻辭，「苦節貞凶，其道窮也」，禁欲苦行斷難通行。節卦內兌悅、外坎險，以悅樂精神行於險境，九五君位中正當位，「甘節吉，往有尚」，可行之久遠。天地間的自然現象也有節律，春夏秋冬四季交替，即為明證。人間的領導者效法自然，訂立制度，須以不勞民傷財為基本考量。

不少卦的〈彖傳〉稱道四時變化。豫卦稱：「天地以順動，故日月不過而四時不忒。」觀卦稱：「觀天之神道，而四時不忒。」恒卦稱：「四時變化而能久成。」革卦稱：「天地革而四時成。」節卦稱：「天地節而四時成。」四時變化也是大衍之數的占法根據，革卦「治曆明時」，節卦有其氣數，豫卦預測未來，觀卦觀察形勢，恒卦顯示恆常不變的自然法則。

〈象〉曰：澤上有水，節。君子以制數度，議德行。

節卦下兌為澤、上坎為水，為澤中蓄水之象。困卦澤無水，得開發井水以紓困；節卦澤有水，仍得節約使用。一般水庫都立有水位標尺，以數字刻度顯示儲水量，太少則設法補充，太多則須宣洩以調節之。人間社會訂立制度亦然，須有數字量化的管理，以供客觀檢測；還得考量適用對象的德行，而有因時因地制宜的調整彈性，主客觀結合，以期至善。孟子說：「徒善不足以為政，徒法不足以自行。」節卦的精神是活節，而非死節，是時節，而非一成不變的規章約束。

簡單來說，制度是人訂的，如果不合時宜就得修正，而不是要大家死守而痛苦不堪，其目的是帶給大多數人方便和快樂，所以九五「甘節吉」，而上六「苦節凶」。當今世界通行的許多規範，多由歐美已開發國家制訂，未必完全適用其他開發中及未開發地區，一律採行並不公道。西方議會式民主制度有其優點，直接套用於中國大陸，多半行不通，很多事宜尚須從長計議。

以《易經》的理氣象數來說，象數變化，為「制數度」，義理修行，則為「議德行」。「有是德方應是占」，《易》為君子謀，不為小人謀。

占例

● 二〇一〇年初，我占問當年國際金融情勢，為不變的節卦。二〇〇八年為「遇困之渙」，二〇〇九年為「遇蒙之渙」，皆見前述。困為澤無水，蒙為外阻內險，不知所從，渙為擴散至全球，影響嚴重。渙卦之後為節卦，表示金融風暴已受到一定程度的節制，「澤中有水」，量入為出，不敢揮霍。

● 二〇一一年六月中，我問先天八卦方位有道理否？為不變的節卦。〈大象傳〉稱「制數度，議德行」；節排序第六十，又合天干地支、甲子循環之義。先天方位絕對有道理。

● 二〇〇九年十月底，我問吃素吃葷的問題，菩薩可以吃葷嗎？為不變的節卦。「節。亨。苦節不可貞。」並非絕對不行，適度節制、因時制宜即可。

二〇一〇年十月下旬，我問菩薩的境界為何？又是不變的節卦。「悅以行險，當位以節」，前為渙卦的傳法行道，後接中孚卦的普濟眾生。

● 二〇〇九年七月中旬，我問《春秋》傳中「大居正」的真諦，為不變的節卦。渙、節相綜一體，渙卦「風行水上」，弘揚王道；節卦「制數度，議德行」，當位以節，中正以通，正合《春秋》居正之義。渙卦九五〈小象傳〉稱：「王居无咎，正位也。」節卦九五〈小象傳〉稱：「甘節之吉，居位中也。」兩卦君位相對照，其理自明。

● 一九九七年十二月下旬，我問華夏思想如何定位司法與政治的關係？為不變的節卦。節以制度，不傷財，不害民，「制數度，議德行」。政治不可踰越規範干涉司法，一切尊重體制，賁卦〈大象傳〉已明其理：「君子以明庶政，無敢折獄。」旅卦〈大象傳〉亦稱：「君子以明慎用刑，而不留獄。」旅卦的錯卦為節卦，觸類旁通，任何人不得濫用權力，必得接受制衡。

● 二〇一〇年八月中旬，前行政院長唐飛赴大連訪問時，染患肺浸潤返台急救，我問吉凶，為不變的節卦。節卦下兌為肺金，上坎為積水浸潤，顯示症狀。「節。亨。苦節不可貞」，病情應可有效控制，果然無恙。

● 一九九六年元月，我的學生邱雲斌友人之父罹患癌症，問病情發展，得出不變的節卦。氣數已滿，四月時往生。渙、節一體相綜，占生死疾患，一般都不太妙。

䷻

初九：不出戶庭，无咎。

〈小象傳〉曰：不出戶庭，知通塞也。

初九居節之初，處地下「潛龍勿用」之位，當然不宜妄動。以前大戶人家面臨大路設門，穿過中間庭院至內室為戶，「不出戶庭」，隱遁在家不出門，可獲無咎。人生行事，須看時機環境是通暢，還是阻塞。初九前有九二擋道，當然是塞，閉門不出合乎時宜。初九爻變，為坎卦（䷜），下澤洩底，蓄水流光，風險無限。

〈繫辭上傳〉第八章：「不出戶庭，无咎。子曰：亂之所生也，則言語以為階。君不密則失臣，臣不密則失身，幾事不密則害成，是以君子慎密而不出也。」節卦下卦兌為口舌，初九守口如瓶，才不致洩密惹禍。政治上嚴守機密特別重要，生死攸關，多嘴多舌必遭覆敗，歷史多有明證。

占例

●二〇一一年七月下旬，距離台灣大選還有半年，我問蔡英文二〇一二年之後的境遇，為節卦初九爻動，有坎卦之象。已見於損卦三爻占例，可參照。「遇節之坎」，「不出戶庭」，競逐大位肯定失利。

●二〇〇九年十一月初，我赴北京，參加軍科院辦的《孫子兵法》會議，北京友人與我談起與蔣勳合作，出版《蔣勳說紅樓夢》的錄音文字版的計畫，我幫他占出節卦初九爻動，有坎卦之象。「不出戶庭，无咎」，「知通塞也」。為何阻滯不通呢？再確認，為夬卦（䷪）初、二、四爻動，貞悔相爭成蹇卦（䷦）。夬卦初九「往不勝為咎」，九二「惕號，暮夜有戎」，九四「其行次且」，全變成蹇卦，都有難行之象。後來聽友人說，卦象真的應驗，蔣勳身體不適，進度耽誤了大半年，多方蹉跎，才回到正軌。

●二〇〇九年十一月底，我回顧既往三十年的社會歷練，乍離工程界開書店那三年，算第一階段，為節卦初九爻動，有坎卦之象。「不出戶庭，无咎」，「知通塞也」。坐擁書城，沉潛讀書，不與外界往來。

●二〇一一年二月上旬春節期間，我問當年與歐洲的機緣，為節卦初九爻動，有坎卦之象。「不出戶庭，无咎」，「知通塞也」，竟然阻滯難行。再確認，為漸卦（䷴）三、五爻動，有剝卦（䷖）之象。漸卦九三「夫征不復，婦孕不育，凶」，九五「婦三歲不孕，終莫之勝，吉」。如果一定要再去，也有諸多不順須超越，剝卦「不利有攸往」，似乎在暗示著甚麼。結果當年九月成行，占象應驗，人算不如天算。

●二〇一〇年四月上旬，我們學會的人事紛爭不斷，我占測其中一位關鍵學生的習性，究竟可不可用？為節卦初九爻動，有坎卦之象。「不出戶庭，无咎」，「亂之所生也，則言語以為階……幾事不密則害成，是以君子慎密而不出也。」真的不能用，得把這個庫底的坑堵上，免得氾濫成災。

䷻

九二：不出門庭，凶。

〈小象傳〉曰：不出門庭凶，失時極也。

九二前臨六三、六四皆陰爻，出路已然暢通，這時該出門行動了！如果還龜縮不出，時機稍縱即逝，必然遭凶。本爻變，為屯卦（䷂），動乎險中大亨貞，該動不動，反受其災。

占例

● 二〇〇八年三二二台灣大選前夕，我和工商建研會的一批學生下午上完課，在天香樓餐敘。依據藍綠雙方內部的民調，馬英九都是大勝，其中一位女生卻一直認為謝長廷會逆轉勝，我只得用餐桌上牙籤做最後核算。謝為節卦九二爻動，有屯卦之象。「不出門庭凶，失時極也。」應該輸定，不會有任何意外。次日結果揭曉，謝慘敗。謝參選時，不良於行，「不出門庭」，有其不得已的苦衷，少了沿街的拜票，僅靠文宣難以奏功。

● 二〇〇五年二月初，我在台北徐州路市長官邸的《易經》課教占，大家合問：兩年內兩岸會三通嗎？為節卦九二爻動，有屯卦之象。「不出門庭凶，失時極也。」顯然不會，台灣礙於意識型態的包袱，坐失時機啊！

● 一九九九年三月中旬，我問《韓非子．說難篇》的主旨，為節卦九二爻動，有屯卦之象。節卦下卦兌悅、上卦坎險，「說以行險」，平民遊說君主，風險甚高，得恰到好處，才能取得信任，以行其志。節卦之前為渙卦的傳播理念，其後為讓人信服的中孚卦，九二欲說服居君位的九五，就得掌握時機進言，「不出門庭」，當然凶。

● 二〇〇二年十月上旬，我們學會籌劃在春秋兩季的研習營辦「易與經營管理」的專題討論，我問該注意甚麼？為節卦九二爻動，有屯卦之象。「不出門庭凶，失時極也。」經營管理不尚空談，實務經驗很重要，千萬注意知行合一的印證。

䷻

六三：不節若，則嗟若，无咎。

〈小象傳〉曰：不節之嗟，又誰咎也？

六三不中不正，為下兌的開竅口，或言語不慎、或情慾失節，必招他人厭惡或反擊，因而嗟嘆不已。咎由自取，還能怪誰？本爻變，為需卦（䷄），健行遇險，宜耐心等候，躁進必凶。

占例

● 一九九四年九月中，我在出版公司已形同不管事，當時有人告我們侵犯圖片著作權，要求鉅款賠償。我淡然以對，將公文轉由老闆去傷腦筋，但還是一占吉凶，為節卦六三爻動，有需卦之象。「不節若，則嗟若」，「又誰咎也？」

䷻

六四：安節，亨。

〈小象傳〉曰：安節之亨，承上道也。

六四陰居陰位，上承九五之君，安於接受節制，循規蹈矩而獲亨通。本爻變，為兌卦（䷹），真心悅從，毫不勉強。

占例

●二○○七年十二月下旬，我問《穀梁傳》的價值定位，為節卦六四爻動，有兑卦之象。「安節之亨，承上道也。」「兑」為說法講經，謹守規範為「節」，《穀梁傳》價值在此。

●二○○一年六月下旬，我問到那時為止，我所占近三千卦中，依據的卦爻變理論合適否？為節卦六四爻動，有兑卦之象。「安節之亨，承上道也。」兑卦〈彖傳〉稱「順乎天而應乎人」，節卦為「制數度，議德行」，所依理論非常可靠。

九五：甘節，吉，往有尚。

〈小象傳〉曰：甘節之吉，居位中也。

九五中正居君位，心甘情願遵守制度，境界較六四「安節」高，不是被動承受，而是創造性的主動投入。《論語・雍也篇》記子曰：「知之者不如好之者，好之者不如樂之者。」安於節制，最多只是好之者，甘於節制，則是樂在其中、完全不以為苦了！孔子自述晚年修境為「從心所欲不踰矩」，即為「甘節，吉」，隨時合乎中道。人能修到「甘節，吉」，往前奮鬥必有希望。

臨卦六三「甘臨，无攸利」；節卦九五「甘節，吉，往有尚」，有何不同？甘與甜不同，甜只是舌尖領受的快感，甘則滲入心脾，滋味深厚得多。甘通常還帶些苦味，所謂苦盡甘來，人生飽歷憂患、通達世事，才能圓融無礙。「甘臨」太年輕，不識愁滋味，未賦新詞強說愁，故而「无攸利」。「甘節」居老成領導之位，人生甘苦遍嚐，爻動恰值宜變成臨卦（䷒），以此君臨天下，孰曰不宜？臨卦有自由開放之義，節卦則節制有規範，「甘節」「遇節之臨」，既守紀律，又有創意，確有高深境界。

「遇節之臨」，為歷史名占：三國時關羽大意失荊州，敗走麥城，吳國易學名家虞翻占其前景，即得節卦九五爻動，鐵口直斷，不出三日，必死斷頭，結果應驗。「節」為氣數已滿，「臨」為自由自在。關羽若活著，也只是個敗軍之將，永遠不可能輔佐劉備統一天下；他死了，反而成了民俗傳統中的大神，世世代代受香火供奉。人生究竟的吉凶禍福，可真還難說得很呢！一般來說，占生死遇渙、節二卦，都不太妙，不管爻辭怎麼說，都有往生之象。

占例

● 二〇〇五年三月上旬，我一位女學生罹癌多年，終告不治。她姊姊打電話給我，說她已住入內湖三總醫院的安寧病房，我偕妻開車去探視，途中占問，得節卦九五爻變，成臨卦。「甘節，吉，往有尚。」氣數已滿，時辰已至，擺脫病魔多年糾纏，安心往生去矣！一天多後，她告別人間。

二〇一一年八月十四日時值中元，我的學生徐崇智往生五週年，我依例問他如今安否？為節卦九五爻變，成臨卦。「甘節，吉，往有尚。」終於安定下來，不再游移罣礙，前四年之占都是遺憾不甘哪！

● 二〇一〇年十一月下旬，我問GDP（國內生產毛額，Gross Domestic Product）的計算標準精密否？為節卦九五爻變，成臨卦。「甘節，吉，往有尚」，君位代表一個國家的實力，「制數度，議德行」，不傷財，不害民，GDP的計算標準有其合理性。

●二〇一〇年六月初，我在某民間療法處接受復健，主持的李師傅說，下週要用大板痛擊兩腿肚，以舒活氣血。聽來恐怖，我占有效否？為節卦九五爻變，成臨卦。「甘節，吉，往有尚。」九五為脊柱關節，腿肚為九二位置，擊打後活通全身血脈，苦盡甘來，體氣為之一暢。

上六：苦節，貞凶，悔亡。

〈小象傳〉曰：苦節貞凶，其道窮也。

上六節制過度，苦不堪言，固執此道必凶，少數人願意這麼做以求悔亡，大多數人一定行不通。本爻變，為中孚卦（䷼），個人信仰可以，不能要求大家也跟著做。

綜觀節卦六爻，分成天地人三組：以所處地位論，初九「不出戶庭，无咎」，九二「不出門庭，凶」；以人事論，六三「不節」則「嗟」，六四「安節，亨」；以天命論，九五「甘節，吉」，上六「苦節貞凶」。

占例

●二〇一〇年五月上旬，我因趕高鐵車班，雨中路滑摔了一跤，麻煩的是前不多時，我去武漢傷到腰椎，還在復健中未痊癒。當時受困在旅館中，行動愈漸不便，遂問怎麼辦好？為節卦上六爻動，有中孚卦之象。「苦節貞凶，其道窮也。」上六正當頸關節處，與六三胯關節相應，受到衝擊而不適，令人擔心叫苦。次日還是小心翼翼上完課，學生幫我針刺放血，總算沒出大問題。

● 一九九八年六月上旬，我想寫「大易兵法」的論文，問如何構思佈局？為節卦上六爻動，有中孚卦之象。「苦節貞凶，其道窮也」，太專業會造成溝通障礙。中孚卦「信及豚魚」，得更深入淺出些，才易收效。

● 一九九七年五月中旬，毓老師屢提要組奉元學會之事，我去拜晤老師聽其訓勉，返家後構思腹案大綱，不知妥適否？占得節卦上六爻動，有中孚卦之象。「苦節貞凶，其道窮也」，行不通。

多爻變占例之探討

以上為節卦卦、彖、象六爻理論及占例之全部闡析，往下繼續探討多爻變的更複雜的情況。

二爻變占例

占事遇卦中任意二爻動，若其中一爻值宜變，為主變數，以該爻辭為主；若皆不值宜變，以本卦卦辭卦象為主，亦可參考二爻齊變所成之卦的卦辭卦象來論斷。

● 一九九一年十月下旬，出版公司股爭開始，大股東希望老闆退居第二線，由我出來擔綱經營。茲事體大，我諮詢各方面後游移未定，老闆反而勸我在某些條件下不妨一試。我占得節卦初、五爻動，有師卦（䷆）之象。初九「不出戶庭，无咎」，九五「甘節，吉，往有尚」，師卦「容民畜眾」，為大家的工作生存一戰。遂決定出山一試，開始了兩年半難忘的經歷。

● 二〇一〇年十月上旬，我問周公與《易》的關係，為節卦初、五爻動，有師卦之象。節卦接渙卦傳道之後，在中孚卦確立價值系統之前，「制數度，議德行」。九五「當位以節，中正以通」，影響應該很大。師卦「容民畜眾」，〈象傳〉稱：「能以眾正，可以王矣！」

二〇〇八年九月中旬，我問孔子與《易》的關係，居然也占出「遇節之師」。周公、孔子對易學的弘揚及規範化上，都有偉大的貢獻。

●二〇一〇年元月中旬，我們學會原欲與公關公司合辦國際易學會議，結果官方審定下來，贊助預算大幅縮水，實在捉襟見肘。我問還要不要辦？為「遇節之師」。節約預算，又勞師動眾。初九「不出戶庭，无咎」，「知通塞也」；九五「甘節，吉」，另有想法才甘願這麼幹，我們似乎沒有必要這樣。幾月後，學會內部人事起紛爭，遂順勢放棄。

●二〇一二年六月中，我赴美巡迴演講，先提前到首站紐約遊覽。至九一一事件遺址處時，問當日死難者而今安頓否？為「遇節之師」。師卦為當日近乎戰爭般的慘烈場面，亦為坎宮歸魂卦。節卦氣數已滿，初九「不出戶庭，无咎」，當時若閉門不出則沒事；九五「甘節，吉，往有尚」，而今也已釋懷，各自往生？

遺址處新建大廈已快完工，我問其前景如何？為小畜卦（䷈）三、五爻動，齊變有損卦（䷨）之象。九三「輿脫輻，夫妻反目」，紀念當年的痛苦事件；九五「有孚攣如」，表現眾生一體的愛心。小畜卦「風行天上，君子以懿文德」，動盪鬱悶的國際形勢中，仍倡導和平共存的理念。

●二〇一〇年三月中旬，我問西方三聖的法相：阿彌陀佛為不變的晉卦，大勢至菩薩為訟卦九五爻動，有未濟卦之象，皆已詳述於前。觀世音菩薩為「遇節之師」。「悅以行險，當位以節，中正以通」，「甘節，吉，往有尚」，慈悲濟眾；初九為澤底眾生，師卦〈大象傳〉稱：「君子以容民畜眾。」節卦之前為渙卦、其後為中孚卦，處處聞聲救苦，愛顧眾生，濟渡彼岸。

●二〇一〇年六月下旬，我與台積電張忠謀夫人晤面，她問張何時可退休？我占得節卦二、五爻動，有復卦之象。「節」為滿氣數，時候若至應退隱林泉。九二「不出門庭凶，失時極也」，九五「甘節，吉，往有尚」，領導人喜歡做，甘願受，恐怕退不下來，要像王永慶一樣鞠躬盡瘁了！

●二〇一〇年二月上旬，我的老父親身體不適送醫急診，我們趕去醫院探視，我問吉凶，為「遇節之復」；再確認，為頤卦（䷚）上九爻變，成復卦。九二為立即出門送急救，九五「甘節吉，往有尚」，「復」為恢復健康。「由頤，厲吉，利涉大川」，養生診治得宜，也為復健之象。應該絕沒問題，果然康復。

●一九九四年十一月起，我決定徹底擺脫多年出版界的職場生涯，另走講經弘道的路子，定名為「華夏又一春」，每月一占檢驗成效，仿《春秋》筆法從「元年春王正月」起算。一九九五年二月，即為「元年夏王四月」，月初我占該月策運，為節卦初、上爻動，有渙卦（䷺）之象。「不出戶庭，无咎」，「知通塞也」；「苦節，貞凶，悔亡」，「其道窮也」。節始節終，離心離德，說透了我當時在出版公司韜晦沉潛的情境。

●一九九七年七月上旬，我問佛學思想的定位，為節卦初、三爻動，六三值宜變為需卦，齊變則有井卦（䷯）之象。人的嗜欲與生俱來，不適度節制，則險莫大焉，初九「不出戶庭，无咎」，六三「不節若，則嗟若」，垂示明確。「井」為開發自性，以求革新脫胎換骨。「遇節之井」，為諸佛救世之心。

●二〇一一年七月下旬，我又得赴北京授《易》，妻子開車送我至桃園機場，我在後座玩手機，電郵中有封Google的贈獎函，我循著指示一關關過，突生警覺，可能是詐騙集團的把戲，懸崖勒馬。後占此案本質，為節卦初、三爻動，六三值宜變為需卦，齊變有井卦之象。初九「不出戶庭」則「无咎」，六三「不節若，則嗟若」，小事上亦可見出人生貪欲無盡，容易被詐騙上當。

●一九九七年間，台灣空難頻傳，搭機成為畏途。我一位老學生占問他這輩子會不會遭遇空難？為節卦初、二爻動，有比卦（䷇）之象。問的貪心而籠統，答的簡潔又巧妙！初九說不該出戶時，若出則遇險，九二說該出門時，龜縮不出則貽誤時機。「遇節之比」，與外界的聯絡互動，中節就好，這當然永遠不會錯！人與《易經》鬥智，永遠贏不了。

●二〇一六年五月底，我講《春秋繁露・重政篇》，談到正命、隨命、遭命的觀念，學生興趣盎然，紛紛藉易占測己命運。簡單來說，正命即先天所承受的天命，隨命為隨人後天所作所為而生的報應變化，遭命為無辜受大環境天災人禍波及，行善反得惡報之類。

我問正命，為節卦初、二爻動，有比卦之象。人生有其氣數節度，可以比擬般配。隨命為不變的豫卦，人的熱情行動帶來可預料的結果，豫之時義大矣哉！遭命為井卦九二爻動，有蹇卦之象。受環境限制，世道多艱，難以發揮。

隨後，免不了將自己對號入座。我的正命為豫卦九四爻動，「由豫，大有得，勿疑朋盍簪，志大行也。」隨命為漸卦九五爻變成艮卦，「鴻漸于陵，終莫之勝吉，得所願也。」遭命為井卦三、上爻動，九三值宜變為坎卦，齊變有渙卦之象。「井渫不食，求王明，並受其福」，終至「井收勿幕，有孚元吉，大成也」，反覆參詳，看了大爽！

占事遇卦中任意三爻動，以本卦為貞，三爻齊變所成之卦為悔，稱貞悔相爭，合參兩卦卦辭卦象以斷。若三爻中某一爻值宜變，為主變數，加重考量其爻辭。

● 二〇〇八年六月中旬，我問往後十年兩岸軍事互信的發展，為節卦初、五、上爻動，九五值宜變為臨卦，貞悔相爭成蒙卦。「節以制度，不傷財，不害民」，兩岸和解交流，不宜興戎，但軍事機密不可能分享，初九「不出戶庭，无咎」，「機事不密則害成」，雙方只能「慎密而不出」。九五「甘節，吉，往有尚」，兩岸領導人持續推動，前景看好，寧甘勿苦為共識。二〇一六年民進黨勝選後執政，情勢急轉直下，但至少已維持八年的時間。

● 二〇〇三年十二月下旬，我問馬英九二〇〇四年的氣運如何？為節卦初、三、四爻動，初九值宜變為坎卦，貞悔相爭成大過卦。「不出戶庭，无咎」，「知通塞也」，連宋當道時，絕非出頭天；六三「不節若，則嗟若」，六四「安節」，「承上道」方亨。變坎卦、變大過卦，警告明確。事實上，當年群眾抗扁，馬的執法拘泥，就讓很多泛藍群眾不滿。

● 二〇〇九年元月中，我給學生上老莊道家思想的課，占問二十一世紀習莊子智慧的意義與價值為何？為節卦二、三、五爻動，九五值宜變為臨卦，貞悔相爭成明夷卦（䷣）。「甘節，吉，往有尚」，臨卦灑脫自在，明夷卦韜光養晦，為莊學教人處亂世之智，占象頗切。

● 二〇一〇年元月中旬，我問未來佛彌勒的意義，為節卦初、二、五爻動，貞悔相爭成坤卦（䷁）。初九不出，九二出，動靜合乎時宜；九五「甘節，吉，往有尚」，永遠笑呵呵看世界，「教思无窮，容保民无疆」。坤卦「含弘光大，品物咸亨」。

● 二〇〇九年十一月上旬，全球經濟不振，我問在台灣二十五至四十歲的年輕人，未來十年如何應變？為「遇節之坤」。順勢用柔，節儉度日。初九不當出即不出，九二當出則出，九五保持心胸開闊，奮發向上。

● 一九九四年五月初，出版公司爆發大戰，子公司的一位副總來找我談，所謂為老闆請命云云，且說他占老闆夏末秋初有復起機會。我問確否？又應如何應對？為節卦初、三、五爻動，九五值宜變為臨卦，貞悔相爭成升卦（䷭）。「遇節之臨之升」，還真有可能東山再起呢！節卦時令在陰曆七月，正當夏末秋初。半月後，一切成真。

● 二〇一〇年六月底，一位經營知名連鎖書店的學生誦讀《金剛經》有異感，簡訊問我何以故？我占得節卦初、三、五爻動，九五值宜變為臨卦，貞悔相爭成升卦。「甘節，吉，往有尚」，精神上揚，「教思无窮，容保民无疆」。

61. 風澤中孚（䷼）

中孚卦在卦序中居第六十一，前為節卦，後接小過卦。〈序卦傳〉稱：「節而信之，故受之以中孚。有其信者必行之，故受之以小過。」教化傳播天下四方，建立典章制度後，一代一代往下傳承，即為中孚卦的核心價值與信仰。年輕一代接受教化，仍得在自己的人生歷程中實證體驗，不斷於嘗試錯誤中改善修正，即為小過卦。理想與現實間必有差距，信受之後，必須繼之以奉行，才可能修成正果。

〈雜卦傳〉稱：「小過，過也；中孚，信也。」中孚卦六爻全變為小過卦（䷽），彼此是相錯的關係，下經卦序自中孚卦起，最後四卦變為相錯的瞬間鉅變，和上經最後四卦類似。這表示時運已至末代，隨時都有天翻地覆的變化，必須小心應付。

「孚」為母鳥孵卵，中孚卦（䷼）形即為鳥卵之象，三、四爻柔弱居中，似蛋清，上下四陽爻包裹其外，似蛋殼，親代保護子代無微不至。小過卦（䷽）形似幼雛習飛，三、四爻陽剛居中，為鳥的身軀，上下四陰爻伸張其外，為翅膀，小鳥跌跌撞撞，終得靠自己學會飛翔。由中孚卦至小過卦，鳥卵孵育成熟，幼雛破殼而出，稚嫩的生命開始面對嚴酷環境的挑戰。〈雜卦傳〉將小過卦置於中孚卦之前，蛋生雞，雞亦可生蛋。以自然發生的次序來看，還是先有蛋才有雞，因為蛋的結構較雜簡單，生命演化一定是由簡單而複雜，不會是倒過來。

中孚卦天地人三才之位為純陰或純陽，小過卦亦然。中孚卦有大離（☲）之象，文明社會起於親情，宜講信修睦；小過卦有大坎（☵）之象，生命學習成長之路坎坷驚險，需謹小慎微，以保平安。坎卦稱「習坎」，小過卦似坎，鳥數飛為「習」，日日靠自己勤修苦練。中孚卦為學，子女受父母師長呵護指導，思考如何解決問題。

䷼

中孚卦卦辭：

豚魚吉。利涉大川，利貞。

「豚魚」為古代士庶人祭祀的供品，王侯貴族可殺牛用大牲，如萃卦卦辭所言，低階公務員拜拜不能僭越，只能用比較便宜的小豬、小魚。「中孚」為信仰之誠，不分品類，合宜祭祀，皆可蒙受福報而獲吉，利於渡過重大險難，利於固守誠信的正道。

《禮記・王制》：「庶人春薦韭，夏薦麥，秋薦黍，冬薦稻。韭以卵，麥以魚，黍以豚，稻以雁。」這是卦辭稱「豚魚」的真義，信仰通於最基層，濟渡一切眾生過險難。

〈象〉曰：中孚，柔在內而剛得中，說而巽，孚乃化邦也。豚魚吉，信及豚魚也。利涉大川，乘木舟虛也。中孚以利貞，乃應乎天也。

中孚卦形二柔在內、四陽包覆其外，九五、九二分居上下卦之中，下卦悅從於上卦巽風的訓導，教化普及於整個邦國。豚魚象徵士庶人的基層民眾，智慧不高，都能受到偉大信仰的福祐與感召，正是精誠所至，金石為開，人人改過遷善。渡大河需舟船，中孚卦形中虛外實，恰似中空的木船，可載人到彼岸。中孚為人修誠信正道，以符應天地自然之道。

渙卦風行水上，〈彖傳〉稱「乘木有功」；中孚風行澤上，〈彖傳〉稱「乘木舟虛」。由渙卦至中孚卦，顯然流散四方後，在各處建立安靜肅穆的道場，親切地教授中心理念，培育無數信眾。佛教常辦法會，超渡水陸各界眾生，「豚魚」正是水陸底層的代表，慈悲不可有分別心，「信及豚魚」，才能「利涉大川」。

舊註有將「豚魚」解釋成一物，即江豚、海豚之類，說什麼節氣一至即躍出水面，不失其信云云。這絕對錯了！海豚為哺乳類智慧生物，和小豬、小魚的頑蠢喻意恰相反，「信及豚魚」講不通。

〈象〉曰：澤上有風，中孚。君子以議獄緩死。

中孚卦下卦兌澤、上卦巽風，故稱「澤上有風」。誠信素著的人一旦犯錯服刑，可以考量其心性行為，而予緩議。商界信貸往來，萬一周轉不靈跳票，也可重新檢討補償條件，今世歐債的問題，即為顯例。另外，中孚卦也是艮宮的遊魂卦，信仰堅定者面臨生死大限，似有緩死延壽的可能。

《易》卦〈大象傳〉論及法政的頗多，思慮皆很精到：噬嗑卦「明罰敕法」、賁卦「明庶政无敢折獄」、豐卦「折獄致刑」、旅卦「明慎用刑而不留獄」、解卦「赦過宥罪」、訟卦「作事謀始」、中孚卦「議獄緩死」等等。中孚卦之前為節卦，「制數度，議德行」，與「議獄緩死」的考量一脈相承，密切相關。

占例

● 一九九七年十一月底，我問陰爻陽爻的符號是否「象男女之形」而來？得出不變的中孚卦。中孚為親子和合，誠信不虛，顯然陰陽爻的取象，正從男根女陰而來，近取諸身，生生之謂易。

● 二〇一一年元月中旬，我問當年人民幣的價位，為不變的中孚卦。信用卓著，為貨幣價值的保證，美元出狀況後，人民幣長期一定看好。

初九：虞吉，有它不燕。

〈小象傳〉曰：初九虞吉，志未變也。

初九為中孚卦立信之初，首重徵信，徵信通過之後，才好展開信用往來。《中庸》即稱：「無徵不信，不信民弗從。」初九為基層民眾之位，贏得他們信任非常重要。一旦互信確立，即依往來條件行事，不可再三心二意，不然就享受不到信任的安樂。「虞」字在全《易》經傳中出現三次：屯卦六三「即鹿无虞，惟入于林中」；萃卦〈大象傳〉稱「除戎器，戒不虞」；中孚卦初九「虞吉，有它不燕」。徵信等於一道資格鑑定的門檻，邁過之後就是自己人，家人卦初九稱「閑有家，志未變也」，與中孚卦初九相同。中孚卦初九爻變，為渙卦（䷺），若不審慎徵信調查，信心渙散，不可能交易往來。

占例

●二〇一〇年七月中旬，我籌劃學會理監事改組，問自己也重任理事如何？為中孚卦初九爻動，有渙卦之象。「虞吉，有它不燕」，「志未變也」。既有過去二年人事紛爭的前車之鑑，我還是應該入會參議，穩住陣腳，以免軍心渙散為是。組織核心必須徵信，設立門檻，好好把關。

●二〇〇四年二月中旬，我的連襟王醫師在社區開診所甚久，頗得病患信任，有劉泰英的親信來找他合作，他因為想移民，遂也動心，我占為中孚卦初九爻動，有渙卦之象。「虞吉，有它不燕。」後來他們不歡而散，確實是志不同，道不合，人生共事切勿勉強。

九二：鳴鶴在陰，其子和之；我有好爵，吾與爾靡之。

〈小象傳〉曰：其子和之，中心願也。

九二為下卦兌澤之中，又當三、四、五爻所成艮山之下，故有山下澤中的在陰之象，鶴常棲息於生態保育的溼地，母鶴子鶴相依安樂。本爻爻辭為詩歌體，意境甚美。不稱「鶴鳴」而稱「鳴鶴」，由於母鶴在陰地鳴叫，子鶴隨聲呼應，人們先聽到鳴聲悅耳，才發現是鶴唳，繼而看到親子之情溫馨動人的畫面。「爵」是古代給人斟酒的酒壺，我有一壺美酒，希望跟好朋友共同分享。九二爻變，為益卦（䷩），互信互益，身心愉悅。

《論語・公治長篇》記師生言志：「子路曰：『願車馬衣輕裘，與朋友共，敝之而無憾……』子曰：『老者安之，朋友信之，少者懷之。』」人際講信修睦，情懷理念的共鳴與分享，與中孚卦九二意境相當，令人心嚮往之。

〈繫辭上傳〉第八章：「『鳴鶴在陰，其子和之；我有好爵，吾與爾靡之。』子曰：『君子居其室，出其言善，則千里之外應之，況其邇者乎？居其室，出其言不善，則千里之外違之，況其邇者乎？言出乎身，加乎民，行發乎邇，見乎遠。言行，君子之樞機，樞機之發，榮辱之主也。言行，君子之所以動天地也！可不慎乎？』」「樞」是戶樞，「機」為弩箭發射的機簧，一旦轉動擊發，就不能回頭，影響重大，人的一言一行亦然，興邦喪邦，必須慎之又慎。〈繫辭傳〉此章共引了孔子論《易》的七個爻，中孚卦九二居首，主要在闡明前面引言之理：「言天下之至賾而不可惡也，言天下之至動而不可亂也，擬之而後言，議之而後動，擬議以成其變化。」設想周全再說，充分計議再行動，才能爭取他人認同，隨機應變而無差錯。節卦「制數度，議德行」，中孚卦「議獄緩死」，充分發揮擬議的精神。

中孚卦初九、九二爻描述鶴群生態，觀察細膩入微。初九「虞吉」，其實是母鶴做安全檢察的清場動作；「有它」的「它」，指的是草澤中隱伏的蛇，若不叼出驅離，子鶴會有危險。驅除之後，親子之間才可安樂相處。初九排他成功，九二才能「吾與爾靡之」，這是《易經》中的你我他。頤、大過兩卦旁通相錯。頤卦初九：「舍爾靈龜，觀我朶頤，凶。」大過卦九四：「棟隆吉，有它吝。」一般來說，你我之間的關係要搞得好，確實難容第三者，損卦六三已清楚說明：「三人行，則損一人；一人行，則得其友。」〈小象傳〉稱：「一人行，三則疑也。」

占例

●二〇〇二年七月下旬，我腰背僵直、右臂酸麻的痼疾一直調理不好，按著太極導引中「攀足長筋」的功法，一門修練幾日，感覺不錯，遂問有效否？為中孚卦九二爻動，有益卦之象。九二正當膝關節處，多與溫潤調護，定於身心有益，「利有攸往，利涉大川」。

●二〇〇三年七月下旬，我一位好友直腸癌二度開刀，我問他病情往後吉凶？為睽卦九四爻變，成損卦。「睽孤，遇元夫，交孚，厲无咎。」再追問「元夫」指何而言？如何調護求遇？為中孚卦九二爻動，有益卦之象。以親情信念調養，損極轉益，「懲忿窒欲」，進而「長裕不設」，寬心靜養，應對病體有益。這位朋友罹癌十多年，迄今依然健在。

●二〇一二年五月中旬，我在富邦上佛經課，講起有學生說我有金剛護法之事，當下占問課堂中就有嗎？為中孚卦九二爻動，有益卦之象。「鳴鶴在陰，其子和之」，「君子居其室，出其言善，則千里之外應之，況其邇者乎？……言行，君子之所以動天地也！可不慎乎？」傳播信念，利益眾生，中孚又為艮宮遊魂之卦，還真是舉頭三尺有神明，洋洋乎如在其上、如在其左右啊！

六三：得敵，或鼓或罷，或泣或歌。

〈小象傳〉曰：或鼓或罷，位不當也。

六三不中不正，居下卦兌感情的開竅口，和上九相應與，受上九華而不實的高調所惑，一再受騙，卻難以擺脫，情緒劇烈起伏。上九可說就是六三的剋星和天敵，六三受騙後，心有不甘想報復，鳴鼓而攻之，卻又不能堅持而作罷，一會兒傷心欲泣，一會兒高興唱歌。本爻變，為小畜卦（䷈），以小事大，密雲不雨，內心鬱悶不開。

占例

● 二〇〇四年十一月中旬，藍營提告的陳水扁當選無效之訴已敗訴，選舉無效之訴將結辯，主打律師有些沮喪，不想親自上陣。我占得中孚卦六三爻動，有小畜之象。「得敵，或鼓或罷，或泣或歌，位不當也」。官司抗辯，遇到中孚卦上九極度失信之人，以小博大，「密雲不雨」，不免心情浮動而生反覆，可以理解。我還是勸她上場結辯，最後雖然敗訴，也算有始有終。

六四：月幾望，馬匹亡，无咎。

〈小象傳〉曰：馬匹亡，絕類上也。

六四上承九五之君，下和初九相應與，雖負民望，小心低調事主，故稱「月幾望」，月借日光，不敢盈滿與太陽爭輝。為了消除君上之忌，還刻意斷絕與初九基層的關係，往上迎合九五而獲無咎。陰陽合為類，乾陽為馬，初九本為與六四匹配得宜的馬匹，遭六四絕棄，故稱「馬匹亡」。

六四爻變，為履卦（䷉），說到做到，意志堅定，和六三的優柔寡斷正好相反。

占例

● 二〇〇四年五月底，台灣社會陷於三一九槍擊案的疑雲中，爭議及對抗不休，後來決定司法驗票，我問綠營的策運如何？為中孚卦六四爻動，有履卦之象。「馬匹亡，絕類上也」，顯示執政高層一心媚主，悍然不顧基層民意質疑。

● 一九九五年五月下旬，李登輝的課還在上，一票國民黨高官上的課照原先約定，上完一季結束。居中安排的朋友邀我赴當時陸委會辦公室晤蕭萬長，隨便談了談香港及境外航運中心之事。返家後我問與蕭的緣分，為中孚卦六四爻動，有履卦之象。「月幾望，馬匹亡」，「絕類上也」。六四為執政高官之位，一心承奉九五之君，與基層的初九不親，看來緣分有限。後來蕭任閣揆，多年後又做馬英九的副手，位極人臣，而我們確實也沒什麼聯繫。

䷼

九五：有孚攣如，无咎。

〈小象傳〉曰：**有孚攣如，位正當也。**

九五中正，居中孚之君位，為講信修睦的最高標準，對一切眾生皆有無分別心的大愛，故稱

「有孚攣如，无咎」，與小畜卦九五類同，「富以其鄰，不獨富也」。中孚卦初九排他、九二親子鳴和，獨親其親，獨子其子，這是自然流露愛的起點；九五「有孚攣如」，不獨親其親，不獨子其子，老吾老以及人之老，幼吾幼以及人之幼，為後天精勤修證所得，充滿慈悲愛世的精神。本爻變，為損卦（䷨），又當二至五爻所互成之損卦的上九之位，「懲忿窒欲」，已至「無為而無不為」的最高境界矣！孔子言志所稱：「老者安之，朋友信之，少者懷之。」也是「有孚攣如」。

若以小愛、大愛區分二、五爻，則六四捨初就五，也是棄小愛成大愛的明智抉擇，歷史上有不少豪傑之士做到。

占例

● 二〇〇四年台灣大選，五二〇陳水扁就職連任後，朝野對抗仍然不斷，我問美國的真正態度為何？得出中孚九五爻動，有損卦之象。「有孚攣如，无咎。」看來老美會母雞帶小雞，顧護台灣的政權，承認陳水扁的地位，而關鍵的考量是美國自身的利益。我們且以卦中卦的理論來檢驗：中孚卦九五相當於二至五爻所成頤卦（䷚）的上九、二至上爻所成益卦（䷩）的九五、初至五爻所成損卦（䷨）的上九，以及三至上爻所成漸卦（䷴）的九三及九五。頤卦上九為台海國際生態的靠山，「由頤，厲吉，利涉大川」；益卦九五「有孚惠心，有孚惠我德」；損卦上九「弗損益之，得臣无家」，明顯損極轉益，精打細算，把國防線畫到台灣做其馬前卒，所有投資都要回收。漸卦為雁行團隊的戰略佈局，九三「利用禦寇，順相保」、九五「終莫之勝，得所願」，絕不允許台灣變成離群的孤雁。至於中孚卦初至四爻所成歸妹卦（䷵），九五不涉其內，換言之，台灣最後歸宿為何，老美才不管呢！先充分利用再說。這是美台關係的現實真相，智者皆知，不足為奇。

讀者可參考渙卦九五占例，二〇〇四年陳水扁連任後，大陸當局的對台政策的卦中卦分析。渙卦九五相當於其中頤卦上九、益卦九五、漸卦九三及九五，和美國對台政策完全一樣，唯一不同的是蒙卦上九，老美當然不致對台用兵，卻有損極獲益的生意經。同樣，渙卦九五不涉及其中解卦，台灣如果誤入獨立的錯路，北京就不會和平解決。

● 一九九二年初，我作一年之計，當時皆以出版公司的經營為考量，將旗下各雜誌都推算策運，各有鞭辟入裡的分析，然後再問：整條雜誌線有無更佳經營策略？為中孚卦九五爻動，有損卦之象。「有孚孿如，无咎。」最重要的還是品牌的連動效應，幾份雜誌名稱與公司名號緊密相連，不斷延伸強化其信譽，就會有很好的效果。

● 一九九七年十月底，我問王船山易學的價值定位，為中孚卦九五爻動，有損卦之象。「有孚孿如，无咎」，「位正當也」。船山信道篤，持志精嚴，當之無愧。

上九：翰音登于天，貞凶。

〈小象傳〉曰：翰音登于天，何可長也？

上九居中孚之末，為失信之極，喜歡唱高調，輕諾必寡信，六三即深受其害，難以自拔。《禮記・曲禮下篇》：「雞曰翰音。」雞叫的聲音遠遜鶴鳴的清亮，卻不嫌粗陋扯嗓大喊，如此為人厭惡鄙棄，何能長久？本爻變，為節卦（䷻），失信失節，遺禍人間。

九二「鳴鶴在陰」，純正清新的理念不為六三所欣賞，因為陰乘陽柔乘剛，情慾蒙蔽理智；上九難聽的雞叫，反而讓六三神魂顛倒，因為彼此應與。中孚卦三、上爻齊動，為需卦（䷄），表示彼此相互需要，誰也離不開誰。成語有言「鶴立雞群」，九二高過上九甚多，六三卻選擇低俗者獻身，人情蒙昧無知，令人浩歎。

占例

●二〇〇二年五月下旬，我算年底台北市長選舉，民進黨推出李應元挑戰馬英九的勝算如何？為中孚卦上九爻動，有節卦之象。「翰音登于天，貞凶。」顯然威信不足，毫無勝算，其後果然大敗。

●二〇〇五年元月中旬，我推算連戰全年運勢，為中孚卦上九爻動，有節卦之象。「翰音登于天，何可長也？」兩次選戰皆敗，已退為大老之位，只能安排接棒了！

●二〇〇八年三月上旬，我問半月後台灣大選綠營謝蘇配的勝算，為中孚卦上九爻動，有節卦之象。「翰音登于天，貞凶」，「何可長也」？高調唱盡，為民所棄，必敗無疑，果然輸得很慘。

●二〇〇九年八月中旬，我問兩岸在二〇一二台灣大選前可不可能進行政治談判？為中孚卦上九爻動，有節卦之象。「翰音登于天，貞凶。」顯然互信不足，確實也沒進行政治談判。

●二〇〇七年中，我的學生林獻仁占問二〇一二所謂的文明浩劫為何？得出中孚卦上九爻動，有節卦之象。「翰音登于天，貞凶」，「何可長也」？金融風暴爆發，全球的信用體系出了大問題，占象準確應驗。

多爻變占例之探討

以上為中孚卦卦、彖、象與六爻之理論及單爻變占例之闡析，往下繼續探討更複雜的多爻變的情形。

二爻變占例

占事遇卦中任意二爻動，若其中一爻值宜變，以該爻辭為主；若皆不值宜變，以本卦卦辭卦象為主，亦可參考二爻齊變所成之卦的卦辭卦象以斷。

●二〇一〇年九月中旬，我在慕尼黑授《易》畢，發現不少德國人為金援歐債困擾，認為乾脆退出歐元區算了！我問如果這樣會如何？為中孚卦初、上爻動，上九值宜變為節卦，齊變成坎卦（䷜）。初九嚴謹徵信，上九誠信破產，為德不卒，將承受失信的重大風險，國家威望大減。留在歐元區濟弱扶傾呢？為「遇革之豫」，已見於革卦三爻變占例。結論是只能奮力向前，沒有任何退路！

同年十一月上旬，美國再印六千億美金救市，我問能讓美國實體經濟振衰起弊嗎？亦為「遇中孚之坎」。中孚卦〈大象傳〉稱「議獄緩死」，印鈔救急只能治標不能治本，還得承擔信用擴充的風險，耽溺於此，近乎飲酖止渴，難以振興實體經濟。

●二〇〇六年元月下旬，我問年底高雄市長選舉藍營的勝算，為「遇中孚之坎」。初九「虞吉，有它不燕」，候選人甄選就算確定；上九「翰音登于天，貞凶」，「何可長也」？恐怕還是敗選，故有坎險之象。年底黃俊英披褂再戰，以極微差距輸給陳菊。台北市長則為師卦九二爻動，郝龍斌勝選，已見前述。

●二〇一一年十一月下旬，有學生又再建議學會集體赴大陸旅遊，我笑笑沒回應，占得「遇中孚之坎」。果不其然，過去幾回出遊，紛爭不斷，好容易整頓成功，不墮舊習。不蹈覆轍矣！

●二〇一一年元月下旬，我問升卦上六的真義，為何「冥升」又稱「利于不息之貞」？得出頤卦（䷚）初九爻動，有剝卦（䷖）之象。「舍爾靈龜，觀我朵頤，凶。」喪其真宰，冥頑不靈，追求無止境的成長，當然爻變成蠱卦（䷑），「升而不已必困」。再確認，為「遇中孚之坎」。初雖「虞吉」，終必失信而「貞凶」，「冥升」者吹噓過甚，泡沫破碎後難以收拾。

●一九九七年八月上旬，我問六經中《易》的定位，為中孚卦初、二爻動，有觀卦（䷓）之象。中孚卦至誠如神，觀卦仰觀俯察，洞識人生。中孚卦初九「虞吉」，九二提供美好的理念，與群眾分享，擬議以成其變化。

同年十月下旬，又是一年秋風起，我問自己未來在易學史上可能的定位如何？同為「遇中孚之觀」，那就是說，與《易經》本身的定位恰好相合。

●二〇〇九年七月上旬，北京朋友安排我上新浪網登記博客，我問洽當的定位如何？為「遇中孚之觀」，與大陸朋友誠信分享古典的深厚智慧，但亦須篩檢互動的對象，以免旁生困擾。

●二〇一二年八月上旬，台灣海軍艦艇演習引發的少將懲處案愈演愈烈，社會各界普遍質疑不公正，不合比例原則，是否牽扯人事鬥爭云云？我問真正原因為何？為需卦（䷄）初、三爻動，有坎卦（䷜）之象。其時釣魚台主權紛爭正烈，台灣一舉一動更是敏感，需卦健行遇險，初九「需于郊」，不願冒險犯難生事；九三「需于泥，致寇至」，「敬慎」以求「不敗」。沒事別找事可以，有事光怕事卻令人失望。由於各界反對聲浪極高，此案後續發展會如何？占得中孚卦初、二爻動，有觀卦之象。初九「虞吉」、九二展現溫情，應該會「議獄緩死」、從輕發落。果然馬英九出來講話，海軍撤回原案，大事化小，小事化無。軍法不受理，改為內部懲戒記兩小過結案。中孚卦之後，就是小過卦，一切依卦序進行。

●二〇〇〇年元月下旬，我因趕在跨世紀前看完了花費多年的《資治通鑑》全書，問其價值定位，為中孚卦五、上爻動，上九值宜變為節，齊變為臨卦。述往古來今之事，以昭誠信，「有孚攣如，位正當」；「翰音登于天，貞凶」，多少有高調之嫌。臨卦「教思无窮」，「遇中孚之臨」，書中理念足為後世君臨天下者取鑑。

二〇一七年四月下旬，我問司馬光其人其業，得出完全一樣的「遇中孚之臨」，時隔十七年，蓋棺論定沒變，《資治通鑑》就是司馬光的代表作。

●二〇一一年二月上旬，我問當年內與大陸的互動機緣，為「遇中孚之臨」。「有孚攣如」，「教思无窮」，格局算是開闊。當年五月參訪武漢大學國學院、長沙嶽麓書院；七、八月北京授《易》首屆精英班；十月入青海、西藏遊歷。

●二〇一〇年七月中旬，我問美國十年後的國勢，為中孚卦二、上爻動，上九值宜變為節卦，齊變為屯卦（䷂）。美元長期的貨幣優勢仍不可取代，中孚卦上九「翰音登于天」，則有逐漸失信的風險，資源已現匱乏，得小心節制。

●二〇一〇年十二月中，我問某位離婚的友人兩年內能否有新姻緣？為「遇中孚之屯」。貞我悔彼，九二「鳴鶴在陰，其子和之」，「中心願也」，她期待好伴侶；上九「翰音登于天，何可長也？」沒有好的回應。看來不易，後來確實如此。

●二〇一一年九月上旬，我赴慕尼黑授《易》，住在道場負責人李氏夫婦家，他們蒐集了許多神佛像供奉，我問真有神靈駐錫嗎？為「遇中孚之屯」。中孚卦「議獄緩死」，為艮宮遊魂卦，屯卦為往生，應該有。首場晚課說占時，講到遊魂歸魂卦，信手一占，問當場有無非人旁聽，為中孚卦初、五爻動，齊變有蒙卦（䷃）之象。中孚卦「有孚攣如」，「議獄緩死」，為艮宮遊魂卦，又有非人就近旁聽呢！

●二〇〇八年十一月上旬，我的學生張良維邀我去他「氣機導引」的道場開一年《易經》課，我同意以「身體易」為名講授，問順遂有效否？為中孚卦二、五爻動，有頤卦（䷚）之象。中孚卦為誠信傳學的道場，二、五相應，頤卦為養生，恰如其分。九二「鳴鶴在陰，其子和之；我有好爵，吾與爾靡之」，「中心願也」；九五「有孚攣如，无咎」，「位正當也」。學員願學，老師能教，行矣哉！

●一九九六年十二月下旬，我一位老友婚姻出問題，妻子要求離異。我問他若同意離婚，為「遇中孚之頤」；若不同意，繼續纏鬥，為頤卦（䷚）初、二爻動，有蒙卦（䷃）之象，已見於頤卦二爻變占例。中孚卦二、五相應，齊變成頤卦，九二「中心願」，九五「位正當」，那還有甚麼好說？離婚勝過不離，雙方協議分手。

●二〇〇八年十月初，我給學生上老莊課，問莊子思想的價值，為中孚卦三、五爻動，有大畜卦

（䷙）之象。中孚卦為信念，大畜卦「不家食吉」，兩卦卦辭皆稱「利涉大川」。「遇中孚之大畜」，教我們放開人情的許多繫累，得享海闊天空的自由自在。中孚卦六三「或鼓或罷，或泣或歌」，情累之甚，「位不當」；九五「有孚攣如，无咎」，展現人生大愛，「位正當」。由小情小愛的「位不當」，昇華轉化成深情大愛的「位正當」，莊子思想有此價值與功效。

●一九九三年初，我為出版公司作一年之計，問總體經營策略，為中孚卦初、四爻動，有訟卦（䷅）之象。中孚卦信用卓著，訟卦則頗啟紛爭，原因在初、四相應與而背離。初九「志未變」，六四「絕類上」，棄初而上依九五，追尋「有孚攣如」的高遠境界。當年勵精圖治，年底創下了有史以來的最佳業績，竭力甩脫陳舊的經營包袱，卻也因此激起禍端，次年中公司改組，江山變色，「中孚」成「訟」矣！

●一九九五年七月下旬，公司股爭未消，我問對公司整體的吉凶，為中孚卦二、三爻動，九二值宜變為益卦，齊變有家人卦（䷤）之象。九二「有孚」，六三「得敵，或鼓或罷，或泣或歌」，陰柔乘於九二陽剛之上，彼此關係惡劣，正似公司股爭。家人卦之象顯示，公司派可能仍佔上風，外人的市場派不易得手。對老闆的吉凶呢？為坤卦（䷁）五、上爻動，有觀卦（䷓）之象。六五「黃裳，元吉」居君位，上六「龍戰于野，其血玄黃」，鬥爭雖激烈，仍應據位不動。後勢發展果然如此，大股東再次敗退。

三爻變占例

占事遇卦中任意三爻動，以本卦為貞，三爻齊變所成之卦為悔，稱貞悔相爭，合參兩卦卦辭卦象以斷。若三爻中一爻值宜變，為主變數，加重考量其爻辭。

●二〇〇一年十一月初，我問二〇〇四年大選連宋合作競選的可能性，為中孚卦二、五、上爻動，九五值宜變為損卦，貞悔相爭成復卦。中孚卦二、五相應，有鳴有和，「有孚攣如」，應該一定會復合。果然二〇〇三年初，連宋配成形，合作抗扁。

●二〇一〇年十月中旬，我們的周易學會剛改組完畢，我問二〇一一年的展望，為師卦九二爻動，有坤卦之象。「在師中吉，无咎」，「王三錫命」，大將受命出征，戰果輝煌。新上任的理事長鄧美玲主張開辦電子報，效應如何？為不變的豫卦。「利建侯行師」，絕對值得做。延伸至我在新浪網的博客呢？為「遇中孚之復」。「鳴鶴在陰，其子和之」，「有孚攣如，无咎」。延伸連網亦屬必然。我在大陸有否新的突破？為屯卦初九爻動，有比卦之象。赴德繼續講學呢？為大壯卦初九爻動，有恒卦之象。「壯于趾，征凶，有孚。」怎會如此？困惑下，再明確問慕尼黑之行，為節卦（䷻）初、四爻動，有困卦（䷮）之象。初九「不出戶庭，无咎」，「知通塞也」；六四「安節亨，承上道也」。澤中有水的節卦，變成澤無水的困卦，應是不去為宜。當時無論如何想不通，次年九月上旬赴德授《易》十天，才發現卦象正確無比，易占感應之神，我們遠遠不及。

●二〇一二年元月中，馬英九剛勝選連任，我問陳沖會組閣否？為中孚卦初、二、五爻動，九五值宜變為損卦，貞悔相爭成剝卦。中孚卦誠信卓著，初九排他，九二、九五相應，確定組閣；剝卦「不利有攸往」，接任之後卻辛苦而不順。美牛事件、劉憶如的證所稅事件，以及林益世的索賄貪瀆案件等，皆重創了陳內閣。

●二〇一一年八月下旬，我家四人赴希臘旅遊畢，妻小返台，我續往慕尼黑授《易》十天，占問此次歐洲行旅如何？為「遇中孚之剝」初、二、五爻動，齊變為剝卦（䷖）。初九排他，九二唱和，九五「有孚攣如」，為親情洋溢的和樂之象，剝卦則未有所見。

●二〇一一年七月下旬，一位素昧平生的讀者找上我，求教他家族爭遺產的訴訟事，我占得中孚卦初、五、上爻動，九五值宜變為損卦，貞悔相爭成師卦（䷆）。中孚卦就是一家人的親情，師卦則對立抗爭，大傷感情。九五「有孚攣如，无咎」，總比上九「翰音登于天」好，冤家宜解不宜結啊！

●一九九四年三月上旬，出版公司股爭方殷，我夾在中間很難受，有日晨起問公司往後吉凶，為「遇中孚之師」。彼此互信不足，領導難昭大信，對抗之勢已成，輸贏勝負決定一切。五月初一戰而決，十年內公司解體消亡。

●二〇一一年十一月上旬，學會理事長鄧美玲跟我求援，預定在宏碁渴望園區舉辦的秋研營報名人數過少，怎麼善後云云。我反對打退堂鼓，占出萃卦九五爻動，有豫卦之象。「萃有位，无咎，匪孚。元永貞，悔亡」，「志未光也」。領導者威信不足，須從旁協助補強。若真的停辦，則為晉卦（䷢）四、上爻動，有坤卦（䷁）之象。九四「晉如鼫鼠，貞厲」，上九「晉其角，道未光」，當然不好。若堅持續辦，為「遇中孚之師」。關鍵還在九五「有孚攣如」，領導者顯示熱情，號召團結。於是我下海推促，很快解決了參與不足的問題，秋研營順利舉辦。

●二〇一〇年二月底，我問孟子在儒家思想的地位，為「遇中孚之師」。師卦〈彖傳〉稱：「能以眾正，可以王矣！」孟子道性善，言必稱堯舜，提倡王道思想。九五「有孚攣如」，正為核心主張；上九「翰音登于天，貞凶」，「何可長也」？多少有些高調過頭，在大爭之世的戰國無法實現。

● 二〇〇六年七月上旬，我給學生上三十六計與《易經》的關係，問美人計為何象？得出中孚卦初、二、上爻動，貞悔相爭成比卦（䷇）。中孚卦為依偎相親，比卦則前後相隨，初九排他、九二唱和，上九揭破真相，虛情假意「何可長也」？

● 二〇一〇年九月中旬，我首度抵慕尼黑授《易》，問以後與歐洲的機緣，為中孚卦上三爻全動，六四值宜變為履卦，貞悔相爭成歸妹卦（䷵）。中孚卦「孚乃化邦」，歸妹卦「永終知敝」，九五「有孚攣如，位正當」，上九「翰音登于天，何可長」？關鍵應該是六四「絕類上」，毅然決然的取捨行動。一年後形勢豁然清楚，易占真是洞識機微啊！

二〇一一年九月初再赴慕城講課，課畢後陪同道場負責人會晤其曾習氣功的學生，是位德國老婦，罹患甲狀腺亢奮多年，深為病情所苦。他們先談時，我在遠處遙測，得中孚卦初、三、五爻動，貞悔相爭成蠱卦（䷑）。蠱卦為宿疾沉痾，甲亢患者情緒多不穩定，中孚卦六三「或鼓或罷，或泣或歌」，切中其情。了解內情後，問如何調護，為困卦（䷮）二、五爻動，有豫卦（䷏）之象。原來她兒子已三十五歲，無業在家，親子間常起衝突，應了中孚卦象。困卦九二為其子，「困于酒食，朱紱方來」，仰其救濟；九五「困于赤紱，乃徐有脫」，受身邊人拖累，動彈不得。九二「利用亨祀」，九五「利用祭祀」，豫卦〈大象傳〉也稱「殷薦之上帝」，中孚卦的信望愛出問題，解決還在恢復彼此的愛心與信任上。

● 二〇一二年六月上旬，我一位老學生總欲約我晤談，其實又無要事，而偏偏每次行程緊湊，我真的挪不出空檔跟他閒聊。占問怎麼回應才好？為中孚卦初、四、上爻動，六四值宜變為履卦，貞悔相爭成困卦（䷮）。「遇中孚之困」，往日親近之情已生變化，由上九「何可長」看出；初、四曾相應與，而今六四「馬匹亡，絕類上也」，好像也只能如此。

●二〇一六年十一月九日，美國總統大選快揭曉，我問是女性當選嗎？為不變的豫卦。還是男性呢？為中孚卦五、上爻動，上九值宜變為節卦，齊變成臨卦。最後問是男是女？為中孚卦三、五、上爻動，貞悔相爭成泰卦。中孚卦九五居君位，為陽爻，應該是男性了！沒多久，川普宣布當選。

四爻變占例

占事遇卦中任意四爻動，以四爻齊變所成之卦的卦辭卦象為主，若其中一爻值宜變，稍加重考量其爻辭以斷。

●二〇一〇年九月下旬，我在富邦上佛經，學生談到念經而非唸經（即口中唸唸有詞）的問題。我問口唸的功德，為萃卦上六爻動，有否卦之象。「齎咨涕洟，未安上也」，否卦為天地不交，上六當外卦兌口，口唸無益。默唸不出聲，則為中孚卦二、三、五、上爻動，上九值宜變為節卦，四爻齊變成明夷卦（䷣）。中孚卦誠心信仰，二、五相應，三、上相與，明夷卦低調不表現，「用晦而明」。心念確比口唸有功德。

●二〇一〇年十月下旬，分別在兩岸的兩位朋友起劇烈衝突，我頗不樂見，占得睽卦二、四爻動，有頤卦（䷚）之象。睽卦即反目相忌，九二「遇主于巷」，九四「睽孤，遇元夫，无咎」。

若發簡訊嘗試調解如何？為中孚卦初、二、四、上爻動，上九值宜變為節卦，四爻齊變成萃卦（䷬）。萃卦即相聚，誠心撮合應可行。後來他們見了面，雖仍有芥蒂，不致相仇。

● 一九九二年七月中，我們的出版公司確定參加九月的北京書展，我問設攤公關等策略如何為宜？為中孚卦二、四、五、上爻動，上九值宜變為節卦，四爻齊變成震卦（䷲）。「翰音登于天，貞凶」，不宜高調過度，真實顯示產品質量就好。

● 二〇〇六年四月底，我問二〇二五年時的中美關係如何？為中孚卦初、三、四、上爻動，四爻齊變成大過卦。互信不足，造成世局動盪，初、四與三、上皆相應與，四棄絕初，上失信於三。貞我悔彼，外卦為老美，對中國頗不友善，霸權心態可議啊！

五爻變占例

占事遇卦中五爻動，以五爻齊變所成之卦的卦辭卦象為主，若其中一爻值宜變，稍稍加重考量其爻辭以斷。

● 二〇〇六年元月中旬，我問蘇貞昌的閣揆路，為中孚卦初、二、四、五、上爻動，九五值宜變為損卦，五爻齊變成豫卦。中孚卦威信已著，九五君位動，豫卦「利建侯行師」，肯定是他入閣拜相了！但沒做太長，二〇〇七年五月下台，由張俊雄回任。

62. 雷山小過(䷽)

小過卦為《易經》第六十二卦，接中孚卦之後，往下為既濟卦。〈序卦傳〉稱：「有其信者必行之，故受之以小過。有過物者必濟，故受之以既濟。」中孚卦為建立信仰，小過卦則將信仰付之實踐，所謂信受奉行。兩卦相錯，代表理想與現實差距甚大，蛋殼內外是截然不同的世界，適應相當困難。實踐久了，漸漸參悟其中奧妙，懂得平衡行事的智慧，終能獲致成功，利於渡過彼岸，就是既濟卦。

䷽

小過卦卦辭：

亨，利貞。可小事，不可大事。飛鳥遺之音，不宜上，宜下，大吉。

小過卦務實行事，有亨通之道，利於固守正確的大原則。小鳥練飛學習經驗，適合小規模做，不宜驟然幹大事。如果躐等躁進，翅膀沒長硬就想高飛，將遭不測之禍。只宜低飛在下，謹小慎微以求安全，熬過這個階段不犯大錯，可獲大吉。

〈彖〉曰：小過，小者過而亨也。過以利貞，與時行也。柔得中，是以小事吉也；剛失位而不中，是以不可大事也。有飛鳥之象焉，飛鳥遺之音，不宜上宜下，大吉，上逆而下順也。

易例陽大陰小，小過四陰包夾二陽，陰盛陽衰，故稱小過，順勢用柔低調行事，能獲亨通。學習過程不免犯錯，宜隨時調整以合乎中道。二、五爻陰柔分居內外卦之中，故而「小事吉」；三、四爻陽剛不居中位，故「不可大事」。「有飛鳥之象焉」一句應為旁注竄入本文，為了解釋小過卦形似飛鳥展翅。低飛而不高飛，因為高飛違逆自然法則，低飛才順應自然。

〈象〉曰：山上有雷，小過。君子以行過乎恭，喪過乎哀，用過乎儉。

小過卦上艮山、下震雷，稱「山上有雷」。君子效法內止外動的法則，行事特別謙恭，喪禮過乎悲痛，用度過於儉省。

占例

●二〇〇四年三月下旬，陳水扁因三一九槍擊案逆轉勝而獲連任，台灣朝野陷於嚴重對立。我問中國會出手嗎？為不變的小過卦。再問美國如何因應？也是不變的小過卦。「可小事，不可大事」，「不宜上，宜下」，中美兩強肯定都不會有大動作，藍營選民只能吞下落敗的苦果。

●二〇一〇年三月初，我問蘇貞昌會否選台北市長？為遇鼎之坤。坤卦為陰曆十月，正當選期，鼎卦為問政，應該會順勢參選，六五君位沒動，多半選不上。再問二〇一二會否參選角逐大位？為不變的小過卦。「可小事，不可大事」，蘇參加民進黨內初選輸給蔡英文，大願成空。以上二占均應驗。

●二〇〇九年四月上旬，我問人民幣十年後的國際地位，為大壯卦初九爻動，有恒卦之象，已於大壯卦單爻變占例中說明。再問二十年後呢，為不變的小過卦。「可小事，不可大事」，「不宜上，宜下」，小過卦為菜鳥練飛，前為中孚卦，已有一定的信用，後為既濟卦，離成功還有一段須努力，取代美元仍談不上。

●二〇一一年元月上旬，小說家朱西甯已過世十多年，我問朱老師而今安否？為不變的小過卦。小過卦為兌宮遊魂卦，「喪過乎哀」，俱往矣！

初六：飛鳥以凶。

〈小象傳〉曰：飛鳥以凶，不可如何也。

初六為小鳥練飛之初，陰虛柔弱無力，當然不能振翅高飛，若自不量力，強行挺進，必然遭凶。「以凶」的「以」字，有因、用、及等意，以此用事，志大才疏，除了本身失敗，還可能搞垮形勢，把別人也拖著陪葬，誰也救不了！本爻變，為豐卦（䷶），「尚大也」，翅膀沒長硬就想高飛沖天，結果可知。

占例

●二〇一二年七月上旬，我讀完解放軍空軍上校戴旭的〈醒世危言〉，文中大聲疾呼中國須小心美國的戰略包圍，甚至二十年內必有大戰云云。我占問其論據正確否？為小過卦初六爻動，有豐卦之象。「飛鳥以凶，不可如何也。」豐卦「尚大」，小鳥振翅欲飛，志望遠大，然而各方的歷練仍不足，其愛國熱誠可嘉，識見卻未成熟。再驗核中美二十年後會兵戎相見嗎？為中孚卦（䷼）二、五爻動，有頤卦（䷚）之象。二、五相應，「鳴鶴在陰」，「有孚攣如」，不可能開戰。二〇一〇年九月，我問過同樣的問題，中美為不變的大有卦，已見前述。易理所斷，前後一致，戴上校過慮了！

六二：過其祖，遇其妣；不及其君，遇其臣。无咎。

〈小象傳〉曰：不及其君，臣不可過也。

六二中正，居下卦艮止之中，上承九三剛躁欲動，與君位六五應而不與，正是宜下不宜上的「柔而得中」之位，「可小事，不可大事」。爻辭所言隱晦，有「過」有「不及」有「遇」，主要在挑明六二於全局中的處境，以及應對的方式。「過」為過度寄望，「不及」是達不到，「遇」才是真正可能的遇合。「祖」為雄才大略開創基業的人物，「妣」則只能陰柔守成，君王擔綱做主，臣僚只能奉命行事。六二中正，若遇九五陽剛之君，剛柔互濟可成大事。小過卦中只有六五，二、五之間還隔著三、四強硬阻擋，六二幫六五幹，不會有任何績效。情勢既然如此，無論六五怎麼邀聘出山，六二只宜堅貞自守，方得無咎。六二爻動，恰值宜變成恒卦（䷟），雷風動盪下，「君子以立不易方」，在自己的專業崗位上努力就好。

台灣過去幾十年的政壇，就有不少商界及學界的菁英入朝為官，卻未逢英主而一無所成，反而耽誤了原先專業的精進與盛譽，扁朝時的李遠哲、林信義等皆然。

我對此爻的感應甚強，自己多年的處事態度與此相近，絕不逢迎鑽營，若有機遇，也是自然找上門來，且能視若平常，寵辱不驚。本爻爻辭中有「君」有「祖」，還真是天命夙定？真的就有異能人士斷言，此爻中藏著我的生命密碼，其然乎？豈其然乎？

祖、妣之分，一開創一守成，同祖、宗二字之分。華人泛稱先人為列祖列宗，「祖」指男性先人，「宗」為女性先人，二者造字即由男根與女陰的生殖崇拜而來。祖、宗皆有「示」字偏旁，「示」為一三腳供桌，上面擺塊肉以祭神，希望神靈開示並賜福。「祖」中之「且」，為陽根受激蓄勢待發之象，「宗」中之「宀」為女陰，陰陽和合即為「宜」字，剛柔互濟，生生不息。

祖，宗之分，影響古代帝王的廟號議定，開國君主稱「祖」，以下只能稱「宗」。李世民了不起，稱唐太宗，其父李淵才稱唐高祖。趙匡胤稱宋太祖，其弟趙匡義為宋太宗。成吉思汗肇建世界大帝國，稱元太祖，忽必烈滅宋建立元朝，稱元世祖。朱元璋滅元，稱明太祖，燕王朱棣奪權後遷都北京，稱明成祖。努爾哈赤崛起遼東，稱清太祖，皇太極稱清太宗；順治入關滅明，稱清世祖，康熙千古一帝，又獲尊稱為清聖祖，再度破例。雍正稱世宗、乾隆稱高宗，再偉大英明，也不能不遵守祖制了！

《易經》經傳中稱「祖」言「宗」之處，亦含此義，須以分判。小過卦九二「過其祖，遇其宗（妣）」，同人卦六二「同人于宗，吝」，既濟卦九三「高宗伐鬼方」，蠱卦初六「有子祖（考）无咎」，豫卦〈大象傳〉「殷薦之上帝，以配祖考」。

占例

● 一九九七年十一月初，我問朱熹易學的價值定位，為小過卦六二爻動，恰值宜變成恒卦。「過其祖，遇其妣；不及其君，遇其臣。无咎。」朱子於《易》非有創見，謹守不失而已！

九三：弗過防之，從或戕之，凶。

〈小象傳〉曰：從或戕之，凶如何也？

九三過剛不中，居下卦艮山之頂，卻難以止住剛躁欲動的習氣，上與上六應與，受高飛誘惑而思追隨，如此必凶，在外面怎麼死的都不知道。「戕」字有特解，《左傳‧宣公十八年》稱：「凡自虐其君曰弒，自外曰戕。」《說文》解為：「他國臣來弒君曰戕。」九三上乘六二，應嚴加防護其安全，勿犯過錯使其遭受殺害。九三爻變，為豫卦（䷏），「利建侯行師」，時時刻刻保持戰備，思患豫防。

●二〇〇〇年三月下旬，台灣大選塵埃落定，國民黨下台，陳水扁上台執政。我問高票落選的宋楚瑜的前途如何？為小過卦九三爻動，有豫卦之象。「弗過防之，從或戕之，凶。」九三在下卦艮山之頂，屈居在野，非宋所甘，他很快就創立親民黨，練兵操演，圖謀再舉，豫卦「利建侯行師」，合乎宋的風格。

●一九九六年二月下旬，出版公司經不起巨變後的財務負擔，終於跳票，我雖已另有打算，仍覺痛惜。占問自己的最佳對策，為「遇小過之豫」，「弗過防之，從或戕之」，小心為流彈波及，自保為上。再問公司近期的生存前景，為大畜卦（䷙）初、二、五、上爻動，上九值宜變為泰卦（䷊），四爻齊變成蹇卦（䷦）。蹇卦外險內阻，行道多艱，大畜卦「不家食吉，利涉大川」，上九還有亨通之象，似乎命不該絕，關鍵在有沒外人願意承接。我所求只在苟安，早已無意於此，確實公司又殘喘了幾年，才完全玩完。

●二〇一〇年九月中旬，我赴慕尼黑授《易》，參加她們一場降神式的金剛法會，我問真有神靈在場嗎？為小過卦九三爻動，有豫卦之象。小過卦為兌宮遊魂卦，豫卦〈大象傳〉稱：「作樂崇德，殷薦之上帝以配祖考。」當日法會上一直播放《金剛經》的梵唱，完全切合情境，「從或戕之」，是指來的多為客死異鄉的孤魂野鬼嗎？

同年十二月上旬，台灣廣告名人孫大偉中風過世，親友為他辦告別式，幾位學生去參加回來說感覺有些怪，我就問逝者滿意否？為小過卦九三爻動，有豫卦之象。「弗過防之，從或戕之，凶。」一方面反映了孫的意外不幸，一方面應該也對悼祭法會不甚滿意。小過卦為兌宮遊魂卦，〈大象傳〉稱「喪過乎哀」，又是典型的告別式場景啊！

●二〇一〇年八月中旬，我積極重整學會人事，鑑於過去兩年的風波爭議，問往後如何滌除污習？為「小過之豫」。「弗過防之，從或戕之」，「凶如何也」？確實須防止剛躁浮動。再確認，為賁卦（䷕）初、三爻動，有剝卦（䷖）之象。賁卦為文飾，剝卦則「不利有攸往」，不務虛華，去偽存真。

䷽

九四：无咎。弗過遇之，往厲必戒。勿用，永貞。

〈小象傳〉曰：弗過遇之，位不當也；往厲必戒，終不可長也。

九四陽居陰位，剛而能柔，雖在上卦震動之位，卻深懷戒慎恐懼之心，不敢妄動。上承六五，免生功高震主之患。下應初六輕躁之民，亦事事求其無過，不敢圖功。爻辭首言「无咎」，善補過也；繼言「弗過遇之」，儘量不犯錯，就有機會於未來成事。九四居位已高，宜下不宜上，若再往上發展必有危厲，切切不可，當效坤順永貞之德，一切謙和低調行事，才可平安。九四爻變，為謙卦（䷎），亨通有終。

占例

●一九九八年十二月上旬，台灣立委選舉，我問國民黨勝負，為小過卦九四爻動，有謙卦之象。

民進黨則為小過卦九三爻動，有豫卦之象。小過卦就是略為超過，當時主要的話題為席次是否過半，國民黨的九四壓過民進黨的九三，領先殆無疑義。選舉結果揭曉：國民黨百分之四六．四三，民進黨百分之二九．五六，新黨百分之七．〇六，泛藍陣營超過半數，掌握國會優勢。

●二〇〇四年十一月中旬，陳水扁連任似乎已成定局，我問他二〇〇五年的氣運如何？為「遇小過之謙」。「无咎。弗過遇之，往厲必戒。勿用，永貞」，「位不當」，「終不可長」。雖僥倖當選，面對內部如山的反對浪潮，以及美國與大陸的強大壓力，他一點也不敢輕舉妄動，但求自己平安，不會有任何政績。

二〇〇二年三月上旬時，陳水扁用的經濟部長宗才怡不勝任，被轟下台，所謂誤入叢林的小白兔云云。我問扁的財經內閣能拼經濟嗎？為「遇小過之謙」。顯然也是一籌莫展，九四為執政高層之位，尸位素餐而已。

●一九九七年元月下旬，李登輝決定凍省，李、宋關係等於決裂，我問宋楚瑜會不會辭職？為「遇小過之謙」。九四為執政高層之位，與六五之君關係緊張，功高震主，必得謹小慎微方得善終。「弗過遇之」，「勿用，永貞」，應該不致有過激行動，以保持既有地位，徐圖反擊才是。果然後來宋演出一齣「請辭待命」的大戲，專心為三年後的大選做準備。

●一九九七年十月中旬，我問過去一千年中國文明發展的態勢為何？為「遇小過之謙」。「无咎。弗過遇之，往厲必戒。勿用，永貞。」中國自北宋以來，國勢漸衰，清代中葉後更飽受西方列強侵凌，在救亡圖存間力求自保。「可小事，不可大事……不宜上，宜下」，謹小慎微之至。

六五：密雲不雨，自我西郊。公弋取彼在穴。

〈小象傳〉曰：密雲不雨，已上也。

六五居君位，陰虛乘於九四陽剛之上，有被逼宮之虞；下應六二賢才，頗思結納以助己成事。「公」指六五，「弋」為箭後繫繩以期能發能收、操控自如，「取彼」之「彼」即指六二，隱居在山林洞穴中逍遙自在，不肯用世。六五之君為了突破「密雲不雨」的悶局，以公益或名利釣取六二出山相助。六五爻變，為咸卦（䷞），動之以情，希望「亨利貞，取女吉」。六二居下卦艮山之中，有「在穴」之象。

小畜卦卦辭稱：「密雲不雨，自我西郊。」由西部乾燥地區往東邊濱海區吹的風，水分不足，積雲雖密，未必下雨，象徵陰陽不合，積鬱難消。小過卦六五承乘應與皆不佳，雖思突破，多半徒勞無功。小畜卦九五「有孚攣如」，「密雲不雨」得以亨通；中孚卦九五「有孚攣如，无咎」。小過卦六五沒這條件，居位過高，違反宜下不宜上之戒，畢竟難成。

占例

● 一九九八年三月下旬，我一位台中的學生受另一位當老闆的學生邀請，跳槽到其公司任職，自己難決行止，請我代占。為小過卦六五爻動，有咸卦之象。「密雲不雨，自我西郊。公弋取彼在穴。」六五君位為挖角的老闆，真情邀請他出山襄助，那就由他自決了！小過卦難成大事，只能當做過渡實習而已。後來他還是去了，磨幾年後再換新職。

●一九九九年三月中旬，我的學生林獻仁在IBM負責Y2K問題的宣導，距千禧年的大限已近，他在台灣巡迴各地，中小企業的回應並不積極，他問如何突破？為小過卦六五爻動，有咸卦之象。「密雲不雨，自我西郊。公弋取彼在穴。」他們宣導未獲熱切回應，可能得從咸卦下手，看看怎麼打動人心。

上六：弗遇過之，飛鳥離之，凶，是謂災眚。

〈小象傳〉曰：弗遇過之，已亢也。

六五已經居上過高，願望難酬；上六高飛天外，更高亢過甚，絕無成功機會，故稱「弗遇過之」。「飛鳥離之」，小鳥不自量力，想脫離大形勢天羅地網般的控制，振翅高飛，終究失速下墜而亡。這既是天災，實亦人禍，不能怨尤。本爻變，為旅卦（䷷），失時、失勢、失位，失敗乃屬必然。以空難況之，小過卦初六才離地起飛即出事，上六飛至高空爆炸解體，皆為大凶。

占例

●二〇一〇年三月下旬，我問十年後英鎊的國際地位，為小過卦上六爻動，有旅卦之象。「弗遇過之，飛鳥離之，凶，是謂災眚」，「已亢也」。旅卦失時、失勢、失位，小過卦宜下不宜上，「遇小過之旅」，英鎊的前景黯淡可知。金融風暴後，英鎊幣值已一落千丈，往後可能更差。小過卦之前為中孚卦，支撐貨幣價值的是信用，英國經濟不振，債務沉重，英鎊要好也難。

● 一九九三年元月底，出版公司老闆之弟在外創業，也辦刊物搞出版，他們兄弟倆幾年前鬧翻分家，有一段愛恨情仇。我問其發展前景，為小過卦上六爻動，有旅卦之象。「弗遇過之，飛鳥離之，凶，是謂災眚」，「已亢也」。這位老弟曾任公司副總，我還跟他同赴歐洲參加國際書展，而今卻是明顯過氣失時，不可能有突破性的發展，其後果然如此。

● 一九九九年元月中，一位媒體界名記者與我晤談，她離婚數年，當時又有一位年輕男友追求，但自己並不認真投入云云。我問二人的感情發展會論及婚嫁嗎？為小過卦上六爻動，有旅卦之象。「弗遇過之，飛鳥離之，凶，是謂災眚」，「已亢也」。絕非好姻緣，其後果驗。人生的婚姻和事業都有機緣，一切強求不得。

多爻變占例之探討

以上為小過卦卦、彖、象與六爻之理論及單爻變占例之說明，往下繼續探討多爻變之情形。

二爻變占例

占事遇卦中任意二爻動，若其中一爻值宜變，為主變數，以該爻辭為主；若皆不值宜變，以本卦卦辭卦象為主，亦可參考二爻齊變所成之卦的卦象卦辭以斷。

● 二〇一一年十一月中旬，我作未來十年世界大勢之占，中國大陸的國力發展為小過卦二、四爻動，九四值宜變為謙卦，齊變成升卦。小過卦有大坎之象，「可小事，不可大事……不宜上，宜下」。六二守恆，九四低調謙和不生事端，如此可避免美國的尋釁壓制，且能不斷提升國力。小過為「習」，小鳥練飛，又剛好扣住習近平主政的十年。

●一九九三年十月中旬，我經營出版公司有成，中興在望，而股爭陰影仍在，各方勢力牽扯下，局勢錯綜複雜。我問最高指導戰略，為小過卦三、四爻動，有坤卦（䷁）之象。「可小事，不可大事」，「弗過防之」，「弗過遇之」，三凶四懼，就是承上啟下的夾層位置，除了順勢用柔之外，實乏善策。

●二〇〇二年元月中旬，我的老友龔鵬程教授來電，其父從江西返台不慎跌傷脊椎，赴榮總開刀治療，吉凶如何？為姤卦九二爻動，有遯卦之象。「包有魚，无咎，不利賓。」龔父去大陸為「賓」，錯過緊急救治的第一時間，令人擔心，遯卦象又不甚妙。老先生當時已八十四歲，問術後體氣如何？為「遇小過之坤」。「弗過防之」，「弗過遇之」，三凶四懼，坎陷其中。小過卦為兌宮遊魂卦，節氣屬陰曆正月，變坤卦有歸陰入土的可能。結果真的不幸往生。

●二〇一〇年十月下旬，我問佛教四聖諦中的「集」為何意？為「遇小過之坤」。三凶四懼居人位，坎陷其中，正似人生多艱、諸苦匯集之象。

●一九九二年七月下旬，有消息稱出版公司的大股東惹上長榮海運的張榮發，搞得有些灰頭土臉。我問實況如何？為小過卦初、三爻動，九三值宜變為豫卦，齊變有震卦（䷲）之象。初六「飛鳥以凶，不可如何」；九三「從或戕之，凶如何也」？確實受傷慘重。

●一九九三年七月中旬，我問公司國際化的遠景，為「遇小過之震」；問往大陸發展的前景為不變的剝卦，已見前述。「飛鳥以凶」，「從或戕之，凶」，全無遠景可言。當時納悶不服氣，其實都切中要害，不能安內，焉能攘外？

一九九四年十月初，公司劇變，業績士氣直直落，我問第四季的績效，為「遇小過之震」。「飛鳥以凶」，「從或戕之，凶」，一塌糊塗，難以救藥。

●二〇〇一年八月底，我問年底立委選後，宋楚瑜任閣揆的可能性？為「遇小過之震」。「飛鳥以凶」，「從或戕之，凶」，沒有可能。

●二〇〇四年十二月十一日台灣立委選舉，當天傍晚我問泛藍可過半否？為小過卦初、二爻動，初六值宜變為豐卦，齊變成大壯卦。初六小鳥無力高飛，六二持平穩定，由小過而大壯，還是正面的成長。泛綠為不變的歸妹卦，「征凶，无攸利」，應屬不利。結果揭曉，泛藍在二百二十五席次中取得一百一十四席，勉強過半，亦為小過之意。泛綠一百零一席，落了下風。

●二〇一二年元旦，我問蔡英文的年運，為小過卦五、上爻動，齊變有遯卦之象。小過卦為小鳥練飛，宜下不宜上，六五「已上」、上六「已亢」，遯卦為引退，絕無問鼎大位的機會。「遯」為小豬跑路，讓人想起蔡在競選時「三隻小豬」的小額捐款宣傳手法。馬英九年運為不變的明夷卦，整個世局亦為不變的明夷卦。世局多艱，馬的辛苦黯淡不是無法連任，而是選上卻應付不了難局的挑戰。台灣政局為不變的蹇卦，選後朝野依然對立，風雨同舟卻不合作。台灣經濟為姤卦三、上爻動，有困卦之象。危機重重，沒有脱困機會。兩岸關係為不變的復卦，基本穩定加溫，為唯一可喜事項。以上諸占，全部靈驗。

●二〇一一年九月中旬，北京有人跟我提赴寧波授《易》一日之事，我問能成否？為小畜卦初、三爻動，有渙卦之象。小畜卦「密雲不雨」，初九「復自道」，九三「輿脱輻」，「渙」為散，恐怕難成。再問有可能突破嗎？為小過卦四、上爻動，九四值宜變為謙卦，齊變成艮卦。宜下不宜上，重重阻礙難突破矣！不久消息傳來，該案因故取消。

●二〇一二年元月上旬，我在高雄上課，有位學生為敏感體質，他說我每次在台上講經時，都有一到二位穿唐裝的人隨侍，沒事兒也在練拳云云。我占確實否？為小過卦二、三爻動，有解卦（䷧）之象。小過卦為兌宮遊魂卦，解卦為消災解厄，還真有護法金剛暗中隨扈？六二爻辭中有「君」有「祖」，靈通人士說為我本命，上承九三，「弗過防之，從或戕之」，正是隨侍在側以防意外之象。其然乎？豈其然乎？

四月下旬我又到高雄上課，當天講述小過卦，跟學生們道出此事，順便占問當日隨扈仍在否？為需卦（䷄）二、五爻動，齊變有明夷卦（䷣）之象。需卦為坤宮遊魂卦，二、五相應，講經就提供服務；明夷卦為坎宮遊魂卦，暗不可見。「遇需之明夷」，護法金剛在焉。

三爻變占例

占事遇卦中任意三爻動，以本卦為貞，三爻齊變所成之卦為悔，稱貞悔相爭，合參兩卦卦辭卦象以斷。若三爻中一爻值宜變，加重考量其爻辭。

●二〇〇六年九月下旬，紅衫軍反扁運動如火如荼，我問陳水扁何時可能下台？為小過卦三、四、上爻動，上六值宜變為旅卦，貞悔相爭成剝卦。「小過之剝」，非常危險，上六「飛鳥離之，凶」，高空墜落失位，下台的可能性極高。占問何時下台，剝卦為陰曆九月，陽曆十月二十三日霜降應是最後期限。可惜事與願違，扁硬是挺了過來，當然也付出慘重代價。

●一九九四年五月初，我在出版公司管事的最後半月，國際部兼財務的經理負責推動公司出版品往東南亞略有斬獲，我問後續應如何？為小過卦上三爻全動，貞悔相爭成漸卦（䷴）。九四「弗過遇之，往厲必戒」；六五「密雲不雨，自我西郊」；上六「弗遇過之，飛鳥離之，凶」。小過卦宜下不宜上，上卦全動，無能為矣！不久公司劇變，經營從此不可能再正常，一切壯圖成空。

●二〇〇八年八月中，我的學生徐崇智心疾過世兩週年，我問其「境遇」，為「遇小過之漸」。小過卦不宜上，上卦動輒得咎，又為兌宮遊魂卦，漸卦則為艮宮歸魂卦，顯然魂魄不安。

●二〇一二年四月中，台灣「壹傳媒」發生財務危機，電視台快速燒錢拖垮了集團的支撐力，我問負責人黎智英的事業前景，為歸妹卦（䷵）二、上爻動，齊變有噬嗑卦（䷔）之象。歸妹卦「征凶，无攸利」，九二「眇能視」、上六「承虛筐」一場空，噬嗑卦競爭慘烈，生存壓力極大。再問旗下《蘋果日報》的經營前景，為小過卦二、三、四爻動，貞悔相爭成師卦（䷆）。小過卦「不可大事」，宜下不宜上，師卦則勞師動眾而無功，也不大妙。當時他有找台灣財團承接，富邦亦在其中，我問富邦買下合宜否？為隨卦（䷐）初、二、四、五爻動，四爻齊變成師卦（䷆）。隨卦為震宮歸魂卦，師卦為坎宮歸魂卦，整體呈現不祥。「壹傳媒」集團爭議極大，不買為宜。

好玩的是《焦氏易林》「遇歸妹之噬嗑」斷詞曰：「宜于歸田。」「遇小過之師」斷詞曰：「祿命訖已。」「遇隨之師」斷詞曰：「枉費錢財。」對照以上占斷，回答更為簡潔明快。

●二〇一二年三月二十日，為毓老師仙逝一週年，我思之淒痛，問此生繼志述事能至何境？為革卦（䷰）初、三、五爻動，九五值宜變為豐卦，貞悔相爭成豫卦（䷏）。「革之時大矣哉！」「豫之時義大矣哉！」創新奮鬥有望。革卦初九「不可以有為」，九三「革言三就，有孚」，九五

「大人虎變，其文炳也」，明示積學行事的奮鬥歷程。

五天後，奉元學會舉辦老師的週年紀念會，許仁圖、張輝誠二位上台報告撰寫老師傳記事宜，理事長徐泓師兄也報告了會務發展等。會畢後，我問整體成效如何？為小過卦三、四、五爻動，貞悔相爭成比卦（䷇）。小過卦為兌宮遊魂卦，〈大象傳〉稱「喪過乎哀」；比卦為坤宮歸魂卦，老師英靈與大家長相左右。小過卦「可小事，不可大事……不宜上，宜下」，由二至四爻，暫時還很難有大突破。

二〇一四年七月下旬，奉元事已有不少變化，一位關鍵角色信心滿滿矢志扛責繼志述事，由於前面已有功敗垂成先例，我問辦得到嗎？為小過卦二、三、上爻動，六二值宜變為恒卦，貞悔相爭成未濟卦。「遇小過之未濟」，其實不妙，小過卦「可小事，不可大事」，九三卻高飛衝刺，上六可能大挫敗。再問我的行止如何？為坎卦五、上爻動，齊變有蒙卦之象。九五居君位，若擺不平內部矛盾，可能陷入上六「係用徽纆，寘于叢棘，三歲不得，凶」的慘酷之境。日後情勢發展，真是如此。

四爻變占例

占事遇卦中任意四爻動，以四爻齊變所成之卦的卦辭卦象為主，若其中一爻值宜變，稍加重考量其爻辭以斷。

● 一九九三年九月上旬，我在出版公司經營得心應手，老闆在外卻負面的信息不斷，我問他年底前的真實處境如何？為小過卦初、二、四、五爻動，初六值宜變為豐卦，四爻齊變成需卦（䷄）。

初六「飛鳥以凶」，六五居君位，「密雲不雨」徒勞無功，需卦為健行遇險，「小過之需」，確實不佳。

●二〇〇四年三一九當日槍擊案前，我占問連戰能否勝選？為小過卦初至四爻全動，九四值宜變為謙卦，四爻齊變成臨卦。小過卦不可大事，宜下不宜上，謙卦為退守，臨卦又有君臨天下的可能。結果以一萬多票飲恨，也是小過之意。

●二〇〇四年十一月上旬，美國小布希連任總統，我問對台獨勢力的吉凶？為小過卦二至五爻全動，九四值宜變為謙卦，四爻齊變成坎卦。小過卦宜下不宜上，可小事不可大事，有大坎之象，「遇小過之坎」，絕無能為矣！美國不會支持台灣獨立。

63. 水火既濟（䷾）

既濟卦為《易經》第六十三卦，前為小過卦，後接最後一卦未濟卦。〈序卦傳〉稱：「有過物者必濟，故受之以既濟；物不可窮也，故受之以未濟終焉。」小過卦為小鳥練飛，不斷在嘗試錯誤中成長，人生學習任事，實務經驗夠了終獲成功。萬事萬物的變化永無窮盡，故而既濟卦後，又轉為未濟卦。《易》卦終於未濟，為高超睿智的洞識，若終於既濟卦，便成有限量，生生之機遂絕。《易》不可窮，物不可窮，後生可畏，焉知來者之不如今？易理為一開放而非封閉的系統，永遠對未來充滿創造不息的盼望。

〈雜卦傳〉稱：「既濟，定也……未濟，男之窮也。」既濟卦渡河成功，穩定而有秩序；未濟卦又生變故，陽剛創進的力量窮於應付。既濟、未濟二卦相錯綜，在卦序中本應緊密相鄰，因屬於〈雜卦傳〉排序的最後八卦，自「大過，顛也」之後，錯綜相依的關係都打斷，高度動盪起伏。未濟卦之前為「歸妹，女之終也」，與「未濟，男之窮也」對照，究為何意？朱子曾以「三陽失位」釋之，難愜人意，未濟卦三陰不也失位嗎？「窮」是困窮失意呢？還是窮極至最高境界？隨卦上六「王用亨于西山」，〈小象傳〉稱讚「上窮也」，「男之窮」是好還是不好？

無論如何，「歸妹，女之終」與少女嫁人有關，「未濟，男之窮」讓男性有焦慮和挫折感：是不是能力不足，搞不定呢？因此，十多年前從我習《易》的學生慣以卦名為別號自稱，如徐謙、徐遯、丘頤、趙漸等，就沒女生叫「歸妹」的，男生更不願叫「未濟」啊！

既濟、未濟二卦為全《易》中卦際關係最緊密者，相錯相綜且相交，上下卦易位，既濟變未濟，未濟成既濟。隨、蠱二卦相錯綜，漸、歸妹二卦相錯綜；泰、否二卦相錯綜且相交，與既濟、未濟二卦同。但以卦中卦看，泰卦中無否卦，否卦中無泰卦；而既濟卦中有未濟卦，未濟卦中有既濟卦。人生的成功與失敗，錯綜交互，還真是不好定論，常言「失敗為成功之母」，成功又何嘗不是失敗的根由？

以修行的究竟論，既濟卦是已經渡過彼岸，未濟卦則否。然而真有此岸彼岸的分別嗎？大徹大悟後，轉煩惱成菩提，此岸就是彼岸，堪忍娑婆世就是清靜極樂世，既濟卦就是未濟卦，未濟卦也就是既濟卦啊！

既濟卦的卦中卦，結構比剛剛簡述的還要複雜，意蘊也更深遠。既濟卦二至五爻互成未濟卦（䷿），初至四、三至上則互成既濟卦，初至五互成離卦（䷝），二至上互成坎卦（䷜）。水火既濟是由坎、離構成，而既濟卦中就內含由離至坎的過程。卦序由結構最單純的乾、坤，發展到既濟、未濟，由簡而繁，複雜到無以復加。天道人事之運化，確實如此。

䷾

既濟卦卦辭：

亨小，利貞，初吉，終亂。

既濟卦卦辭八個字，頗有些宿命論的意味。成功會帶來亨通，但規模有限，故稱「亨小」，而且必須固守住，才能產生利益，故稱「利貞」。如若不然，起初的吉會轉為最後的亂，安定不了多久，又會滋生事端，變成失序的未濟卦。

〈彖〉曰：既濟亨，小者亨也；利貞，剛柔正而位當也。初吉，柔得中也；終止則亂，其道窮也。

〈彖傳〉從卦爻結構立論，解釋卦辭稍有不同。既濟卦之所以亨通，是因為「小者亨也」。《易》例陽大陰小，人生成功並非硬幹，而是懂得順勢用柔。既濟卦六爻皆正，陽居陽位，陰居陰位，充滿了秩序感，量才適性，各安其位，故能成功。「初吉」，因為六二柔居下卦離明之中，以智慧渡險難；「終止則亂」，反應在上六坎險之極，下轉未濟卦，時運窮矣！

卦辭稱「終亂」，〈彖傳〉言「終止則亂」，多一「止」字，便有計較。原來既濟卦會亂，因為自滿不再精進，正所謂「逆水行舟，不進則退」，自我設限而被時潮淘汰。

〈象〉曰：水在火上，既濟。君子以思患而豫防之。

既濟卦上卦坎水、下卦離火，為「水在火上」的燒水之象。照講在上之水可能淹熄在下之火，何以卦稱「既濟」？因為中間有容器底隔開，火力透過底板反而將水燒開，相反相成矣！這個隔板的功能，就是「思患而豫防之」，保持距離，以策安全。劉邦坎險闖蕩，梟雄猜忌，張良贊襄有智，功成身退而獲善終，即為此義。既濟卦之後為未濟卦的患難，不豫防不行。

占例

● 一九九一年十二月上旬，我在出版公司股爭下代理總經理職務，針對身邊一些重要人事有占。當時問與一位管銷部門的副總經理宜如何互動？為不變的既濟卦。「亨小，利貞，初吉，終亂。」我們確實合作了兩年多，公司巨變後他見風轉舵，彼此不再連繫，又十年後，他罹癌症去世。

● 二〇〇四年元月中旬，我與家人赴日本福岡旅遊，問兩個月後大選扁呂配的勝算，為不變的既濟卦；藍營連宋配的勝算，則為不變的解卦。其時陳水扁搞公投巧門，欲混淆視聽，王永慶、李遠哲與林懷民相繼沉重表白，選局相當詭異。「既濟，定也」，為成功之意，無論如何比解卦好，看了真是不爽，影響出遊心情。三一九槍擊案後，陳水扁獲勝連任。

● 二〇一二年六月中，我受邀赴美國三大城市的台灣書院演講，主題為：「行地無疆——由《易經》看二十一世紀中華文化的傳播」。行程依序是紐約、休斯頓、洛杉磯，由美東巡迴至美西。由於我之前尚未到過紐約，就與妻結伴，提前六日去紐約觀光，徜徉於綠樹蔽天的中央公園時，占算三城演講的成效如何？為不變的既濟卦。「既濟，定也」，成功搞定沒問題，確實如是。

● 二〇一〇年六月下旬，我的兒子將升高三，決定讀商，我問合適否？為不變的既濟卦。「既濟，定也」，就是這個志願了！若讀大眾傳播或其他領域，則為訟卦（䷅）二、四、上爻動，貞悔相爭成比卦（䷇）。九二、九四皆「弗克訟」，上九得而復失，競爭失利，顯然不好。

初九：曳其輪，濡其尾，无咎。
〈小象傳〉曰：曳其輪，義无咎也。

初九當既濟之初，為基層之位，實無能為。陸地行車受阻滯，小狐狸涉水沾濕尾巴，皆得知難而退，方獲無咎。本爻變，為蹇卦（䷦），外險內阻，寸步難行。未濟卦卦辭稱「小狐汔濟」，既濟卦雖未稱，兩卦錯綜一體，推理可知。中孚卦「豚魚吉，利涉大川」，澤及水陸眾生。既濟卦初九「曳其輪，濡其尾」，水路陸路皆未通達。

我一位女學生說，她有次占問年度運勢，得出此爻動，結果真的就傷到腳踝，不良於行，應驗了爻變為蹇之象。

占例

● 一九九三年二月中旬，我在出版公司負責經營，各項業務蒸蒸日上，就過去遺留的財務問題牽絆發展，當時心中發傻，問年內運用自己良好的信譽以謀解決如何？為既濟卦初九爻動，有蹇卦之象。「曳其輪，濡其尾，无咎。」完全實力不足，太嫩太傻，絕無可能。

當年十二月初，營運更見興旺，老闆召開董事會，做出一些母公司與賠錢的子公司間妥協的議案，會後我問：這種苟安局面能維持下去嗎？為既濟卦初九爻動，有蹇卦之象。「曳其輪，濡其尾，无咎。」顯然難以持久，泥菩薩過江自身難保，遑論救人？

●二〇〇六年三月上旬，我在工商建研會的學生問官司吉凶，其夫在青島作生意多年，遭大陸夥伴提告侵權，問題嚴重。得出既濟卦初九爻動，有蹇卦之象。「曳其輪，濡其尾」，外險內阻不得行，後果敗訴，賠掉三分之一資產。

●二〇一〇年二月下旬，我參加兵法學會的理事會餐敘，當時會長籌議成立基金會，以及設立書院等。我直覺不看好，占測亦得出既濟卦初九爻動，有蹇卦之象。實力不足，時機也不對，果然一無所成。

●二〇一一年二月上旬，我問以手機電占的方式是否還有改善空間？為既濟卦初九爻動，有蹇卦之象，並不容易。再問以後重大問題改用傳統手占是否較穩妥呢？為升卦（䷭）初、三爻動，有臨卦（䷒）之象。初六「允升，大吉」，臨卦為有效的管理，確實比較妥當。

䷾

六二：婦喪其茀，勿逐，七日得。

〈小象傳〉曰：七日得，以中道也。

六二中正，上與九五之君應與，以智濟險，應可成就，但時機未成熟前，不宜妄動逐利，〈彖傳〉所謂柔中初吉，即指此爻而言。爻變為需卦（䷄），須耐心等待必要條件滿足後再行動，才能利涉大川。「茀」為首飾，女性愛美是天性，出門未戴首飾，不能炫美，出去做啥？「勿逐，七日得」，暫時不要與人競逐，等找回丟失的首飾穿戴好，一切周備後再出門。「七日得」即剝極而復，七日來復，失而復得，震卦六二、睽卦初九都有類似的告誡與提醒。

占例

●二〇〇二年初我作一年之計，問美國全年的經濟情勢，為既濟卦六二爻動，有需卦之象。「婦喪其茀，勿逐，七日得。」此為何意？「茀」為婦女愛穿戴的首飾，在此應指奢侈品的消費需求，美國經濟少了這塊，一時很難振興，「七日來復」還得等段時間。二〇〇三年美國出兵伊拉克，消耗大量戰費，更進一步拖延了經濟的復甦。既濟卦九三即出師征伐之象，前後二年的美國經濟情勢，完全按照《易經》的爻序在走。

●二〇一二年四月下旬，我問許慎《說文解字》的成就，為既濟卦六二爻動，有需卦之象。「婦喪其茀」，似乎少了些必要的參考因素，未能克竟全功。殷墟甲骨文出土甚晚，許慎不及見，東漢時去古已遠，離倉頡造字相距兩千七百多年，能有這樣成績算很難得了！

九三：高宗伐鬼方，三年克之，小人勿用。

〈小象傳〉曰：三年克之，憊也。

九三過剛不中，處下卦離火之極，前臨坎險，終於憋不住出手攻擊。「高宗」指殷高宗武丁，「鬼方」為殷商時盤據在陝西北部的遊牧民族，高宗為弭平邊患，曾大肆討伐鬼方，多年苦戰獲勝，卻也耗損國力，種下後來衰頹之機。戰勝之後，需酬賞戰功，或給錢或給地位，又剝一層皮，這時需注意勿用才德不稱者擔任要職，會打仗的未必能治國，師卦上六已深釋其理。本爻變，為屯卦（䷂），資源匱乏，動乎險中，得審慎行事。

武丁有妻名婦好，多次為他領兵出征，為中國古代著名的女將軍，先武丁而死，在安陽殷墟博物館有她的墓穴遺址。既濟卦六二上承九三、又與九五之君應與，似有婦好之象。

「高宗伐鬼方」充滿了象徵的意涵，高高在上的帝王自以為是，舉兵討伐魔鬼般罪惡落後的敵方，勞民傷財，苦戰獲勝，贏得戰爭，卻無法贏得和平，冤冤相報，沒個了局。古今中外、歷朝歷代都有「高宗」，漢武帝北伐匈奴，搞得民窮財盡，國力大衰，邊患也未真正弭平。清高宗乾隆的十全武功，使其後國勢下降，再遇西方列強侵凌，終至一蹶不振。美國小布希總統窮兵黷武，侵伐阿富汗、伊拉克，耗損無數戰費，債務如山，世界和平仍遙遙無期。積怨對立的霸道方式，永遠不能真正解決問題。

占例

● 一九九〇年十一月中旬，我在出版公司多負責一份健康刊物的籌辦，找了一位女博士來任總編輯，部署數月無甚成效，搞得有些進退兩難。問如何下手整治？為既濟卦九三爻動，有屯卦之象。「三年克之，憊也」，真的是疲憊不堪。屯卦為無中生有的創建，萬事起頭難哪！

一九九二年八月中旬，老闆前些年跑大陸簽下的一些版權合作案，遲滯難銷，耗費成本過重，我們相當傷腦筋，問如何處置為宜？得出「遇既濟之屯」。「三年克之，憊也」，陷入苦戰，皆由於主事者的好大喜功所致。

一九九三年元月上旬，我作出版公司的一年之計，問當年產品開發的策略怎麼訂？又是「遇既濟之屯」。「三年克之，憊也」，看來不能輕啟戰端，過度開發會很難收拾。

當年十一月下旬，業績扶搖直上，外來的財務干擾卻讓人煩心，我問如何應對？為「遇既濟之屯」。「三年克之，憊也」，多年來我們真是疲於奔命，勢位所限，實在也無善策。

●二〇〇二年十二月下旬，我問次年國民黨的氣運，為「遇既濟之屯」。「高宗伐鬼方」，「三年克之，憊也」。朝野兩大黨的對立抗爭沒完沒了，辛苦之極。

●二〇〇五年八月底，我在稍前參加青島舉辦的國際易學與儒學會議中，結識了上海古籍出版社的編審，探詢在台出版多年的《易經與現代生活》出簡體字版的可能，占得「遇既濟之屯」。「高宗伐鬼方，三年克之，小人勿用。」該案後來一波三折，先換到學林出版社，又轉介至上海三聯，承包的陳先生無理延誤甚久。二〇〇八年五月中旬，我在蘇州參加完兵法會議後，專程赴上海與之談判。會晤前再占問吉凶，又為「既濟之屯」。真的是疲憊不堪，最後書雖然出來，整個歷程極不順利。

●二〇一五年七月下旬，我參加華夏始祖文化之旅，又至安陽殷墟博物館參觀，先到婦好墓，地宮前默禱致意，算是數千載之下熟客打招呼吧！居然出現既濟卦九三爻動，「高宗伐鬼方，三年克之，小人勿用」。長眠在穴的遠古英雌直接回覆，寂然不動，感而遂通天下之故？

六四：繻有衣袽，終日戒。

〈小象傳〉曰：終日戒，有所疑也。

六四為執政高層，在九三多年苦戰之後，國庫空虛，得厲行儉省。「繻」為錦繡華服，「袽」為破舊罩袍，官員為示節儉，在華服上再加一件布袍，表裡言行不一，又怕被人揭穿發現，整天戒懼小心，惶惶不可終日。本爻變，為革卦（䷰），周遭形勢已有重大變遷，人得跟著應變。清乾隆之後，國勢日衰，道光時發生鴉片戰爭，他深以為恥，誓言必復國仇。未達心願前，皇陵素色不上漆，皇袍也樸素不換新。主子如此，滿朝高官也得作樣子，競相樸素，成了丐幫內閣，既非誠心，無補實際。既濟卦從六四起，離開下卦的光明，進入上卦的坎險，形勢明顯由盛轉衰，越來越不好應付。

䷾

九五：東鄰殺牛，不如西鄰之禴祭，實受其福。

〈小象傳〉曰：東鄰殺牛，不如西鄰之時也；實受其福，吉大來也。

九五中正居既濟君位，下乘六四，又和六二應與，格局本該不錯。大形勢下離明入險，深陷坎險之中，資源不足，只能儘量儉省。小過卦「可小事，不可大事」，既濟卦則成大事，國之大事，在祀與戎，九三興戎花了大錢，九五領政遂捉襟見肘。政權的延續，以祭祀宗廟的香火不斷可知，震卦已明其義。既濟卦九五主持祭祀，沒錢揮霍殺牛用大牲，只宜供品微薄，略表心意，該省則省，祖宗神明不會怪罪，仍將護祐賜福，而受大吉。東鄰、西鄰為比喻，也可能暗指西周取代東方的殷商而興起，克勤克儉的小邦，比奢侈浮華的大國懂得時宜與實惠。現代企業遭遇不景氣，亦應有此認識，賺錢不易時，沒有比省錢更重要的了！本爻動，恰值宜變成明夷卦（䷣），韜光養晦，

「利艱貞」。

占例

● 一九九三年九月初，我四處覓新居準備喬遷，看上一處堤防邊的工地，問合宜否？為既濟九五爻變，成明夷卦。「東鄰殺牛，不如西鄰之禴祭，實受其福。」該案價格偏高，對我相當吃力，還是別自找苦吃，打腫臉充胖子。過幾天再問，為不變的小過卦，「可小事，不可大事」，〈大象傳〉又稱「用過乎儉」，遂作罷。當時還占過「遇困之漸」，已見於困卦四爻變占例。

當年十一月底，出版公司開董事會，我問對策與吉凶，為既濟卦九五爻變成明夷卦。九五是「明夷之心」，一切問題及痛苦的根源，我只能低調以對，並堅持不亂花錢而已。

● 二〇一一年十一月中旬，我過五十九歲生日，問過去近一甲子的歲月成就了什麼？為「既濟之明夷」。似乎在易學的領域裡功成名就，歷程辛苦備嘗，且資源仍然有限。再問未來的人生又會是怎樣的光景？為屯卦（䷂）二、四、五爻動，六二值宜變為節卦（䷻），貞悔相爭成歸妹卦（䷵）。屯卦為草莽開創，二、五相應與，四承五，格局呼應甚佳；歸妹卦「天地大義人終始」，「君子以永終知敝」。

䷾

上六：濡其首，厲。

〈小象傳〉曰：濡其首厲，何可久也？

上六為既濟之終，下轉未濟，居上卦坎險之極，乘於君位九五之上，關係惡劣，終遭滅頂之凶，還能撐多久？本爻動，為家人卦（䷤），事業失敗，回家吃老米飯吧！

占例

● 一九九六年元月中旬，我跟家人在屏東小墾丁樂園度假，台北傳來出版公司劇烈股爭的訊息。我問自己還能如何？為既濟卦上六爻動，有家人卦之象。「濡其首厲，何可久也？」已非其時，不居其位，歸與歸與，再難有所作為。

多爻變占例之探討

以上為既濟卦卦、彖、象、六爻之理論及單爻變占例之闡明，往下探討更複雜的多爻變的情境。

二爻變占例

占事遇卦中任意二爻動，若其中一爻值宜變，以該爻辭為主；若皆不值宜變，以本卦卦辭卦象為主，亦可參考二爻齊變所成之卦的卦辭卦象。

● 一九九五年初我做一年之計，問與李登輝的互動機緣，為既濟卦二、五爻動，有泰卦（䷊）之象。二、五相應與，「既濟之泰」，互動往來順暢。當年持續上課，也算頗難得的一段機緣。

● 二〇〇九年八月初，我想為子女購屋以為安身立命之基，占得既濟卦三、上爻動，九三值宜變為屯卦，齊變為益卦（䷩）。三、上相應，九三種因，上六成果，三年苦戰的疲憊，還可能濡首滅頂，「何可長也」？負荷太重，不予考慮。

若未來協助子女置產呢？先得乾卦（䷀）除九五外全動，九三值宜變為履卦（䷉），五爻齊變成比卦（䷇）；再得巽卦（䷸）四陽爻齊動成坤卦（䷁），九三值宜變為渙卦（䷺）。「終日乾乾」，太辛苦了，「遇乾之比」，除了自強外仍得尋求外助。「頻巽吝，志窮也」，就怕「喪其資斧，貞凶」。總之都嫌過力，只好暫時擱置。

●二〇一五年十月下旬，我問即將揭曉的台灣立委選舉勝負，國民黨為「遇既濟之屯之益」，三年苦戰終至濡首滅頂，肯定大敗。民進黨為同人卦初、三、五爻動，貞悔相爭成晉卦。「同人于野」，「大師克相遇」，加官「晉」爵，必然大勝。果然如此。

●二〇一〇年七月中旬，我問飽受債務衝擊的歐元區十年後的國勢，為既濟卦初、五爻動，齊變有謙卦（䷎）之象。初九「曳輪、濡尾」，基層經濟停滯疲弱；九五為各國元首，無力揮霍，必須樽節施政。

●一九九四年七月上旬，我在出版公司巨變後兩月風聞公司大陸登記的品牌商標遭攻擊侵權，問處理吉凶？為「既濟之謙」。初九「曳輪、濡尾」，行動艱難；九五正居品牌之位，外強中乾，不低調也不行。

●二〇一〇年初，我問已身陷囹圄的陳水扁全年運勢，為「遇既濟之謙」。初九「曳輪、濡尾」，失去行動自由；九五居君位，資源耗損，再難叱吒風雲矣！

●一九八九年八月上旬，出版公司的財務已經開始惡化，狀況不斷，老闆把曾經鬧翻拆夥的弟弟找回來幫忙，企圖振衰起弊。我問他們復合的前景，為既濟卦三、五爻動，齊變有復卦（䷗）之象。三與五「同功而異位」，苦戰三年，疲憊不堪，「小人勿用」指何而言？君位九五耗損過鉅，又不肯樽節開銷，只怕配合起來勞而無功。果然沒湊合幾個月，兄弟再度分手。

● 二〇〇九年五月初，我問未來三年大陸股市的發展，為「既濟之復」。九三苦戰三年，疲憊不堪；九五資源耗損，難以大作為，其後果然如是。

● 二〇一一年四月底，我在高雄授《易》，與商界老學生餐敘，他的專案管理學會辦培訓辦得很成功，也很辛苦。我問未來十年台灣產業的培訓市場，為「既濟之復」。九三「三年克之」，九五「西鄰之禴祭」，「實受其福」，可以做，肯定很辛苦，還花不起大錢。再問他未來三年的運勢，則為困卦（䷮）初、二、四、上爻動，四爻齊變成益卦（䷩）。「遇困之益」，拚命開發新路以脫困，遷善改過而獲益，太切合其處境。

● 一九九九年八月下旬，高雄這位學生有一房地產新案在推，為无妄卦（䷘）初、三、上爻動，貞悔相爭成咸卦（䷞）。无妄卦機會不大，初九啟動，六三「无妄之災」，上九窮途「无攸利」。我代他籌謀，未來的路子要怎麼走才好？為既濟卦初、三爻動，齊變有比卦（䷇）之象。初九「曳輪、濡尾」，行動艱難；九三「三年克之」，疲於奔命。「既濟之比」，還得廣結善緣，藉外力協助才能穩定局面。十多年來，這個基本態勢沒變。

● 二〇一〇年三月下旬，我問英鎊十年後的國際地位，為「小過之旅」，已見前述；接著又問二十年後呢？為「既濟之比」。初九「曳輪、濡尾」，艱困難行；九三苦戰多年，疲憊不堪，還得靠國際外援來支撐。小過卦之後為既濟卦，英鎊由十年至二十年，依自然卦序發展。

●二〇〇七年三月中，我在元京證券授《易》的學生劉慶平決定離職，率團隊赴北京發展，我問他此去三年內的吉凶，為「既濟之比」。初九「曳輪、濡尾」，難以行進；九三苦戰經年，疲憊不堪，還有「小人勿用」的警訊。數年來的發展，確如卦象所示。

●一九九三年五月中旬，我的第一套易書完稿，準備安排出版。一是就由任職的出版公司印行，為「既濟之比」；一是以其他途徑出書，為噬嗑卦（䷔）初、五、上爻動，六五值宜變為无妄卦，貞悔相爭成隨卦（䷐）。「三年克之，小人勿用」，藉由公司現成的產銷通路，以打開局面，反正著作權仍歸我有。噬嗑卦為叢林法則的劇烈競爭，「噬乾肉，得黃金」不易，暫時還是與公司合作為宜。一年後，公司領導權生變，風險增加，某位副總編勸我加印五千部，以為未來抵債之用，確實料中事機，減少了我許多損失。

●二〇一一年三月上旬，我問毓老師想在大陸北方籌辦奉元書院的心願，是否因年壽過高、體氣衰微而已太遲？為「既濟之比」。初九艱困難行，九三苦戰經年，「小人勿用」，比卦涉及外部助力，又為坤宮歸魂之卦，情勢大大不妙。半月後老師過世，擔心成為事實。

●二〇一一年六月下旬，我的學生石粵軍創業做行動載具上電子書App的生意，與高雄耕心園合作建立我的「解經書房」電子檔，我問推廣效益如何？為既濟卦二、三爻動，九三值宜變為屯卦，齊變為節卦（䷻）。六二「婦喪其茀，勿逐，七日得」；九三「三年克之，憊也」。看來都得很長一段時間，才能產生效益，確實如此。

●二〇一一年九月初，我二度赴慕尼黑授《易》，前後共十天分三階段，舊地重遊，我問此次教學的績效預期，為「既濟之節」。「婦喪其茀」，「三年克之」，疲憊不堪，何以如此？再占問應如何調整？為不變的臨卦。「教思无窮，容保民无疆」，仍盡心力教學，勇於開放面對。事後發展確有意外，但與我認真教學無關。

●一九九七年十月中旬，我問究竟什麼力量在運作易占？為「既濟之節」。節卦〈大象傳〉稱：「君子以制數度，議德行。」易占由數生象，象示其理，但占者的德性修為很重要，「有是德方應是占」，所謂「易為君子謀」，並非虛言。接著再問易占的最大限制，為不變的訟卦；可測的最高境界，為「遇同人之坤」。訟卦上剛下險，心懷險詐與人相爭，易占「不為小人謀」，所謂「惟易不可以占險」是也。同人卦「通天下之志」，「利涉大川，利君子貞」；坤卦順勢用柔，厚德載物。「同人之坤」，正是〈繫辭上傳〉第十一章所稱：「聖人以通天下之志，以定天下之業，以斷天下之疑。是故蓍之德圓而神，卦之德方以智。」易占的最高境界在此。

●二〇一〇年八月下旬，我們學會面臨改組，新任理事長鄧美玲留下的執行長空缺，她想提升副執行長接任。我直覺還不合適，問得既濟卦初、二爻動，有井卦（䷯）之象。初九「曳其輪，濡其尾，无咎」，六二「勿逐」，顯然時機未至，還需多加歷練。我既重任理事，理事長兼執行即可，暫不補實。

●二〇〇九年九月二十八日孔子誕辰後，我問一貫道中三教同源的說法，為「遇乾之漸」，已見乾卦三爻變占例；又問三教合一的理念，為既濟卦五、上爻動，齊變有賁卦（䷕）之象。九五鋪張過甚，不如儉約務實，以免上六「濡首之厲」；賁卦人文化成，不宜虛飾浮誇。三教各有其理其位，存異求同即是，不必奢言合一。

占事遇卦中任意三爻動，以本卦為貞，三爻齊變所成之卦為悔，稱貞悔相爭，合參二卦卦辭卦象以斷。若三爻中一爻值宜變，加重考量其爻辭。

●二〇〇三年四月上旬，我在社會大學末期的決策班教占，大家聯手問陳水扁翌年大選能連任否？為既濟卦初、三、五爻動，貞悔相爭成坤卦。「既濟，定也」，初難行、三苦戰、五登君位，順勢用眾可能連任成功。後果成真。

●二〇一一年元月中旬，我準備出《四書的第一堂課》繁體字版，問交給時報出版公司合宜否？為「既濟之坤」（䷁）。「既濟，定也」，初難行、三苦戰、五成功。圓神出版公司為不變的小過卦，在既濟卦之前，有大坎之象，「可小事，不可大事」。後來兩邊都有回應，圓神無意出版，時報爭取出書，但改編刪定的幅度不小，我配合審閱，辛苦備嚐。

●二〇一一年六月下旬，我問預定九月上旬赴德授《易》順遂否？為「既濟之坤」。「既濟，定也」，「利涉大川」，初難行、三苦戰、五成功但不實惠。教學效果呢？為咸卦（䷞）三、四、五爻動，九四值宜變為蹇卦，貞悔相爭成坤卦（䷁）。咸卦為感應相與，坤卦則「含弘光大，品物咸亨」，效果卓著。後來，兩占都完全靈驗。

●二〇一〇年十二月中，我問某位學生的心品如何？為既濟卦初、三、上爻動，貞悔相爭成觀卦（䷓）。初爻難行、三爻苦戰、上爻「濡首」；觀卦「盥而不薦，有孚顒若」。「遇既濟之觀」，認真修行，並不平順。

●一九九二年五月下旬，我們出版公司報名參加北京書展，由於台北事情太多，我想自己不去如何？為既濟卦九五爻動，成明夷卦。領導不去，省錢實惠。過幾天須做最後決定了，再占行止，為既濟卦三、五、上爻動，九五值宜變為明夷卦，貞悔相爭成頤卦（䷚）。還是既濟卦九五的考量，多搭配了九三苦戰、上六「濡首」，頤卦則「自求口實」。最後還是決定去，結果差不多就是這樣，以公司當時的弱勢，想有大成也難。

●二〇一一年八月上旬，我在北京授《易》課畢，友人開車載我去近郊潭柘寺遊覽，午餐時談起他想辦心靈講座，問得益卦（䷩）初、五爻動，齊變有剝卦（䷖）之象。初九「利用為大作」，九五「有孚惠心」，何以會出現剝象？益卦「利有攸往」，剝卦則「不利有攸往」，怎麼調和矛盾？應該是少了益卦六四承上啟下的重要環節，若有六四爻動，三爻協作當為晉卦，前途光明。再問他與熟朋友，某心理月刊的主編合作好嗎？為「既濟之頤」。三苦戰、五無實惠、上「濡首」，還不如頤養「自求口實」。結果當年底前試辦，還真如卦象所示，並不順利。人生成事難哪！

●二〇〇二年八月下旬，我問黃俊英能否代表泛藍陣營參選高雄市長？為既濟卦下卦三爻全動，貞悔相爭成坎卦。初九基層難行，六二「婦喪其茀」，條件不具足，九三「高宗伐鬼方」，疲憊苦戰；坎卦重險，出線不易。再問若代表參選，能勝選嗎？為「遇剝之困」，已見剝卦四爻變占例說明。後來黃代表參選，輸給爭取連任的謝長廷。

●二〇一一年五月底，經前一年學會改組整頓後，有些老學生心生怨望，另起爐灶。我得知後，占問其心態：某甲為「既濟之坎」，某乙為「明夷之復」，某丙為「遇鼎之蠱」；主其事者為渙卦（䷺）三、五、上爻動，九五值宜變為蒙卦，貞悔相爭成升卦（䷭）。既濟卦下三爻全動，某甲亟想成功而未能，疲憊不堪，「小人勿用」。明夷卦九三動，某乙自覺委屈辛苦，欲藉「南狩」行動「得其大首」，恢復光明。鼎卦九四「折足、覆公餗」，某丙榮光敗壞打破鼎？渙卦離心離德，「血去，逖出」，主其事者心有未甘，另尋上升舞台？無論如何，都無庸深究了！人生聚散往來，難矣哉！

●二〇〇二年元月上旬，我們周易學會成立不久，我問全年的發展策運，為既濟卦初、四、五爻動，九五值宜變為明夷卦，貞悔相爭成小過卦（䷽）。初基乍立，不宜妄行；六四、九五資源不足，宜儉省行事；小過卦可小事不可大事，宜下不宜上。稍前在二〇〇一年十月中旬，學會成立之初，我問第一年的發展策運，為既濟卦二、三爻動，九三值宜變為屯卦，齊變成節卦。六二條件不具足，九三苦戰疲憊，開創之初節約為宜，情況差不多。

●二〇一一年四月下旬，一位股市專業的朋友邀我餐敘，還找了幾位研究藝術的教授作陪，舊話重提，想將《易》文化與雕塑藝品結合起來搞文創。我赴會前問這回如何？為「既濟之小過」，按卦序等於倒退，資源不足，不宜妄動，可小事不可大事，不宜上宜下。看了心中有數，餐敘酬酢一陣，一切以後再說。

●一九九三年七月中旬，我針對公司與關係企業某方面的合作案問吉凶，為既濟卦二、三、上爻動，貞悔相爭成中孚卦（䷼）。既濟卦變中孚卦，等於往後退了兩卦，六二條件不具足、九三苦戰疲憊、上六「濡首」難持久，公司與之合作根本吃虧，完全沒有必要。

●一九九四年九月下旬，我給李登輝上課之事已經曝光，某夜在社會大學上完教占的課後，老友與我長談未來遠景，返家後我占得既濟卦初、三、四爻動，貞悔相爭成萃卦（䷬）。「既濟」成功，「萃」為精英相聚，乍看不錯，視爻則不然。初難行、三苦戰、四消耗而「終日戒」，未必順暢。日後彼此的合作關係，確如占象所示，十年後劃下句點。

●一九九七年四月底，社大基金會想辦網路大學，老友邀我入股參加，我接連三占：一問經營前景，為頤卦（䷚）五、上爻動，齊變為屯卦（䷂）。「屯」為草創，「頤」為給養的生態，君位六五陰虛並無實力，須靠上九背後支持。二問我加入如何？為既濟卦三、四、五爻動，九五值宜變為明夷卦，貞悔相爭成震卦（䷲）。九三苦戰疲憊、六四外強中乾、九五儉省渡日，自找麻煩。三問不加入呢？為不變的頤卦。「貞吉，觀頤，自求口實。」自食其力，不假外求甚好，遂毅然婉拒。事實證明，網路大學後來給他帶來很大麻煩，不僅宣告倒閉，還惹上官司。

●二〇一一年三月二十日毓老師仙逝，兩天後我問：老師未完成的志業，我們往後當怎麼接著做？為既濟卦二、三、五爻動，九五值宜變為明夷卦，貞悔相爭成臨卦（䷒）。六二「婦喪其茀，勿逐，七日得」；九三苦戰經年，還得當心「勿用小人」；九五資源消耗過鉅，宜儉約行事。臨卦「教思无窮，容保民无疆」，同時也得如臨深淵、如履薄冰啊！

●二〇一二年三月上旬，陳水扁在獄中不斷有身體虛弱的狀況，我一位學生纏著我占問三至五年內扁的疾病會如何？為既濟卦三、四、上爻動，貞悔相爭成无妄卦。以身體健康來說，水火既濟為心腎相交，占象中三爻動態相當負面，心火不能暖腎水。九三疲憊苦熬三年，六四「終日戒，有所疑」，精神上也有問題，上六濡首滅頂，「何可久也」？无妄即無望，未來大大不妙。

占事遇卦中任意四爻動，以四爻齊變所成之卦的卦辭卦象為主，若其中一爻值宜變，加重考量其爻辭以斷。

●一九九八年元月上旬，社會大學創辦滿十年，我問其發展運勢，為既濟卦初至四爻全動，九三值宜變為屯卦，四爻齊變成困卦（䷮）。既濟卦九三疲憊苦戰，耗盡資源，至六四捉襟見肘，運勢轉衰，「遇既濟之困」，恐將陷入經營困境。其後果驗，六、七年後結束營運。

●二〇一〇年九月底，一位新認識的學生想賣掉畫廊，只做藝品仲介，占得鼎卦（䷱）四、上爻動，上九值宜變為恒卦，齊變為升卦（䷭）。「鼎」為工藝極品，九四「鼎折足」，放棄不經營現場；上九「鼎玉鉉，大吉，无不利」，賦閒品鑑仲介頗合宜。恒、升二卦皆佳。又問她先生到北京、上海開紅酒店如何？為既濟卦初、三、四、五爻動，四爻齊變成豫卦。可能成功，但初期奮鬥很辛苦。

●二〇一一年十二月上旬，我的連襟王醫師想賣掉舊房子，問時機適當否？為既濟卦初、三、五、上爻動，上六值宜變為家人卦，四爻齊變成剝卦（䷖）。上六「濡其首，厲」，辛苦而不上算，剝卦則「不利有攸往」，警示明確。如便宜點賣給一位熟識的警官如何？為大壯卦九三爻動，有歸妹卦之象。「小人用壯，君子用罔，貞厲。羝羊觸藩，羸其角。」「大壯則止」，歸妹卦「征凶，无攸利」，不宜衝動行事。

●二〇一二年六月初，我在復旦大學授《易》，問下週參加中壢元智大學的國際傳播會議，為「既濟之剝」。明顯辛苦而無所得，怎麼回事？到會期前夕，我再問一次，為艮卦六四爻動，有旅卦之象。「艮其身，无咎」，「止諸躬也」，自己穩住，對外沒影響。再確認，為同人卦（䷌）初、三、四爻動，貞悔相爭成觀卦（䷓）。「同人于野」，觀民設教，本也合乎此次會議研討的主題，我的論文題目就是：「觀民設教，行地無疆——簡論全球化時代中華易經思想的傳播」。然而審視爻的變化則否，初九「同人于門」，九三「伏戎于莽」、九四「乘其墉，弗克攻」，障礙重重不易突破。結果當日匆匆去來，簡報十五分鐘，與會學者皆非《易經》專業，論題都在外圍打轉，他們亦感心虛，討論起來卻絕不虛心，全無切磋之效。大會連論文集都未印製，讓人失望之至。

64. 火水未濟（䷿）

未濟卦為全《易》最後一卦，「終于未濟」為《易》之作者至高的睿智，宇宙人生的變化發展無窮無盡。

䷿

未濟卦卦辭：

亨。小狐汔濟。濡其尾，无攸利。

「未濟」向未來無限開放，亨通超過既濟的「亨小」。小狐狸不知河水深闊難渡，無法泅泳至彼岸，許多都弄濕了尾巴，得不到任何利益。「汔」字用得甚切，和井卦的「汔至亦未繘井」類似，幾乎將成而未成，功虧一簣，非常可惜。《老子》第六十四章稱：「民之從事，常於幾成而敗之，慎終如始，則無敗事。」

〈彖〉曰：未濟亨，柔得中也。小狐汔濟，未出中也；濡其尾无攸利，不續終也。雖不當位，剛柔應也。

未濟卦的亨通，不在受挫的現狀，而在再接再厲的未來。六五居上卦光明之中，習坎繼明而獲亨通。小狐狸未登彼岸，沒脫離坎險之中，應指九二，坎卦九二〈小象傳〉亦稱「未出中也」。沾溼了尾巴沒有獲利，是因為後力不濟，無法持續游到終點。未濟卦六爻陽居陰、陰居陽，全不當位，組織裡每個成員都擺錯位置，當然無法成事。雖然如此，上九與六三、九四與初六、九二與六五剛柔皆應，仍給人無限的盼望。

〈象〉曰：火在水上，未濟。君子以慎辨物居方。

未濟卦上卦離火、下卦坎水，故稱「火在水上」。火勢上燃，水勢下流，各行其是，上下不能交流合作，故而事敗。水火就能「既濟」，火水即成「未濟」，成敗與資源所居的相對方位有關。〈繫辭傳〉首章稱：「方以類聚，物以群分，吉凶生矣！」同人卦廣結人脈，〈大象傳〉稱「類族辨物」；未濟卦吸取失敗的教訓，得審慎「辨物居方」，明辨各種資源的特性，佔好正確的方位，以爭取下一回合的成功。

以中醫養生的觀點看，「既濟」為心火與腎水相交，氣脈通暢，寒溫調和，「未濟」則否，須趕緊療治。

占例

●二〇〇一年十月中旬，施明德參選台北市北區立委，我問勝負，為不變的未濟卦，絕對選不上。

施在野資歷深，過分托大，幾乎沒有拜票行動，過去也不做選民服務，大浪淘沙，果然低票落選。

二〇一二年元月中，馬英九剛勝選連任，我問台灣未來四年氣運，為不變的未濟卦。看來前途頗不樂觀，朝野不合，經濟不景。

● 二〇〇八年九月十五日金融風暴爆發後，我一位南部的老學生投資衍生性商品血本無歸，災情慘重。當時美國政府經國會通過，投入七、八千億美金紓困，她占問有效否？為不變的未濟卦。債務太過嚴重，砸錢肯定無效，確實如此。學生習《易》多年，重大投資照樣失誤，原因何在？

● 二〇一〇年六月中旬，我們學會在烏來辦春研營，討論易理與佛法的關係，一名老學生同桌用餐，談起他要開養生特色餐廳之事。我暗算前景，為不變的未濟卦，其副總對他有助益否？為不變的剝卦，已見前述。未濟卦當然不能成，剝卦陰剝陽，「不利有攸往」，他開店沒多久，即因生意清淡被迫停業轉型，全如卦象所示。

● 二〇一一年十月中，我在西藏旅遊，問二〇一二年我的身體健康，為不變的未濟卦。心火腎水不調，中氣不足，又問如何改善？為井卦（䷯）三、五、上爻動，九五值宜變為升卦，貞悔相爭成蒙卦（䷃）。「井」為調氣內治，九五打通泉脈，上六擴及全身，脫胎換骨矣！說道理容易，落實去做很難。

● 一九九七年八月下旬，我問〈雜卦傳〉的究竟意涵為何？得出不變的未濟卦。「物不可窮也，故受之以未濟，終焉」。〈雜卦傳〉為十翼〈易傳〉壓軸，將自然的卦序打散重整，建構出一個充滿人文理想的情境，啟示後人易理的運用無窮無盡，對未來恆存熱切的盼望。

二〇〇八年六月中旬，我問中華兵學在二十一世紀的發展，為不變的未濟卦。隨著時代環境的重大變遷，兵學的研究發展亦無止境。

二〇〇九年十一月下旬，我問自己的易學此生能修到什麼境界？為不變的未濟卦。《易》不可窮也，故受之以未濟終焉。學問之道，永無止境。

初六：濡其尾，吝。

〈小象傳〉曰：濡其尾，亦不知極也。

初六當未濟之初，居下卦坎險底層，當然無力過河。小狐狸泅泳不成，徒然沾溼了尾巴，太不了解本身能力的侷限。本爻變，為睽卦（䷥），完全不合時宜。

占例

● 二〇〇六年七月上旬，我給學生講三十六計與易理的關係，其中「無中生有」為未濟卦初六爻動，恰值宜變成睽卦。未濟卦本不可為，初六爻動生事，明知不成，卻製造事件以圖將來。

● 一九九三年七月上旬，我在出版公司用心經營，不少編輯建議開拓兒童藝術書系列，我占得未濟卦初六爻變，成睽卦。「濡其尾，吝」，「亦不知極也」。再確認，為革卦初九爻動，有咸卦之象。「鞏用黃牛之革，不可以有為也」。看來都不宜作，和公司體性不合，遂作罷。

九二：曳其輪，貞吉。

〈小象傳〉曰：九二貞吉，中以行正也。

九二剛而能柔，雖居下卦坎險之中，鎮靜固守中道而獲吉。「曳其輪」，與既濟卦初九同辭，其實未濟卦九二即相當於卦中卦既濟卦的初九，一切以靜守為宜。本爻變，為晉卦（䷢），只要現階段穩住，將來有出頭的機會。

占例

●二〇一〇年八月中旬，我問孫中山先生的歷史定位，為未濟卦九二爻動，有晉卦之象。「曳其輪，貞吉」，「中以行正也」。他的革命事業不算成功，所言所行卻樹立了很好的典範。

●二〇〇九年七月中旬，我問《法華經》的主旨，為未濟卦九二爻動，有晉卦之象。《法華經》主旨為眾生皆可成佛，未濟卦九二雖在下界坎險之中，上與佛光普照的六五相應與，晉卦「以自昭明德」，「晝日三接」，都能接引成道。

●二〇〇四年十二月上旬，我的學生林獻仁在IBM有些待不下去了，換新職乎？去大陸乎？占問何去何從，為「遇未濟之晉」。「曳其輪，貞吉。」有實力及進取心，就不必擔心，遲早出人頭地。不久他赴英業達管人事，幾年後，又襄助溫世仁的長子溫泰鈞推動好幾個基金會的志業。

●二〇一一年八月中旬，中元節前夕，我在高雄上一整天課，問白天課堂中也有非人聽經嗎？為

「未濟之晉」。晉卦為乾宮遊魂卦，卦辭稱「晝日三接」，白天確有非人聽經，冀望得到超渡。

六三：未濟，征凶。利涉大川。

〈小象傳〉曰：未濟征凶，位不當也。

六三不中不正，居下卦坎險之極，形勢惡劣，強行渡河必凶。爻辭既稱「未濟，征凶」，何以又「利涉大川」呢？〈小象傳〉只說「位不當」，並未解釋。過去《易》注為此眾說紛紜，有人認為「利涉大川」為錯簡，刪去後文從理順，有人認為掉了一個不字，應為「不利涉大川」。其實此爻稱未濟卦名，大有深意，「利涉大川」也一字不錯。「未濟，征凶」，是指現況慘敗；若能熬過考驗，未來仍可奮發再起，「未濟」的教訓正在於此。六三往上即為九四，掙脫下卦坎險，進入上卦離明，越接近光明之前越黑暗，和否卦六三「包羞」相似。本爻變，為鼎卦（䷱），革故鼎新，準備過新生活。

占例

● 一九九三年九月下旬，我在出版公司勵精圖治，問老闆年底前真會掛掉嗎？為未濟卦六三爻動，有鼎卦之象。「未濟，征凶，利涉大川。」革故鼎新，捲土重來。當年底他確實跌入谷底，遂拚命一搏，次年五月真正東山再起。

● 二〇〇六年元月下旬，我問當年內台灣有無重大災難？為「未濟之鼎」。「未濟，征凶，利涉大川」，「位不當也」。六三為人位，不中不正，坎陷險惡之極。當年並無重大天災，可人禍酷烈，陳水扁的貪瀆劣跡曝光，台灣掀起如火如荼的倒扁運動。

●二〇一一年九月上旬，我在慕尼黑授《易》，下午教學員占卦，還是師生合占，我示範算出下卦三爻，另三位上來練習上卦三爻。徵求問題時，有學員問她們要如何幫助道場負責人？結果居然算出「未濟之鼎」。「未濟，征凶，利涉大川」，「位不當也」。當時自己解卦有些艱澀，也不知所以，後來才漸漸知道確屬實情，世人隱祕都瞞不過易占哪！

九四：貞吉，悔亡。震用伐鬼方，三年有賞于大國。

〈小象傳〉曰：貞吉悔亡，志行也。

九四脫險入明，固守正道以行己志，可使悔恨消亡。「鬼方」再現，表示既濟卦九三「高宗伐鬼方」並未真正獲勝，斬草不除根，春風吹又生。這時不能再用「高宗」強勢鎮壓那套，必須改弦更張，「震用伐鬼方」，呼籲化解仇怨，和平共存。如此三年可見其效，天下太平，蒙受大國領地的封賞。師卦上六爻辭：「大君有命，開國承家，小人勿用。」既濟卦九三警告「勿用小人」，未濟卦九四榮獲開國的封賞，王霸之道不同，結果殊異。

本爻變，為蒙卦（䷃），深具啟蒙意義，解決國際紛爭，必由此途。「震用」而非「用震」，「震」為「伐鬼方」的主體，究為何意？〈說卦傳〉稱：「帝出乎震……萬物出乎震。」「震」為眾生內在的主宰，各各獨立自主，應與平等尊重，「高宗」跟「鬼方」皆為「震」，並非勢不兩立。太極圖分陰分陽，陰中有陽、陽中有陰，陰極轉陽、陽極轉陰。「高宗」就算將外在的「鬼方」滅盡，內在又會有新的「鬼方」滋生，未濟卦九四的「鬼方」，搞不好就是既濟卦九三的「高宗」變的！這叫走火入魔，復卦的「天地之心」爻變成黑暗的「明夷之心」。冤冤相報，輪迴不已。

「震用伐鬼方」，除了喚醒對各方主體性的尊重，呼籲和平共存外，即便要動手，也可用威懾的方式以戰逼和，甚至不戰而屈人之兵。未濟卦九四無血戰衝突，有賞無罰，不似既濟卦九三師老兵疲，遺害無窮。

占例

●二〇〇二年十一月上旬，我問周易學會第二年度的發展策運，為未濟卦九四爻動，有蒙卦之象。「貞吉，悔亡，震用伐鬼方」，開始離險入明，可以有所行動了！主要工作還是擺在教學啟蒙上。前一年為「既濟之小過」，已於既濟卦三爻變占例中說明。由「既濟」而「未濟」，發展態勢依卦序進行。

●二〇〇四年八月下旬，幾位名媒體人與我在小西華飯店下午茶，其中一位年底代表國民黨參選南部立委，為「未濟之蒙」。「震用伐鬼方，三年有賞于大國」，往泛綠大本營的南部出征，有機會成功，即便不成，也有啟蒙意義。結果她高票落選，真的只差一點，還是不脫未濟卦的範疇。

●二〇〇七年八月下旬，我依例問自己「十年乃字」志業的現狀評估，為「未濟之蒙」。「貞吉，悔亡。震用伐鬼方，三年有賞于大國」，「志行也」。往後三年裡，多次往大陸授《易》，還打開了赴德傳經的通路。

●二〇一一年三月中，我問自己這輩子外王志業能至何境？為「未濟之蒙」。「貞吉，悔亡，震用伐鬼方，三年有賞于大國」，「志行也」。卦為未濟，爻則脫險陷，入離明，往外發展啟人蒙昧，似有可為。學問修為的內聖功夫呢？為履卦（䷉）初、二、三、上爻動，四爻齊變成咸卦（䷞）。履卦重實修，一步步走通至上九，「視履考祥，其旋元吉」；咸卦「亨利貞」，不疾而速，感而遂通。「遇履之咸」，相當令人滿意。資生理財呢？為大過卦二、三、五爻動，九五值宜變為恒卦（䷟），貞悔相爭成豫卦（䷏）。大過卦事屬「非常」，應為偏財，豫卦「建侯行師」，奮鬥有望，多半仍與授《易》的志業有關。名望呢？為不變的咸卦。「亨利貞，取女吉」，不言可喻。

●二〇一一年七月中旬，我在北京首屆菁英班授《易》二日，第一階段課畢，友人開車帶我們夫妻倆去承德，在避暑山莊旁的普寧寺，觀仰千手觀音大佛像，占得比卦九五爻動，有坤卦之象。「顯比之吉，位正中也。」其右側的龍女，為大有卦（䷍）初、上爻動，有恒卦（䷟）之象；左側的善財童子，為未濟卦九四爻動，有蒙卦之象。同人大有，女子亦可成佛，「自天祐之，吉无不利」；善財五十三參，誠心求道啟蒙，終於脫險入明，「三年有賞于大國」。

䷿

六五：貞吉，无悔。君子之光，有孚，吉。

〈小象傳〉曰：君子之光，其暉吉也。

六五居未濟君位，為上卦光明中心，固守正道，吉而無悔。君子講信修睦，德性之光照耀世間，為至治氣象。本爻變，為訟卦，化解人事紛爭，天下太平。

九四「悔亡」，六五「无悔」，境界更上一層，此為《易》例。渙卦九二「悔亡」、六三「无悔」；大壯卦九四「悔亡」、六五「无悔」；咸卦九四「悔亡」、九五「无悔」。

䷿

上九：有孚于飲酒，无咎。濡其首，有孚失是。

〈小象傳〉曰：飲酒濡首，亦不知節也。

上九為未濟之終，大事底定，眾人衷心歡暢，飲酒慶功，當然無咎。然而，酒席宴上意氣酣豪，可能樂極生悲，有人言行失去節制，又起紛爭變故。初六「濡其尾」，為小狐狸涉河，「亦不知極」；上九「濡其首」，為人喝醉失儀，「亦不知節」。此爻變，為解卦（䷧），身心放鬆是好，鬆過頭了，又會失序出事。

人生感性理性兼備，隨時隨地得保持平衡。上九感性氾濫，缺乏理性適度的節制，故稱「有孚失是」。西方神話有酒神名戴奧尼索斯，日神為阿波羅，分別為激情感性和清明理性的象徵。未濟卦上九為酒神作祟，六五居離明之中，則似阿波羅的精神。「是」字取義為「日中」，六五為「是」，上九「失是」。全《易》三百八十四爻，始於「是」終於「是」。乾卦初九「潛龍勿用，不見是而无悶」；未濟卦上九「飲酒濡首」，「有孚失是」。

未濟卦「失是」之後會如何呢？「物不可窮也」，其實難以測知，也不必執著，只要秉承自強不息、厚德載物的法則去做即是。有人說，若此爻象徵人生的最後時段，隨著酒意漸深、意識模糊，辛苦一輩子終獲解脫，那所飲之酒為何？轉世前喝的孟婆湯？把此生記憶忘掉，一切從頭來過。降生為男，「潛龍勿用」；降生為女，「履霜堅冰至」。真是這樣嗎？

人生如夢，何曾夢覺？皇王霸業，是非成敗轉頭空。李白說「古來聖賢皆寂寞，唯有飲者留其名」。有人說未濟卦上九在說殷朝酗酒亡國，所謂酒池肉林的「殷鑑」云云。全《易》中談到酒文化的不少：需卦九五「需于酒食」、困卦九二「困于酒食」、中孚卦九二斟酒與朋友分享、損卦初九「酌損之」、六三「天地絪緼，萬物化醇」，〈繫辭傳〉說「可與酬酢」、「可與佑神」。

占例

- 一九九六年元月中旬，出版公司股爭再起，我冷眼旁觀，問市場派大股東這回的真正意圖為何？得出未濟卦上九爻動，有解卦之象。「有孚于飲酒」，他是想解決夙怨後開慶功宴；結果卻判斷失誤，「飲酒濡首」，「有孚失是」。
- 二〇〇六年三月上旬，我母親摔傷髖骨送急診，我問開刀合宜否？為「未濟之解」。「有孚于飲酒」，手術需上麻醉藥，病情應可得解，果然術後住院一陣康復。
- 二〇一〇年五月中旬，我在張良維「氣機導引」道場的「身體易」課程結束，原訂一年講完六十四卦的計畫只講了四十六卦，也不準備延長，問教學績效如何？為「未濟之解」。未濟卦沒講完，深入解說已夠詳盡，大家且放鬆，不必執著。「氣機導引」的心法，就在身心放鬆啊！
- 二〇一〇年十月中旬，我問牛頓看蘋果掉落，悟出萬有引力的說法可靠否？為「未濟之解」。

「飲酒濡首」、「有孚失是」，多半是不可輕信的醉話，這種解釋應該是應酬外行人說的，被問煩了嘛！

●二〇一一年七月中旬，我在北京授《易》，大陸媒體風傳前任領導人病危消息，我問習近平仍能順利接班否？為「未濟之解」應該仍沒問題，放鬆慶功就好，「有孚失是」，傳聞多有失實。再問該位領導年底前無恙否？為旅卦三、五爻動，九三值宜變為晉卦，齊變有否卦之象。「遇旅之否」，「焚次、喪僕」，是不太妙，六五「終以譽命」，又似乎君位還好。後來證實流言有誤，年底也未有狀況發生。

●二〇〇六年中，我在徐州路市長官邸的《易經》班結業，末堂正好講完未濟卦，一個學生來問我，他占台灣究竟有沒有所謂的二〇〇八大選？得到未濟卦上九爻動，有解卦之象，該是什麼意思？「有孚于飲酒，无咎」，為慶功放鬆之象。大選順利舉行，馬英九獲壓倒性勝利，處處慶功。

多爻變占例之探討

以上為未濟卦卦、彖、象與六爻之理論及單爻變占例說明，往下探討更錯綜複雜之多爻變情境。

二爻變占例

占事遇卦中任意二爻動，若其中一爻值宜變，以該爻辭為主；若皆不值宜變，以本卦卦辭卦象為主，亦可參考二爻齊變所成之卦的卦辭卦象。

- 一九九七年十月上旬，台灣政壇有流言，說蔣經國實非蔣介石之子，我問真確否？為未濟卦四、上爻動，上九值宜變為解卦，齊變為師卦。九四出手攻擊，希望造成震撼；上九「飲酒濡首，亦不知節也」，醉話華而不實。
- 二〇〇九年九月上旬，台灣前一個月的「八八風災」，讓山地的小林村遭滅村慘禍，我問那些不幸遭難的原鄉居民去處？為「未濟之師」。一場突如其來的震撼，魂歸離恨天，師卦為坎宮歸魂卦，相當慘烈。

二〇一一年二月初，我與工商建研會的幾位學生年前餐敘，其中李姓班長的父親為空軍中將退役，前二年不幸往生，談談我頗有感，問老將軍有來嗎？為「未濟之師」。「有孚于飲酒」，師卦為坎宮歸魂卦，英靈有至。幾小時後再問去矣乎？為解卦（䷧）初、二爻動，有震卦（䷲）之象。放開羈絆，離此它往。

- 二〇〇八年四月中旬，我問孫武在伐楚之戰後銷聲匿跡，是否「嘉遯」而得其善終？為未濟卦四、上爻動，上九值宜變為解卦，齊變為師卦。「震用伐鬼方」為孫子的最後一戰，他看不慣吳國佔領軍的燒殺擄虐，遂藉戰勝慶功之際解職引退，是上智者。學生在二〇一二年就此問題占算，得出不變的遯卦，已見前文占例。
- 二〇〇九年十一月中，我問學生樓園宸中醫師目前的修境，為「未濟之師」。脫坎險入離明，「震用伐鬼方」，掌握了中醫平衡調治之理，假以三年，當甚可觀。再占，為「遇比之蒙」，已見比卦三爻變占例中說明。

●一九九二年十一月中，出版公司營運漸上軌道，老闆在外面的負面消息不斷。我問他若退股不任負責人，對公司是吉是凶？為未濟卦初、四爻動，有損卦（䷨）之象。初六「濡其尾，吝」，九四「震用伐鬼方」，脫險入明。剛開始不行，最後反而擺脫包袱，假以時日前途光明，先損後益。

一九九三年二月下旬，管理部門副總建議，由經營高幹成立自助基金，以紓緩財務問題。我問行得通嗎？為「未濟之損」。剛開始得承受損失，九四正為經營層之位。經幾人討論修正之後，我再占此案吉凶，為既濟卦初、三、上爻動，貞悔相爭成觀卦（䷓）。初九不行，九三苦戰三年，上六滅頂，「何可久也」？還是凶險難過，遂作罷。「高宗伐鬼方」、「震用伐鬼方」，鬼方著實難鬥啊！

●一九九七年四月下旬，我問一歷史公案：曾國藩與左宗棠失和，是作戲還是真情？為未濟卦二、上爻動，上九值宜變為解卦，齊變為豫卦（䷏）。九二「曳其輪，貞吉」，身陷坎險之中；上九飲酒濡首，「有孚失是」，藉酒醉失態以謀脫險。這是預謀的解套之道啊！湘軍平定太平天國之後，即面臨功高震主的險境，曾、左串通演一齣失和的戲，等於向清廷釋出和解的信息，列強虎視眈眈下，中國不能再內鬥了！北京方面其實也知道，將計就計，雙方都不揭破，遂得善終。

●二〇〇二年元月中旬，我一位富邦上課的學生母親病重，占得「未濟之豫」。生死病痛又不同，九二已在險中，上九「有孚失是」，飲酒濡首，恐怕為終極解脫。果然沒多久，她母親過世往生。

●二〇〇四年十二月中旬，年底將宣判三月二十日選舉無效之訴的結果，我問綠營勝算，為「未濟之豫」。九二「曳其輪，貞吉」，居險而不懼；上九「有孚于飲酒，无咎」，終得解而豫樂。藍營則為明夷卦六五爻動，有既濟卦之象，已詳述於前文。果然綠勝藍敗訴，結束了大半年來的爭訟。

●二〇〇九年十一月底，我回顧既往的三十年，在書店結束後，曾在一家香港的出版集團台北分處任職三年，籌編一套百科全書。後來未編成，才進入本土那家出版公司歷練十二年。前三年為「未濟之豫」，後十二年為「遇否之比」，已於否卦二爻變占例中說明。「未濟」未能成事，卻為日後的職場歷練打下根基，「利建侯行師」，「豫之時義大矣哉！」

●二〇一一年四月中旬，妻的外甥女由美返台，會計專業好找工作，先在匯豐銀行做一段不順遂，問繼續待下去如何？為蹇卦九三爻動，有比卦之象。「往蹇，來反」，止之於內，繼續辛苦。換工作呢？為「未濟之豫」。離險入明，「建侯行師」，相較之下仍以換崗位為佳，她後來轉至渣打銀行，確實改善許多。

●一九九三年九月中旬，盛傳某集團欲買下出版公司大部股權，以消弭長期以來的二虎相爭。我問若然，對我的影響怎樣？為未濟卦四、五爻動，有渙卦（䷺）之象。九四「震用伐鬼方」，六五「君子之光，有孚，吉」。領導階層轉換，情勢脫險入明，並非壞事。

一九九四年五月上旬，我們夾在股爭中很難應對，誰負誰勝出，對經營高幹來講究竟有何意義？又是「未濟之渙」。九四隨六五而轉，無力主導大局，已經離心離德，誰是鬼方？孰為高宗？有何區別？

●二〇〇四年三二一當天，台局很亂，我問三一九槍擊案的真相，為未濟卦二、四爻動，有剝卦之象。民進黨本來必敗的選情，經此刀兵一剝，出現逆轉。由九二陷險轉入九四光明之初，好一個「震用伐鬼方」之計，遂獲「三年有賞于大國」！

● 一九九四年七月中旬，出版公司情勢已變，我問自己爾後應如何沉潛發展，為未濟卦三、上爻動，六三值宜變為鼎卦，齊變為恒卦（䷟）。「未濟，征凶」，獨力難挽狂瀾；「利涉大川」，將來脫險入明，尚不知慶功者誰？「革去故，鼎取新」，要有更長遠的想法，無論雷風如何動盪，「君子以立不易方」。而今回顧，公司被惡整倒閉，一如預期，而我真正擺脫羈絆，走出了一條最適合自己的路。

● 一九九七年三月下旬，我問未濟卦上九有孚失「是」的真意，為解卦（䷧）三、上爻動，齊變有鼎卦（䷱）之象。六三「負且乘，致寇至」，為內心的業障包袱；上六「公用射隼，以解悖也」，徹底放鬆解脫。革故鼎新，再無耽溺留戀。未濟卦上九為全《易》最後一爻，爻變為解卦，正合此意。

二〇一一年二月中旬，我問毓老師的奉元志業當年內的發展，為「未濟之恒」。六三值宜變成鼎卦，當下「未濟，征凶。利涉大川」，革故鼎新，或在三年後？一個月後，老師仙逝，壯志未酬，大業墜落谷底，凶象應驗。門生弟子能否繼往開來，飲酒慶功，得看日後的表現，恒卦「立不易方」於雷風動盪之中，方克有成。

● 一九九七年十二月中旬，我問鄧小平當年如何反敗為勝？為未濟卦二、三爻動，六三值宜變為鼎卦，齊變有旅卦之象。「未濟之旅」，鬥爭失敗，失時、失勢、失位，九二「貞吉」，六三「征凶」而後「利涉大川」，頑強堅毅，反敗為勝。

●一九九二年四月中旬，我總掌經營大權，囑人事部門提出種種教育訓練企劃，為未濟卦二、三爻動，六三值宜變為鼎卦，齊變有旅卦（䷷）之象。占得「未濟之旅」。「曳其輪，貞吉」，試圖重整旗鼓，反敗為勝。立意雖好，兩年間也做了些事，最後因股爭之變仍以未濟卦告終。

●二○一一年十一月下旬，我思考一些夢境中常遇到的問題：有人會覺得被某種力量魘住翻不了身，為明夷卦初九爻動，有謙卦之象。「明夷于飛，垂其翼。君子于行，三日不食。有攸往，主人有言。」飽受壓抑，切合情境。夢中常常跑不動，總是趕不上時限，為咸卦九四爻動，有蹇卦之象。「憧憧往來，朋從爾思」，空想難行，心煩意亂。夢回中學或大學讀書，數學不懂也一直沒看書，很擔心將臨的大考怎麼辦？為「未濟之旅」。不能過關，也不敢面對，終日飄飄蕩蕩，放心不下。

●二○○三年七月初，社會大學出版我的《決策易》ＣＤ已有一段時日，卻未照協議付款，雖不算意外，還是有些煩擾。我問嚴正表態合宜否？為未濟卦初、二爻動，齊變有噬嗑卦（䷔）之象。「曳其輪，濡其尾」，通通未濟，反而傷和氣激化鬥爭。那怎麼處理最好？為泰卦六五爻動，有需卦之象。耐心溝通交流，應可獲得回應而解決，後果如此。

三爻變占例

占事遇卦中任意三爻動，以本卦為貞，三爻齊變所成之卦為悔，稱貞悔相爭，合參二卦卦辭卦象以斷。若三爻中一爻值宜變，加重考量其爻辭。

●一九九二年三月上旬，我問出版公司經營情勢及展望，為未濟卦初、四、五爻動，初六值宜變為睽卦，貞悔相爭成中孚卦（䷼）。中孚卦「信及豚魚，利涉大川」，未濟卦由初而四至五，也有脫險入明的希望；初六「濡其尾，吝」，反映當時的狀況，得以合睽為主。問老闆所營運的關係企業運勢，為既濟卦（䷾）初、五爻動，有謙卦（䷎）之象。「曳輪、濡尾」，揮霍一空，再不儉省，當心滅頂。

一九九四年元月中旬，在前一年業績輝煌的激勵下，我想徹底振興出版公司，經營高幹也士氣如虹。負責財務也兼理國際業務的經理推動星馬版權交易成功，稱為南向政策，頗思更有斬獲，我占得未濟卦二、三、五爻動，貞悔相爭成遯卦（䷠）。願景不錯，終遯退成空，五月初公司改組，「未濟之遯」矣！

● 二〇一一年十月中旬，我在西藏遊覽大山大水，行程中想起毓老師的「全盤計畫」，心中黯然，問還能實現否？為未濟卦二、三、四爻動，貞悔相爭成艮卦（䷳）。「未濟之艮」，重重阻礙，不易突破。九四「貞吉，悔亡。震用伐鬼方，三年有賞于大國」，還有一線生機，看後起者怎麼做了！

未來有無可能以其他方式某種程度落實呢？為歸妹卦（䷵）初、三爻動，六三值宜變為大壯卦，齊變有恒卦（䷟）之象。初九「歸妹以娣，跛能履，征吉」，「相承也」，同門諸生齊心合作最重要；六三「歸妹以須，反歸以娣」，期望過高則難成，輕舉妄動亦不宜。「歸妹之恒」，顯然需要更長時間的努力。

● 二〇一一年十二月下旬，我在夜雨寒風中，去八里「大唐物語」浴場泡湯，學生每年都給我招待券，地方佈置不俗，還有些仿古的餐飲遊戲等。我泡完餐畢，覺得神完氣足，就去所謂的「長生殿」求籤，還一抽就是上上大吉。有人懷疑遊樂場所籤筒中都是好籤，免觸客戶霉頭，出來玩嘛何必？無論如何，自己再補一占，問二〇一二壬辰本命年的運勢，為未濟卦初、二、上爻動，貞悔相爭成震卦（䷲）。「未濟之震」，淡勢下還是有所行動，初、二靜定，上九慶功。二〇一五年六月二十七日晚上，八仙樂園發生派對粉塵爆炸的不幸意外，學生牽扯官非，停業至今。

●二〇一二年六月中旬，我受邀赴美三大城市的台灣書院演講，先去紐約遊覽時，問首場紐約成功否？為井卦（䷯）三、上爻動，九三值宜變為坎卦，齊變為渙卦（䷺）。「井」為開發新資源，九三「井渫不食」，求「王明」後，「並受其福」；上六「井收勿幕，有孚，元吉」，大成也，達到傳播文化的效果。因為該場次有不少老外來聽，主辦單位加配現場口譯，我問時間壓縮，效果如何？為需卦（䷄）二、上爻動，九二值宜變為既濟卦，齊變為家人卦（䷤），「利女貞」。九二「需于沙，小有言，終吉」；上六「不速之客三人來，敬之終吉」。口譯的盧小姐講前跟我套招一陣，後來配合絕佳，真的是「利女貞」，「小有言，終吉」。末場在洛杉磯呢？為未濟卦初、四、上爻動，貞悔相爭成臨卦（䷒）。未濟卦由初、四至上，明顯勝戰而獲賞慶功。臨卦「教思无窮，容保民无疆」，「未濟之臨」，不用擔心。

六月十九日在紐約曼哈頓首講兩小時，反應非常熱烈，盧小姐的愛爾蘭籍先生直說：《易經》怎麼這麼好聽！是愛屋及烏，還是真於精奧的易理有所會心？我檢驗成果占測，為蒙卦（䷃）二、上爻動，齊變為坤卦（䷁）。「包蒙」、「擊蒙」兼備，啟蒙廣土眾民成功。其實在二〇一〇年九月初，我準備赴慕尼黑授《易》時，就問過三至五年內，能否赴美講學？當時即得出「遇蒙之坤」。

頭砲打響，我續問兩天後在休斯頓演講的成效，為大畜卦（䷙）二、上爻動，上九值宜變為泰卦（䷊），齊變有明夷卦（䷣）之象。大畜卦「不家食吉，利涉大川」，上九「何天之衢，道大行」，亦將功德圓滿。

六月二十一日在休斯頓僑教中心的講場人更多，反應及挑戰也更熱烈，我以占驗收，為升卦（䷭）三、四爻動，六四值宜變為恒卦，齊變為解卦（䷧）。升卦「南征吉」，休斯頓正在南方，九三「无所疑」，六四「王用亨于岐山，吉，无咎」，皆為佳象。

再接再厲，我問三天后的洛杉磯呢？為隨卦（䷐）三、五爻動，六三值宜變為革卦（䷰），齊變為豐卦（䷶）。隨、革二卦皆「元亨利貞」，豐卦則「明以動」，如日中天。隨卦六三「隨有求得」，九五「孚于嘉，吉」。看來一路都順，連中三元不成問題。

六月二十四日在洛杉磯僑教中心的中型會議室裡，擠進人潮不斷，滿滿一百二十多號聽眾，巡迴演講到了最高潮。占得未濟卦二、四爻動，有剝卦（䷖）之象；再驗核，為蠱卦（䷑）二、三、上爻動，貞悔相爭成坤卦（䷁）。未濟卦由二至四，脱險入明，「震用伐鬼方，三年有賞于大國」。蠱卦「元亨，利涉大川」，且與三天前預測的隨卦相錯綜。由二、三至上爻，「不事王侯，高尚其事」，幹蠱成功；坤卦「西南得朋」，順勢用柔，打動美國西南的群眾。在紐約時預測洛杉磯為「未濟之臨」，結果為「未濟之剝」，情境亦相似。

自東徂西，美國三邑行圓滿結束，總其成為漸卦（䷴）三、上爻動，上九值宜變為蹇卦（䷦），齊變為比卦（䷇）。漸卦為鴻雁結隊飛行，由三至上，「鴻漸于陸，其羽可用為儀，吉」，完成了一次巡迴演講的任務。在赴美前夕，占問順遂否？為无妄卦九四爻變，成益卦，「可貞，无咎」，「利有攸往，利涉大川」。抵美後在紐約中央公園遊覽，問得不變的既濟卦，過河成功，已如前述。

●二〇一六年十一月中旬，我問二〇一七年習近平的氣運，為未濟卦上三爻全動，君位六五值宜變為訟卦，貞悔相爭成坎卦。「未濟之坎」，真是「習坎繼明」，遍歷艱險而獲成功，「震用伐鬼方」，「君子之光，有孚，吉」，最後與各大國和解慶功。中國大陸的國運為大有卦初、四、上爻動，上九值宜變為大壯卦，貞悔相爭成升卦。謹守世界和平大原則，「无交害」，不動武，「自天祐之，吉无不利」。國力再上層樓，升進無疆。所占全部應驗。

四爻變占例

占事遇卦中任意四爻動，以四爻齊變所成之卦的卦辭卦象為主，若其中一爻值宜變，稍加重考量其爻辭以斷。

●一九九四年十二月初，台北市長選舉前夕，我問趙少康勝負，為未濟卦二、三、四、上爻動，上九值宜變為解卦，四爻齊變成謙卦。未濟卦由二、三、四至上，謙亨有終，本也不錯了，有成功希望。黃大洲為「遇旅之坤」，陳水扁為「遇大有之節」，已如前述中說明。大有卦三至上爻全動，成節卦，君位六五恰值宜變為乾卦，陳水扁的氣勢太強，壓倒了趙少康的「未濟之謙」，贏得台北市長寶座。

●二〇一〇年四月下旬，我剛從武漢返台，電郵上有過去的學生問卦，她的弟弟病重有無康復希望？我占得未濟卦二、四、五、上爻動，上九值宜變為解卦，四爻齊變成比卦（䷇）。比卦為坤宮歸魂卦，「未濟之比」，應是解脫往生之意。果然數日後，其弟不治過世。

●二〇一〇年九月中，我在慕尼黑授《易》後遊覽中歐，行程中占問：自己到底是個什麼樣的人？為未濟卦二、四、五、上爻動，上九值宜變為解卦，四爻齊變成比卦（䷇）。依《河洛理數》算，我的先天本命為「比之匪人」，這輩子的人際互動非常重要。未濟卦由二居險中，至上卦三爻離明全現，清晰顯示辛勤奮鬥的歷程。

再過十年後呢？為履卦（䷉）初、二、三、上爻動，四爻齊變成咸卦（䷞）。敦篤實踐，步步勤修，終至上九「視履考祥，其旋元吉」，「大有慶也」。咸「亨利貞」，「不行而至，不疾而速」，「感而遂通天下之故」。二〇一一年三月中，我算自己此生內聖修為可至何境，亦為「遇履之咸」，兩相對照，頗有所悟。

附錄：變卦！變卦！

你這人怎麼變卦啦？人為的決定常因主、客觀因素而改變；外在萬事萬物日新月異、剎剎生新，人的計畫永遠趕不上變化嗎？這些改變的幅度、範圍有多大？有一定的脈絡可尋嗎？

《易經》談「變易、不易和簡易」，雖隱含在卦爻辭和卦象之中，畢竟只可意會，不可言傳：且根據各人的體會，不會有客觀的標準。

但是，在利用大衍之數占卜時，如果老陰（6）、老陽（9）不出現，全卦六爻不變，是否可代表示不變卦（不易）。如果6或9，出現在任何一爻，或同時出現在二至六爻，即由爻變帶動卦變，是否可代表變卦（變易）。

而我們深入研究不變與變的機率，再詳細判讀一爻變到六爻全變的機率，不正可窺探變化的原則，了解變化的玄機何在（簡易）？

十數年前，曾在偶然的機緣中，推算出以大衍之數占卜時，老陰6、老陽9、少陽7、少陰8出現的機率，分別為十六分之一、三、五、七。也蒙我的易經老師劉君祖先生，收錄在他的大作《易經與生涯規劃》一書中。

既然會變的老陰加老陽（6與9）出現的機率，共為四分之一（十六分之一加十六分之三），不變的少陰加少陽（7與8），出現的機率即為四分之三。如此，累計六爻，即可知道全部不變的卦，與一爻變到六爻全變的機率，分別是多少。

但個人數學底子差，始終無法精確計算。直到數年前，巧遇北一女數學名師李政貴老師。我也將問題簡化為：

袋中有四顆球，三紅一白（代表每一爻變與不變的機率）。隨機取出一顆後，再行放回。重複六次（每卦共六爻）後，請問：

一、六次皆為白球的機率為（全卦不變）？

答：$\left(\frac{3}{4}\right)^6 = 0.1779785 \approx 0.18$

二、不論先後，取出五白一紅的機率為（一爻變）？

答：$C^6_5\left(\frac{3}{4}\right)^5\frac{1}{4} = 0.35595\cdots\cdots \approx 0.36$

三、取出四白二紅的機率為（二爻變）？

答：$C^6_4\left(\frac{3}{4}\right)^4\left(\frac{1}{4}\right)^2 = 0.29663\cdots\cdots \approx 0.30$

四、取出三白三紅的機率為（三爻變，貞悔相爭）？

答：$C_3^6\left(\frac{3}{4}\right)^3\left(\frac{1}{4}\right)^3=0.131835\cdots\cdots\approx0.13$

五、取出二白四紅的機率為（四爻變）？

答：$C_2^6\left(\frac{3}{4}\right)^2\left(\frac{1}{4}\right)^4=0.03295\cdots\cdots\approx0.03$

六、取出一白五紅的機率為（五爻變）？

答：$C_1^6\left(\frac{3}{4}\right)^1\left(\frac{1}{4}\right)^5=0.00439\cdots\cdots\approx0.0044$

七、六次皆為紅球的機率為（六爻全變）？

答：$\left(\frac{1}{4}\right)^6=0.000244\approx0.0002$

我們可從上述機率體會：

一、全卦不變，出現的機率只有十八%。而不論變動幅度大小，萬事萬物求新求變，見異思遷的機率佔八成出頭。所以，不變的死硬派是少數劣勢，追求「苟日新，又日新，日日新」才是正常，也才跟得上時代變化的腳步。

二、一爻變佔三十六%，是出現機率最高者。追求變化，相對穩定狀態更要維持，從幅度最小、不影響大局的前提開始；改變小，阻力少，速度快，效率更高。耐人尋味的是，一爻變的機率，正好是全卦不變的兩倍。

三、二爻變佔三十%。漸進的，溫和的，在相對可掌控的範圍內進行改變，仍佔極高比率。如再以一爻變加兩爻變，共佔有六十六%的機率來看，更可透徹了解追求變化，乃是王道。

四、三爻變，貞悔相爭佔十三%。變與不變雙方人馬各半，勢均力敵，相持不下，結果堪慮。所以這種情勢出現的機率，比完全不變還少。

五、四爻變只佔三%。潛伏的異議分子佔多數，一夕變天，即大勢已去的情形，畢竟少見。

六、五爻變，只佔○．四四%。大局詭異思變，唯一的中流砥柱難以力挽狂瀾，出現的機會屬絕無僅有。

七、六爻齊變更只佔○．○二%。全局共同做一百八十度大轉變，往錯卦方向發展，旋乾轉坤的大改革，更屬鳳毛麟角了。

易斷全書：理解《易經》斷卦的實用寶典 /
劉君祖著 . -- 初版 . -- 臺北市：大塊文化 , 2017.12
冊；　公分 . --（劉君祖易經世界；12-15）

ISBN　978-986-213-846-5（全套：平裝）

1. 易經　2. 研究

121.17　　106021211

劉君祖易經世界15

易斷全書　第四輯

理解《易經》斷卦的實用寶典

作　　者：劉君祖
責任編輯：李濰美
封面設計：張士勇
校　　對：石粵軍、趙曼如、劉眞儀、劉君祖
出　　版：大塊文化出版股份有限公司
地　　址：台北市 105022 南京東路四段二十五號十一樓
網　　址：www.locuspublishing.com
讀者服務專線：0800-006689
電　　話：(02) 87123898　傳眞：(02) 87123897
郵撥帳號：18955675　戶名：大塊文化出版股份有限公司
總 經 銷：大和書報圖書股份有限公司
地　　址：新北市 24890 新莊區五工五路二號
電　　話：(02) 89902588（代表號）　傳眞：(02) 22901658
初版一刷：二〇一七年十二月
初版三刷：二〇二三年五月
定　　價：新台幣二五〇〇元（四輯不分售）
法律顧問：董安丹律師、顧慕堯律師